MEISTER DER TARNUNG

WIE TIERE SICH UNSICHTBAR MACHEN

MEISTER DER TARNUNG

STEVE PARKER

wbg Edition

Aus dem Englischen übersetzt von Susanne Warmuth

Die englische Originalausgabe erschien 2021 unter dem Titel *Camouflage. 100 Masters of Disguise from the Animal Kingdom* bei Ivy Press, einem Imprint von The Quarto Group. Copyright © 2021 by Quarto Publishing plc www.QuartoKnows.com

Seite 1: Südamerikanische Falllaubkröte (*Rhinella margaritifera*); Seite 2–3: Eisbär (*Ursus maritimus*); Seite 4: Großer Fetzenfisch (*Phycodurus eques*)

Die deutsche Nationalbibliothek verzeichnet diese Publikation in der Deutschen Nationalbibliografie; detaillierte bibliografische Daten sind im Internet über www.dnb.de abrufbar.

Das Werk ist in allen seinen Teilen urheberrechtlich geschützt.
Jede Verwertung ist ohne Zustimmung des Verlags unzulässig.

Das gilt insbesondere für Vervielfältigungen, Übersetzungen, Mikroverfilmungen und die Einspeicherung in und Verarbeitung durch elektronische Systeme.

wbg Edition ist ein Imprint der wbg.

© der deutschen Übersetzung 2022 by wbg (Wissenschaftliche Buchgesellschaft, Darmstadt)
Die Herausgabe des Werkes wurde durch die Vereinsmitglieder der wbg ermöglicht.

Einbandgestaltung: Jens Vogelsang, Aachen
Einbandabbildungen: Ein Bengalischer Tiger (*Panthera tigris*) lugt durchs Dickicht, Indien. © Andy Rouse / naturepl.com (vorne); ein Eisbär (*Ursus maritimus*) wartet vor einem Atemloch auf Beute, Norwegen. © Marion Vollborn / BIA / naturepl.com (hinten)

Gedruckt auf säurefreiem und alterungsbeständigem Papier
Printed in China

Besuchen Sie uns im Internet:
www.wbg-wissenverbindet.de

Inhalt

	Einleitung	6
1	Nordamerika	10
2	Mittel- und Südamerika	44
3	Europa	76
4	Afrika	102
5	Asien	134
6	Australasien	168
7	Meere und Ozeane	200
	Über den Autor	238
	Register	238
	Bildnachweis	240

Einleitung

In der Natur ist ein vertrocknetes braunes Blatt normalerweise nichts Besonderes oder Beachtenswertes. Fast in jedem Lebensraum gibt es Abertausende davon. Ihr Nährwert ist gering, selbst Pflanzenfresser (Herbivore) verschmähen sie, nur winzige Krabbeltiere, Pilze und Mikroben können ihnen etwas abgewinnen. Aber bei dem „vertrockneten Blatt" handelt es sich unter Umständen um eine Tarnung – für einen Schmetterling, ein Insekt oder einen Frosch, einen Vogel oder eine Maus. Auch andere ganz gewöhnliche Dinge lassen sich wunderbar als Tarnung verwenden, z. B. grüne Blätter, Zweige, Steine, Blüten, Pilze, Moos – und Kot.

Bei der Tarnung geht es darum, nicht entdeckt zu werden, unbemerkt zu bleiben, und zwar sogar dann wenn man sich mitten im Blickfeld befindet. Das wird erreicht, indem man gleichsam mit seiner Umgebung verschmilzt. Es gibt verschiedene Arten von Tarnung, die wissenschaftlich unter dem Begriff *Krypsis* (griechisch für Verbergen, Sichverbergen) zusammengefasst werden. Krypsis bezeichnet alle Verhaltensweisen, die eine Entdeckung verhindern sollen, also auch das Sichverbergen in einem Dickicht oder einem Erdbau oder das Erklimmen von Baumwipfeln.
Tarnung ist in der Natur weit verbreitet. Darum holen wir für dieses Buch geografisch weit aus und betrachten in den einzelnen Kapiteln Beispiele aus verschiedenen Kontinenten und Regionen der Welt, Meere und Ozeane eingeschlossen. Innerhalb eines Kapitels werden die Tiere in der Reihenfolge vorgestellt, die die übliche zoologische Systematik vorgibt: Wirbellose, Fische, Amphibien, Reptilien, Vögel und Säugetiere. Manche Fotografien stellen die bekannte Rätselfrage „Wo ist das Tier?", während andere Besonderheiten im Aussehen und Verhalten eines Tieres aufzeigen und erklären.

Der Gespenst-Plattschwanzgecko ist ein hervorragendes Beispiel für das optische Verschmelzen mit dem Hintergrund. Aber die Täuschung funktioniert nur, solange sich die Echse ruhig verhält oder im Wind hin und her schwingt, genau wie die Blätter um sie herum. Mit jeder Bewegung zieht sie die Aufmerksamkeit von Fressfeinden auf sich.

TARNUNG ALS SINNESTÄUSCHUNG

Wir Menschen sind „Augentiere". Verglichen mit den meisten anderen Lebewesen, sehen wir viele Farben und Details. Darum denken wir bei Tarnung zuerst an optische Effekte. Aber in bestimmten Lebensräumen, wie der Tiefsee, Höhlen, nächtlichen Wäldern oder unter der Erde, spielt das Sehvermögen kaum eine Rolle. Unzählige Tiere nehmen die Welt völlig anders wahr als wir. Für manche ist der Geruchssinn am wichtigsten, für andere der Hörsinn oder das Erkennen von Bewegungen und Schwingungen. Auch hier gibt es Tarnung. Einige Nachtfalter haben behaarte Körper, die den Schall schlucken, und Flügeloberflächen, die die Ultraschallklicks brechen, mit denen Fledermäuse ihre Beute aufspüren. Bestimmte Raupen, Fische wie der Harlekin-Feilenfisch (S. 230–231) und einige Schlangen sondern Geruchsstoffe ab, die sie aus ihrer Umgebung oder mit der Nahrung aufgenommen haben, und können so von ihren Fressfeinden nicht erschnüffelt werden.

Am bekanntesten ist vermutlich die Tarnung durch optisches Verschmelzen mit dem Hintergrund: Die Auflösung der Körperumrisse wird wissenschaftlich als Somatolyse bezeichnet, die Färbung selbst als Tarntracht. Das Tier sieht wie etwas völlig Unbedeutendes, Uninteressantes aus, etwa wie ein Stein oder ein trockenes Blatt. Dennoch würde es einem hungrigen Jäger auffallen, wenn ein trockenes Blatt wie eine Kröte in der Gegend herumhüpft (S. 50–51), eine grüne Ranke wie eine Schlange davongleitet (S. 56–57) oder ein Ästchen, das in Wirklichkeit ein Insekt ist (S. 172–173), sich nicht wie die anderen Zweige im Wind bewegt. Das unterstreicht, welche Bedeutung Bewegung und Verhalten neben dem Äußeren für die optische Tarnung haben.

GEFÄHRDUNG NACH IUCN

Die in den Steckbriefen erwähnte Gefährdungseinstufung für die betreffende Tierart stammt aus der Roten Liste gefährdeter Arten, die von der Weltnaturschutzunion IUCN (International Union for Conservation of Nature and Natural Resources) veröffentlicht wird

- **NICHT BEURTEILT, UNGENÜGENDE DATENGRUNDLAGE:** zur Beurteilung liegen nicht genügend bzw. keine geeigneten Informationen vor
- **NICHT GEFÄHRDET:** alles in Ordnung, zumindest aktuell keine Gefährdung zu erwarten
- **POTENZIELL GEFÄHRDET:** die Gefährdung nimmt zu, die Art droht mittel- bis langfristig auszusterben
- **GEFÄHRDET:** droht bald auszusterben, menschliche Unterstützung erforderlich
- **STARK GEFÄHRDET:** stark vom Aussterben bedroht, braucht dringend menschliche Unterstützung
- **VOM AUSSTERBEN BEDROHT:** wird vermutlich bald aussterben, selbst wenn der Mensch sofort eingreift

Manche Tierarten oder Spezies haben ein sehr großes Verbreitungsgebiet und Lebensräume mit unterschiedlichen Hintergründen. Entsprechend tragen sie eine Allzweck-Tarntracht, die möglichst überall passt, beispielsweise findet man beim „Grau"-Wolf (S. 96–97) sämtliche Schattierungen von Grau, Braun, Gelblichbraun, Rotbraun, Creme und Weiß.

Die Tarnung kann einem Jäger helfen, unbemerkt einem Beutetier aufzulauern oder sich ihm zu nähern. Doch sie kann auch von einem Beutetier genutzt werden, um der Aufmerksamkeit eines Jägers zu entgehen. Für manche Arten, etwa den Pfauenbutt (S. 220–221), trifft beides zu. Manchmal wird Tarnung als Mimikry bezeichnet. Man könnte sagen, das Wandelnde Blatt (eine Gespenstschrecke) ahmt („mimt") Blätter in seiner Umgebung nach, doch in der Biologie hat Mimikry eine speziellere Bedeutung. Die harmlose Schwebfliege etwa tut so, als sei sie eine gefährliche Wespe, denn beide sind schwarz und gelb gestreift. Die meisten Beutegreifer lernen, Wespen zu meiden, und sie meiden auch die ähnlich aussehenden Schwebfliegen. Die Nachahmerin (die Schwebfliege) erlangt dadurch, dass sie ihrem Vorbild (der Wespe) ähnelt, einen Vorteil.

Eine ganz andere Art der Tarnung ist die disruptive Färbung oder Musterung. Hier wird die Körperkontur des Tieres mit kräftigen, kontrastierenden Farben und auffälligen Formen aufgelöst oder aufgebrochen. Beispiele dafür sind die Schwarz-weiß-Kontraste bei Schwertwalen (Orcas) und Schabrackentapiren (S. 156–157). Es genügt, dass sich der Betrachter von einer solchen überraschenden Erscheinung kurz irritieren lässt, und die Beute entkommt oder der Beutegreifer schlägt zu.

Weitere Mittel zur Tarnung sind Maskierung, das Vermeiden von Schattenwurf und die Gegenschattierung. Einige Insekten, Schnecken, Krabben (S. 202–203) schmücken sich mit Dingen aus ihrer Umgebung, damit gehen sie optisch gleichsam in ihr auf. Verschiedene Spinnen (S. 176–177), Insekten, Vögel können sich flach auf den Untergrund drücken und so zur Sonne ausrichten, dass sie verräterischen Schattenwurf vermeiden. Viele Tiere haben eine dunklere Oberseite und eine hellere Unterseite, wodurch sich der Effekt verringert, dass von oben einfallendes Sonnenlicht die Oberseite heller erscheinen lässt und die im Schatten liegende Unterseite dunkler wirkt. Hier spricht man von Gegenschattierung.

TARNUNG UND DER KAMPF UMS ÜBERLEBEN

Chamäleons (S. 114–115) und Sepien (S. 208–209) werden gerne als Meister der Tarnung bezeichnet. Sie können ihre äußere Erscheinung mithilfe von mikroskopisch kleinen, pigmenthaltigen Zellen, den Chromatophoren, oft innerhalb von Sekunden dramatisch verändern. Hauptgrund für eine Veränderung des Aussehens ist aber nicht unbedingt die Tarnung, ganz im Gegenteil. Leuchtende Farben und auffällige Muster können sehr verschiedene soziale Signale senden: Sie können Stimmung und Absichten anzeigen, einen Paarungspartner anlocken, einen Rivalen beeindrucken oder angesichts einer Bedrohung als Verteidigungsstrategie eingesetzt werden.

Ein Tier steht vor vielen Herausforderungen, wenn es überleben will, und das nicht nur einmal, sondern während seines gesamten Lebens. Nahrung finden, einen Partner ausmachen, einen sicheren Unterschlupf suchen, Beutegreifer, Krankheiten und andere Gefahren meiden – all diese Anforderungen wirken sich auf Größe, Gestalt und Eigenschaften aus. Natürliche Selektion bedeutet, dass alle, die nicht in der Lage sind, diese Anforderungen zu erfüllen, untergehen werden. Die besser Angepassten dagegen überleben und pflanzen sich fort. Tarnung steht nicht immer ganz oben auf dieser Liste.

Warum haben Orcas (Schwertwale) diese auffällige Schwarz-weiß-Zeichnung? Der die Körperkonturen auflösende Effekt könnte, zusammen mit der Gegenschattierung, ein Grund dafür sein, eine individuelle Zeichnung für soziale Interaktionen wäre ein anderer, auch Schutz vor Sonnenbrand wurde schon vermutet.

1
Nordamerika

„Tulpenbaum-Spanner"
TAGSÜBER VERBORGEN

Viele nachtaktive Tiere verstecken sich tagsüber in Bauen, unter Baumstämmen oder in dichter Vegetation. Seine Tarntracht erlaubt es diesem relativ großen Schmetterling aus der Spanner-Familie (Geometridae), selbst direkt vor unseren Augen unbemerkt zu bleiben – sehr zum Verdruss von Gärtnern, Landschaftsarchitekten und Blumenliebhabern, denn seine Raupen knabbern mit Hingabe an einer Vielzahl von Zier- und Nutzbäumen.

VERBREITUNG

- **TRIVIALNAMEN**
  tulip-tree beauty, sassafras moth (Englisch)
- **WISSENSCHAFTLICHER NAME**
  Epimecis hortaria
- **GRÖSSE**
  Flügelspannweite: 45–55 mm
  Körperlänge: 15–18 mm
- **LEBENSRÄUME**
  Wald und Waldrand
- **ERNÄHRUNG**
  Die Raupen fressen und schädigen Blätter, Knospen und andere weiche Teile von Tulpenbäumen und anderen Magnoliengewächsen, außerdem die von Sassafras und anderen Lorbeergewächsen
- **GEFÄHRDUNG LT. ROTER LISTE**
  nicht beurteilt

Der erwachsene Falter mit dem schönen englischen Namen „Tulip-tree beauty" ist im Frühjahr und Sommer unterwegs, manchmal sogar in milden Wintern. Er lässt sich gerne auf rauer, von Flechten bedeckter Baumrinde nieder, an Stellen, wo helle Bereiche allmählich in dunklere übergehen. Die gebogten Flügelkanten, die unterbrochenen Streifen und die Zickzacklinien verschmelzen mit der Oberflächenstruktur der Rinde, und der insgesamt flache Körper mit den gegen die Rinde gedrückten Flügeln führt dazu, dass es fast keinen Schattenwurf gibt, nicht einmal bei niedrig stehender Sonne. Dank dieser Eigenschaften entgeht der Falter seinen wichtigsten Fressfeinden, vor allem Vögeln und kleineren, auf Bäumen lebenden Jägern, z. B. Eidechsen.

FARBVARIANTEN
Wie viele Schmetterlinge (etwa der verwandte europäische Birkenspanner), aber auch zahlreiche andere Insekten tritt der „Tulpenbaum-Spanner" in einer Reihe verschiedener Farbvarianten auf, die man als Morphe bezeichnet. Die „Dendraria"-Form hat breitere und hellere Bänder im mittleren Bereich des Flügels und an der Hinterkante. Die „Carbonaria"-Form hat dunklere Bänder, die von kontrastierenden, hellgrauen bis weißen Streifen eingefasst sind. Die Unterschiede sind genetisch bedingt, mancherorts kommt eine ganze Palette von Mischformen vor. So wurden schon ganz verschieden aussehende Farbmorphe auf demselben Baum beobachtet.

SPANNENDE RAUPEN
So schön die erwachsenen Falter auch sein mögen, die Raupen der „Tulip-tree beauty" sind unliebsame Gäste in Gärten und Parkanlagen, da sie sich von Blättern und Knospen ernähren. Die Spannerraupen werden bis 40 Millimeter lang, ehe sie sich verpuppen. Die Färbung kann von Grün bis Braun variieren, was auch ihrer Tarnung dient.

▶ Während die Färbung der „Tulpenbaum-Spanner" individuell variieren kann, ist das Muster auf den Flügeln relativ konstant. Vier dunklere, im Zickzack verlaufende Bänder werden von verwaschenen, helleren Flächen unterbrochen, die ebenfalls gezackt oder gewellt aussehen. Ein besonderes Kennzeichen der Art sind die gebogten Flügelkanten und die zarten Fransen am äußersten Rand, die für einen weichen Übergang sorgen und so zum scheinbaren Verschmelzen mit der darunterliegenden Rinde führen.

◀ Die Raupe des „Tulpenbaum-Spanners".

„Vogelschiss-Raupe"
EIN UNAPPETITLICHER HAPPEN

Ein länglicher Spritzer schleimig glänzenden Vogelkots ist alles andere als appetitlich. Die meisten Tiere kämen, wie auch Menschen, nicht auf die Idee, so etwas zu fressen – und lassen es links liegen. Aus genau diesem Grund tarnen sich Dutzende von Kreaturen überall auf der Welt als Vogelkot. Die Larven von Tag- und Nachtfaltern gehören zu den bekannteren Beispielen, insbesondere die der Schwalbenschwänze aus der Gattung *Papilio*.

VERBREITUNG

- **TRIVIALNAMEN**
  Großer Schwalbenschwanz; giant swallowtail (Falter), orange dog, orange puppy (Raupe)
- **WISSENSCHAFTLICHER NAME**
  Papilio cresphontes
- **GRÖSSE**
  Flügelspannweite: 15–20 cm
  Länge der Raupe: bis 5 cm
- **LEBENSRÄUME**
  Wälder, auch Obstgärten und Plantagen, insbesondere solche von Zitrusfrüchten
- **ERNÄHRUNG**
  Falter: Nektar verschiedener Blüten, z.B. Azalee, Verbene, Geißblatt, Goldrute, Seidenpflanze
  Raupe: Blätter, Triebe und andere Teile von Zitruspflanzen und Rautengewächsen
- **GEFÄHRDUNG LT. ROTER LISTE**
  nicht gefährdet

GEMISCHTER ABFALL

Eines der besten Beispiele ist die Raupe des Großen Schwalbenschwanzes: Ihre Körperzeichnung aus klar abgegrenzten schwarz-braunen und weißlichen Flecken hat große Ähnlichkeit mit Vogelkot. Die dunklen Bestandteile stellen die halbfesten Exkremente aus dem Vogeldarm dar, die Nahrungsbestandteile, die nicht verwertet werden können; man kann sie mit den menschlichen Fäzes vergleichen. Die hellen Körperteile der Raupe imitieren die flüssigen Abfälle, die von den Vogelnieren aus dem Blut gefiltert und dann in eine blasse Paste verwandelt werden und dem menschlichen Urin entsprechen. Im Inneren des Vogelkörpers werden die beiden Abfallarten zwar getrennt produziert, aber Darm und Harnleiter münden in einen gemeinsamen Ausgang, die Kloake. Daher das zweifarbige Ausscheidungsprodukt, das von der Raupe des Großen Schwalbenschwanzes so gut imitiert wird.

Die Raupe frisst und frisst und wird immer größer, dann kommt das nächste Täuschungsmanöver. Ihr „Nacken" oder Thorax (direkt hinter dem Kopf) vergrößert sich und entwickelt eine Zeichnung, die wie der Kopf einer Schlange aussieht. Um noch überzeugender zu wirken, kann die Raupe bei Gefahr das Vorderende aufstellen; sie sieht dann aus wie eine Schlange, die gleich zuschlägt. Wenn die Gefahr anhält, kann sie zudem an ihrem Hinterende zwei lange rote „Fühler", das Osmeterium ausklappen, das der gespaltenen Zunge einer Schlange ähnelt. Nicht zuletzt sondern diese „Fühler" einen fauligen Geruch ab.

◀ (Von oben im Uhrzeigersinn) Wenn die Schwalbenschwanzraupe noch jung und klein ist, sitzt sie oft mitten auf einem Blatt, also genau dort, wo ein Vogel sein Häufchen hinterlassen würde. Ihr Körper schimmert feucht, ist in Wirklichkeit aber mit der typischen relativ trockenen, beweglichen Raupenhaut überzogen. Das Weibchen eines Großen Schwalbenschwanzes legt ein Ei auf einem Zitrusbaum ab. Wenn sie sich bedroht fühlt, kann die Raupe das Vorderende aufrichten, das dem Kopf einer Schlange ähnelt.

ORANGEN IN GEFAHR

Im Süden seines Verbreitungsgebiets sind die Raupen des Großen Schwalbenschwanzes gefürchtet. Die Anbauer von Zitrusfrüchten nennen sie „orange dogs". Die Raupen fressen vor allem nachts und können ganze Plantagen vernichten. Weiter im Norden, in gemäßigteren Klimaten, ernähren sie sich gerne von Kleeulme (Hopfenstrauch). Über Monate und Jahre vergrößert sich das Verbreitungsgebiet des Schmetterlings mit der milden Witterung nach Norden, aber dann schrumpft es wieder. Der Klimawandel wird dazu führen, dass sich das Verbreitungsgebiet langfristig nach Norden verschiebt.

Die Veränderliche Krabbenspinne ist ein Lauerjäger, im Bild oben sieht man, wie sie eine Biene gepackt hat. Im offenen Gelände verbirgt ihre Tarntracht sie vor ahnungslosen Beutetieren ebenso wie vor ihren eigenen Fressfeinden (größeren Spinnen, Vögeln, Eidechsen und Spitzmäusen). Nur wenn man ihr körperlich zu nahe kommt, huscht sie rasch in eine Ritze.

Veränderliche Krabbenspinne

IN EINEN SCHÖNEN TOD GELOCKT

Eigentlich in Nordamerika heimisch, hat sich die Veränderliche Krabbenspinne über Teile Europas und Asiens ausgebreitet. Vermutlich gelangte sie mit dem Blumenhandel per Schiff dorthin, obwohl solche Fracht regelmäßig auf blinde Passagiere untersucht wird, die in den Zielländern invasiv werden könnten. Das spricht für die Fähigkeiten der Krabbenspinne, sich zu tarnen.

VERBREITUNG

- **TRIVIALNAMEN**
  Veränderliche Krabbenspinne; goldenrod crab spider, yellow crab spider (Englisch)
- **WISSENSCHAFTLICHER NAME**
  Misumena vatia
- **GRÖSSE**
  Körperlänge: 4–10 mm (Weibchen), 3–6 mm (Männchen)
- **LEBENSRÄUME**
  Waldränder, Parks, Gärten, Wiesen, Gebüsche und andere Stellen, an denen es Blüten gibt
- **ERNÄHRUNG**
  kleine Insekten, z.B. Bienen und Fliegen, Schmetterlinge und Raupen, Grashüpfer und Grillen, Käfer und verschiedene Insektenlarven
- **GEFÄHRDUNG LT. ROTER LISTE**
  nicht beurteilt

Krabbenspinnen (Familie Thomisidae) gibt es in mehr als 2000 Arten. Viele davon verstecken sich in Ritzen und Spalten und warten, bis ein Opfer vorbeikommt. Die Veränderliche Krabbenspinne kann ihre Farbe verändern. Allerdings ist das keine Sache von Minuten, sondern eher von Wochen.

WIE MAN WIRD, WAS MAN SIEHT

Der deutsche Name der Spinne bezieht sich auf diese Fähigkeit. Die Veränderliche Krabbenspinne lauert ihrer Beute in Blüten auf. Normalerweise bemerkt man nur die Weibchen, die doppelt so groß sind wie die Männchen, und auch nur sie passen sich an die Blütenfarben an.

Die Grundfarbe der Spinne ist weiß. Die Farbe geht auf Pigmente zurück, die in der obersten Zellschicht des Spinnenkörpers eingelagert werden. Die Ommochrom-Granula vom Typ 1 sind weiß. Auf cremefarbenen oder gelblichen Blüten werden sie gegen Granula vom Typ 2 ausgetauscht, die einen gelblicheren Farbton haben. Und wenn die Spinne leuchtend gelbe Blüten besucht, ersetzen Granula vom Typ 3, die schon fast ins Rötliche gehen können, den blasseren Typ 2.

Ausgelöst werden diese Veränderungen durch das, was die Spinne mit ihren acht Augen sieht. Sie nehmen die Farbe ihrer Umgebung wahr und signalisieren das an den Stoffwechsel der Spinne, der mit einer Anpassung reagiert. Das Ganze funktioniert auch in umgekehrter Reihenfolge: Wenn die Spinne von gelben zu weißen Blüten wechselt, verblasst ihre Farbe in der Regel innerhalb einer Woche.

IM KREBSGANG

Krabbenspinnen verdanken ihren Namen ihrem Äußeren und ihrem Verhalten. Die meisten sind flach gebaut, haben einen weißen Körper, verstecken sich in Ecken und Winkeln und strecken ihre zangenähnlichen Vorderbeinpaare aus, um vorbeikommende Beute zu packen – und sie können seitwärts und rückwärts laufen. All diese Eigenschaften erinnern an ihre im Meer lebenden Namensvettern. Die meisten Arten töten ihre Beute mit einem Gift aus ihren Kieferklauen, das für Menschen nicht gefährlich ist.

Rindenskorpion

NÄCHTLICHER JÄGER

Skorpione sind weithin gefürchtet wegen der Stiche, die sie mit dem an ihrem gebogenen Schwanz sitzenden Giftstachel verteilen können. Man sagt, die kleinen, besser getarnten und unscheinbareren Vertreter dieser Gruppe hätten die stärkeren Gifte. Die Rindenskorpione der Gattung *Centruroides* sind dafür ein gutes Beispiel.

Die meisten Arten der Gattung *Centruroides* findet man in den südlichen Vereinigten Staaten und Mexiko bis ins nördliche Südamerika. Das stärkste Gift soll der Arizona-Rindenskorpion besitzen. Am besten bekannt ist vermutlich der Gestreifte Rindenskorpion, da er in den verschiedensten Lebensräumen vorkommt, vom tiefsten Wald über steiniges Gebüsch bis zu landwirtschaftlichen Gebäuden und sogar in Wohnhäusern.

IM DUNKEL VERBORGEN

Trotz des Namens jagen die meisten Rindenskorpione vor allem am Boden. Der Name bezieht sich eher auf das Aussehen, das ein wenig an abgebröckelte Borke erinnert, oder darauf, dass sich die Tiere unter auf den Boden gefallenen Rindenstücken verstecken.

Rindenskorpione sind im Wesentlichen fahlgelb bis dunkelbraun gefärbt, mit vereinzelten Punkten, Streifen oder Flecken an unterschiedlichen Körperteilen. Im Allgemeinen sind die Arten, die in Wüstenregionen oder trockeneren Landesteilen vorkommen, blasser als diejenigen, die in Wäldern oder einer feuchteren Umgebung leben.

Rindenskorpione verstecken sich untertags in allen möglichen Spalten und Hohlräumen, aus denen sie in der Nacht auftauchen, um unter Laub, heruntergefallenen Ästen und Rindenstücken nach kleinen Beutetieren zu suchen. Ihre undefinierbare Färbung und ihre Fähigkeit, plötzlich in der Bewegung innezuhalten und völlig bewegungslos zu verharren, führt dazu, dass sie selbst dann, wenn sie sich im offenen Gelände befinden, fast nicht ins Auge fallen. Trotz ihres Gifts haben Rindenskorpione eine ganze Reihe von Fressfeinden, von größeren Skorpionen, Hundertfüßern und Spinnen bis zu Eidechsen, Eulen und anderen nachtaktiven Vögeln.

REINE ÄUSSERLICHKEITEN

Zeitweise standen fast 100 *Centruroides*-Arten auf Listen von Zoologen. Unterschieden wurden sie nach Streifen, Punkten oder anderen Zeichnungen. Allerdings zeigten in den 1970er Jahren durchgeführte Zuchtexperimente, dass manche Nachkommen von Gestreiften Rindenskorpionen keine Streifen hatten, während beim Nachwuchs von normalerweise einfarbigen Arizona-Rindenskorpionen auf einmal Streifen auftauchten. Offensichtlich können bei vielen Arten verschiedene Morphe auftreten, Individuen mit abweichender Färbung bzw. Musterung. Ursache dafür sind wahrscheinlich genetische Unterschiede.

VERBREITUNG

● Arizona-Rindenskorpion und andere, ähnlich giftige Arten

- **TRIVIALNAMEN**
  Rindenskorpion; bark scorpion (Englisch); escorpión marrón (Spanisch)

- **WISSENSCHAFTLICHER NAME**
  Gattung: *Centruroides*, u.a. *C. sculpturatus* (Arizona-Rindenskorpion), *C. vittatus* (Gestreifter Rindenskorpion) Epimecis hortaria

- **GRÖSSE**
  Länge vom Kopf bis zur Schwanzspitze: meist 6–12 cm

- **LEBENSRÄUME**
  von Wäldern, felsigen Hügeln und Stranddünen bis zu menschlichen Behausungen

- **ERNÄHRUNG**
  kleine Insekten, Würmer und anderes kleine Getier, andere Spinnentiere (Skorpione, Spinnen, Milben) eingeschlossen

- **GEFÄHRDUNG LT. ROTER LISTE**
  nicht beurteilt

▶ Rindenskorpione sind klein und relativ flach gebaut, darum können sie sich leicht unter herabgefallenen Ästen und lockeren Rindenstücken verstecken. Orte, an denen die Gefahr besteht, dass sie Menschen stechen, kann man mit einer Schwarzlicht-Lampe ausleuchten: Die Körperhülle von Skorpionen fluoresziert, wenn sie mit UV-Licht bestrahlt wird.

Forellenbarsch

EIN KÄMPFER AN DER LEINE

In seinem ursprünglichen Verbreitungsgebiet Nordamerika hat der Forellenbarsch viele volkstümliche Namen – und viele Bewunderer wegen seiner Art zu kämpfen, wenn ihn ein Angler an den Haken genommen hat (wobei andere wegen der angeblichen Grausamkeit dagegen protestieren). Aufgrund seiner Beliebtheit unter Anglern wurde der Forellenbarsch auch in vielen anderen Weltregionen eingeführt, in Südamerika, Europa, Afrika und im Fernen Osten. Seinen Erfolg sowohl als einheimische wie auch als invasive Art verdankt der Fisch mehreren für das Überleben wichtigen Eigenschaften, z. B. seiner höchst flexiblen Ernährungsweise – er frisst, was gerade im Angebot ist – und seiner Tarnung.

EIN GEFRÄSSIGES GROSSMAUL

Der Forellenbarsch ist ein stattlicher Fisch, einzelne Vertreter bringen es auf über 70 Zentimeter Körperlänge. Seine Tarntracht ist relativ typisch für Süßwasserfische, die in Seen und langsam fließenden Flüssen leben. Die Grundfarbe ist eine Mischung aus Grün, Oliv und Grau auf der Oberseite von Kopf und Rücken, manchmal mit einem leichten Messingglanz. Entlang der Körpermitte bilden dunkle Flecken einen unterbrochenen waagrechten Streifen, nach unten hin gehen die Farben in einen Silberton über. In tiefen, klaren Gewässern sind die Grün- und Olivschattierungen im Allgemeinen heller, in flacheren mit dichter Vegetation dagegen dunkler und silbriger. Das spiegelt das Eindringen des Sonnenlichts wider und die Kontraste, die in solchen Umgebungen entstehen, und ist – so oder so – ideal, um sich zwischen Wasserpest und anderer Vegetation zu verstecken.

Von seinem Lauerplatz aus attackiert der kräftige Forellenbarsch fast alles Essbare, das in seinen großen Schlund passt. Insekten, Krustentiere wie Garnelen und Hummer wandern da hinein, ebenso kleinere Fische, Frösche, Molche und sogar Landtiere wie Eidechsen, Vögel und Kleinsäuger, die sich zufällig im Wasser befinden.

DEN SCHADEN BERECHNEN

Wie viele invasive Spezies macht sich der Forellenbarsch auf unterschiedliche Weise in neuen Lebensräumen breit. Studien aus Südafrika zeigen, dass relativ schnell fließende Gewässer (in denen die Strömung Schlamm und andere kleinere Teilchen wegträgt, so dass ein relativ sauberes Flussbett zurückbleibt) nur in recht geringem Umfang Gemeinschaften kleinerer Tiere an die neuen Fische verlieren. Doch an Flachstellen in Ufernähe, die mit dichter Vegetation bedeckt waren, hatte sich der Anteil kleinerer, beweglicher Tiere wie Libellen- und Käferlarven stark verringert, den dort vorkommenden sesshaften Schnecken und den Köcherfliegenlarven dagegen ging es besser. Das Wissen um solche Details ist wichtig für den Umgang mit invasiven Arten.

VERBREITUNG

- **TRIVIALNAMEN**
  Forellenbarsch; largemouth bass (Englisch)
- **WISSENSCHAFTLICHER NAME**
  Micropterus salmoides
- **GRÖSSE**
  Länge: bis 90 cm
  Gewicht: bis 10 kg
- **LEBENSRÄUME**
  Seen, Stauseen, Wasserreservoire, langsam fließende Flüsse, üblicherweise mit üppiger Vegetation
- **ERNÄHRUNG**
  fast alles, was in sein großes Maul passt
- **GEFÄHRDUNG LT. ROTER LISTE**
  nicht beurteilt

▶ Die senkrecht stehenden Stängel und Blätter von Wasserpflanzen und die graubraunen Steine, die im Licht glitzern, sind ein idealer Hintergrund und ein gutes Versteck für den Forellenbarsch.

Wasserpfeifer

OFT GEHÖRT, SELTEN GESEHEN

Im Osten des nordamerikanischen Kontinents kündigt sich der Frühling mit nächtlichen Konzerten an: Wasserpfeifer-Männchen, die gerade aus dem Kälteschlaf erwacht sind, rufen im Chor, um Weibchen anzulocken. Die hohen Töne, die sie etwa 10–20-mal pro Minute ausstoßen, klingen wie Piepen, Fiepen, Pfeifen, Zwitschern oder Zirpen, manchmal sogar wie Glöckchen. Doch obwohl sie sehr gut zu hören sind, bekommt man die winzigen Lurche nur selten zu Gesicht. Dank ihrer Tarnung sind sie optisch absolut unauffällig.

VERBREITUNG

- **TRIVIALNAMEN**
  Wasserpfeifer; spring peeper, cicada frog (Englisch)

- **WISSENSCHAFTLICHER NAME**
  Pseudacris crucifer

- **GRÖSSE**
  Kopf-Rumpf-Länge: 2–3 cm
  Gewicht: 4–7 g

- **LEBENSRÄUME**
  Wälder, Gebüsche, Grasland mit Frischwasser (Tümpel, Sümpfe, Gräben) zum Laichen

- **ERNÄHRUNG**
  kleine Insekten, Spinnen, Würmer und ähnliches Getier

- **GEFÄHRDUNG LT. ROTER LISTE**
  nicht gefährdet

BODENSTÄNDIG

Die Farbpalette der Wasserpfeifer bewegt sich zwischen Mittel- und Hellbraun. Es gibt auch graumelierte und eher olivgrün gefärbte Exemplare, einige wenige gehen ins Gelbe oder Rostrote über. Die Färbung ist nicht gleichmäßig, sondern weist Abstufungen und hier und da schwach ausgeprägte Streifen auf, vor allem vor und hinter den Augen, auf den Beinen und auf dem Rücken. Ein typisches Merkmal ist eine dunklere X-förmige Zeichnung auf dem Rücken, die manchmal unscharf oder verwaschen ausfällt; ihr verdankt die Art ihren Namensbestandteil *crucifer* (lateinisch für „Kreuzträger").

Dank seiner Körperfärbung verschmilzt der Wasserpfeifer fast nahtlos mit den Blättern, Ästchen und Stöckchen der Laubschicht am Boden. Er gehört zur Familie der Laubfrösche und hat auch die weichen Haftballen an den Zehen, mit denen diese auf Bäume klettern können, doch ist er viel häufiger am Boden als weiter oben im Geäst anzutreffen. Er bleibt gern im Verborgenen und wagt sich nur zur Futtersuche hervor, denn er gehört zum Beutespektrum zahlreicher, waldlebender Beutegreifer wie Eidechsen, Salamander, Schlangen, Eulen und anderer Vögel sowie großer Spinnen und Hundertfüßer.

◀ Viele Vertreter der Laubfrosch-Familie sind grün, gelb oder ähnlich gefärbt, Farben, die zu frischen Blättern, Stängeln und Blüten passen. Wasserpfeifer dagegen kleiden sich harmonisch Ton in Ton mit Falllaub und toter Vegetation, wobei die feine Zeichnung Blattstiele und Blattadern imitiert.

WINTERPAUSE

In den nördlichen Bereichen seines Verbreitungsgebiets kommt es im Winter regelmäßig zu längeren Frostperioden. Dann fällt der Wasserpfeifer in einen als Torpor bezeichneten Zustand, eine Art Kältestarre. Auf diese Weise kann er sogar Minus-Temperaturen, z.T. bis unter – 5 °Celsius, ertragen. Möglich wird das durch Besonderheiten seines Stoffwechsels: In seinen Körperflüssigkeiten befindet sich eine Art Frostschutzmittel, das die Bildung von Eiskristallen hinauszögert oder ihn sogar leicht anfrieren und später unbeschadet wieder auftauen lässt. Damit er im nächsten Frühjahr wieder im Chor der Frösche mitmischen kann.

Schlammteufel

SALAMANDER IN DEN UNTIEFEN

Nur wenige Tiere dieser Größe – immerhin so lang wie ein menschlicher Arm – sind in ihrem natürlichen Lebensraum so schwer zu entdecken wie der Schlammteufel. Seine überwiegend braune, gelblich- oder grünlichbraune Färbung mit vielen unregelmäßigen dunkleren Flecken verwischt den Übergang zwischen seinem Körper und seiner Umgebung: Wasserpflanzen, Treibholz, Geröll, Felsblöcken, Steinen und Hohlräumen in relativ schnell fließenden Gewässern. Der breite, abgeflachte Körper ist an den Flanken mit dicken Hautfalten bedeckt, die seine typische Salamandergestalt ein bisschen verdecken. Seine Beine sind kurz und gedrungen, und mit seinem kräftigen Schwanz kann der Lurch sogar gegen die stärkste Strömung anschwimmen.

Nicht nur wegen dieser Merkmale ist der Schlammteufel selten zu sehen. Tagsüber, nach seinen nächtlichen Beutezügen, zieht er sich in Nischen und Spalten unter großen Steinen oder Baumstämmen zurück. Hier ist er sicher vor seinen Fressfeinden, großen Fischen, Schildkröten und Schlangen. Doch selbst untertags verschlingt er so manches Tier, das unvorsichtigerweise an seinem breiten Maul vorbeikommt, am liebsten Flusskrebse, aber auch kleine Fische, Frösche und wasserlebende Insekten.

Der Schlammteufel ist Mitglied in einem ziemlich exklusiven Club, dem der Riesensalamander oder Cryptobranchier. Der Name bedeutet „versteckte Kiemen", denn offensichtlich besitzt der Schlammteufel am Kopf oder am Hals keine Kiemen, mit denen andere Amphibien unter Wasser atmen. Statt dessen nimmt er Sauerstoff über die dünne Haut der Falten auf, die seinen Körper zieren. In Ostasien gibt es zwei weitere Cryptobranchier, die sogar noch größer sind: den Japanischen Riesensalamander mit 1,4 Metern Länge und den Chinesischen Riesensalamander, der über 1,6 Meter erreichen kann. Die drei Arten sind die größten Amphibien der Welt.

VERBREITUNG

- **TRIVIALNAMEN**
  Schlammteufel; hellbender, mud-devil (Englisch)
- **WISSENSCHAFTLICHER NAME**
  Cryptobranchus alleganiensis
- **GRÖSSE**
  Länge: bis 70 cm
  Gewicht: bis 2,5 kg
- **LEBENSRÄUME**
  größere, schnell fließende Bäche und Flüsse mit vielen Verstecken und Flusskrebsen
- **ERNÄHRUNG**
  Flusskrebse, Fische, Frösche, Kröten, wasserlebende Insekten und Würmer, andere Salamander und auch kleinere Artgenossen
- **GEFÄHRDUNG LT. ROTER LISTE**
  potenziell gefährdet

BIOINDIKATOR

Schlammteufel sind eine wichtige Zeigerart für die Gewässergüte. Wegen der vom Menschen verursachten Verschmutzungen sind sie in etwa der Hälfte ihres ursprünglichen Verbreitungsgebiets verschwunden. Ein großes Problem sind Erde und Schlamm, die von Straßen, landwirtschaftlichen Betrieben und durch das Wachstum von Städten und Industriegebieten in die Gewässer eingetragen werden. Diese verstopfen, und der Schlammteufel kann sich dort nicht mehr aufhalten. Viele Artenschutzprojekte haben zum Ziel, solche Gewässer zu renaturieren, damit sich diese außergewöhnliche Kreatur dort wieder wohlfühlt.

▶ Schlammteufel gehen in der Regel nachts auf die Jagd. Ihr ausgezeichneter Geruchssinn hilft ihnen, Beutetiere oder Aas, z. B. toten Fisch, auszumachen. Ihr flacher, kompakter Körperbau bietet dem fließenden Wasser nur wenig Widerstand, wenn sie sich am Boden aufhalten oder mit leichtem Schwanzwedeln vorwärtsbewegen.

Texas-Krötenechse

EIN STACHLIGER AMEISENFRESSER

Das offizielle Reptil des amerikanischen Bundesstaats Texas ist weder eine Kröte noch ein Frosch, selbst wenn der kurze Kopf und der gedrungene Körper es ein wenig so aussehen lassen. Es ist eine echte Eidechse, verwandt mit den Saumfingerechsen (Gattung *Anolis*), Leguanen und Chamäleons. Typisch sind die beiden „Hörner" über den Augen und die dornartigen Vorsprünge auf den Wangen. Auf beiden Seiten entlang von Körper und Schwanz befindet sich eine Reihe großer, spitz ausgezogener Schuppen, viele kleinere spitze Schuppen bedecken darüber hinaus fast den ganzen übrigen Körper.

Die Texas-Krötenechse ist sandfarben, rötlich oder olive gefärbt, mit unregelmäßig geformten dunkleren Streifen und Flecken auf der Oberseite von Körper, Schwanz und Beinen; die Unterseite ist deutlich heller. Diese Farbgebung und Musterung ist ideal, um in Lebensräumen aus trockenem Gras, Sand, Steinen und Gesträuch unbemerkt zu bleiben.

Wenn sie in eine andere Umgebung kommt, kann die Texas-Krötenechse ihre Tarnfärbung daran anpassen; das dauert allerdings mehrere Tage bis Wochen. Diese Veränderung wird von visuellen Informationen beeinflusst, die durch die Augen in Teile des Gehirns gelangen, wo Hormone produziert werden, die die Pigmentbildung regeln, aber auch von Veränderungen in der Zusammensetzung der Nahrung.

HITZE UND LICHT

Die Umgebungstemperatur beeinflusst die Farbgebung ebenfalls. Morgens und abends, wenn es kühler ist, wird die Echse dunkler und passt sich so besser in ihr dämmriges Umfeld ein; außerdem kann sie so mehr Wärme absorbieren und aktiv bleiben. In der Mittagssonne dagegen erscheint alles heller und blasser; dem folgt die Echse, um sich besser in den Hintergrund einzufügen und auch um mehr Sonnenstrahlen zu reflektieren und damit Überhitzung zu vermeiden. Auf diese Weise sorgt das Äußere der Echse nicht nur für Tarnung, sondern auch für die Regulierung der Körpertemperatur.

VERBREITUNG

- **TRIVIALNAMEN**
  Texas-Krötenechse, Gehörnte Krötenechse; Texas horned lizard, Texas horned toad (Englisch), Camaleón común (Spanisch)

- **WISSENSCHAFTLICHER NAME**
  Phrynosoma cornutum

- **GRÖSSE**
  Kopf-Rumpf-Länge: 7–14 cm
  Gewicht: 30–80 g (Weibchen sind größer als Männchen)

- **LEBENSRÄUME**
  trockene Landstriche, mit trockenem Gras, Gebüsch, Sand, Geröll

- **ERNÄHRUNG**
  Ameisen, Termiten, andere kleine Wirbellose

- **GEFÄHRDUNG LT. ROTER LISTE**
  nicht gefährdet, aber in einigen Regionen geht der Bestand zurück

---

WEISSER RÜCKENSTREIF

Ein dünner heller Streifen erstreckt sich vom Nacken der Echse über die Mitte von Rücken und Schwanz. Auch das könnte für die Tarnung eine Rolle spielen. Angesichts einer Gefahr könnte die Echse zwischen Pflanzen Schutz suchen, insbesondere zwischen Grasbüscheln. Hier sieht der blasse Streifen aus wie ein trockener Grashalm, während die unregelmäßige Körperkontur und die abstehenden Schuppenspitzen die typische Echsengestalt vertuschen.

◀ (Gegenüberliegende Seite) Zwischen Gesträuch, Gräsern, Steinen und Geröll sucht die Texas-Krötenechse nach ihrer Lieblingsspeise: Ernteameisen. Wenn sie sich von einer großen Schlange oder einem Greifvogel bedroht fühlt, bleibt sie bewegungslos sitzen oder sucht schnell Deckung in der Vegetation oder unter Steinen. (Links) Der weiße Rückenstreif der Echse ist deutlich zu erkennen.

Kupferkopf

RUHE ZWISCHEN DEN BLÄTTERN

Die Laubschicht von Waldböden gehört zu den am besten tarnenden Aufenthaltsorten des Kupferkopfs. Wie der Name verrät, erkennt man dieses Mitglied der Familie der Grubenottern an seinem metallisch schimmernden, kupferfarbenen Kopf mit dazu passend gefärbten Augen, die den Effekt noch verstärken. Der Kopf ist dreieckig (Gattung Dreieckskopfottern), dahinter befindet sich ein deutlich abgesetzter Hals, auf den ein gedrungener Rumpf folgt, der am Ende schnell in einen dünnen Schwanz übergeht.

(UN-)REGELMÄSSIG GUT GETARNT

Abgesehen vom Kopf besteht die Farbgebung beim Kupferkopf aus zwei kontrastierenden Brauntönen (manchmal graubraun oder weißlichbraun), die in Gestalt von Flecken oder Bändern abwechselnd auf dem Körper auftreten. Die Form der dunkleren rötlichen oder kastanienbraunen Bänder wird in Beschreibungen verschiedentlich mit Satteltaschen oder Sanduhren verglichen: Sie sind oben auf dem Rücken schmaler und an den Seiten breiter. Das Umgekehrte gilt für die helleren gelblichbraunen bis cremefarbenen Bänder. Die hellen und die dunklen Bänder ähneln sich, aber jedes hat seine individuelle, variable Form, wobei sich die Farbe vom Rand zur Mitte eines Bandes hin aufhellen kann. Das heißt, es gibt kein festes Muster, das sich entlang des Körpers wiederholt und das Aufmerksamkeit erregen könnte.

Die kontrastierenden, unregelmäßig geformten Bänder haben große Ähnlichkeit mit trockenen alten Blättern. Außerdem liegt der Kupferkopf in Ruhe gerne in einem lockeren Knäuel (statt „ordentlich" aufgerollt) und verbirgt so seine Schlangenform. Auf diese Weise auf der Laubschicht eines Waldes praktisch unsichtbar, wartet er darauf, dass eine Maus, eine Wühlmaus oder ein ähnlicher Nager vorbeikommt. Deren Körperwärme kann er mithilfe des Grubenorgans wahrnehmen, Vertiefungen, die auf beiden Seiten des Kopfes zwischen Auge und Nasenloch liegen und Sensoren für Infrarot- oder Wärmestrahlung enthalten.

PASS AUF, WO DU HINTRITTST!

Im Verbreitungsgebiet dieser Schlange werden mehr Menschen von Kupferköpfen gebissen als von jeder anderen Giftschlange. Das hat mehrere Gründe. Sie sind relativ häufig. Sie kommen in unterschiedlichen Lebensräumen vor, menschliche Siedlungen eingeschlossen. Diese Schlange zieht sich nicht zurück, wenn sie gestört wird, sondern bleibt ruhig liegen – und schlägt dann zu. Zum Glück ist ein Biss zur Warnung meistens „trocken", das heißt ohne Gift. Und das Gift ist nicht sehr stark, so dass es nur selten zu Todesfällen kommt.

VERBREITUNG

- **TRIVIALNAMEN**
  Kupferkopf; copperhead, red snake (Englisch); cantil cobrizo (Spanisch)
- **WISSENSCHAFTLICHER NAME**
  Agkistrodon contortrix
- **GRÖSSE**
  Länge: 60–80 cm
  Gewicht: 100–250 g
- **LEBENSRÄUME**
  dichte bis lichte Wälder, felsiges Bergland, Gebüsche, Sümpfe, Fluss- und Seeufer
- **ERNÄHRUNG**
  Kleinsäuger wie Mäuse und Wühlmäuse, Vögel, Eidechsen, Frösche, größere Insekten
- **GEFÄHRDUNG LT. ROTER LISTE**
  nicht gefährdet

▶ Laub, Äste und Zweige auf einem Waldboden sind die ideale Umgebung für einen Kupferkopf. Normalerweise liegt er zusammengeknäult in der Nähe eines Strauchs, eines Baumstumpfs oder eines großen Steins auf der Lauer und wartet bewegungslos auf seine Beute. Das Farbspektrum reicht von braun (wie hier) bis graubraun, doch das Sanduhrmuster bleibt relativ konstant.

MEISTER DER TARNUNG

Alpen-Schneehuhn

IN DER KÄLTE ZUHAUSE

Das Leben in der arktischen Tundra ist ausgesprochen hart: Es gibt viel Wind und kaum Schutz, im Winter herrschen monatelang Minustemperaturen, und Schneestürme fegen über das schnee- und eisbedeckte Land, der Boden ist fast ganzjährig gefroren. Nur wenige Tiere leben das ganze Jahr über hier, darunter – am nördlichsten Ende seines Verbreitungsgebiets – das Alpen-Schneehuhn.

Für den oft einfach nur als Schneehuhn bezeichneten Vogel aus der Familie der Fasanenartigen ist seine wechselnde Tarntracht überlebenswichtig. Im Frühling, während der Mauser, tauscht er sein reinweißes Gefieder gegen ein Federkleid mit einer undefinierbaren Farbgebung aus schwarzen, braunen, grauen und hellen Streifen. Das hilft ihm, sich zwischen schneefreien Felsen und Steinen, verkrüppelten Sträuchern, niedrigen Gräsern und anderer Tundravegetation zu verbergen.

GEFÄHRLICHE BRAUTWERBUNG

Männliche Schneehühner verlieren ihr hellen Federn erst später im Frühjahr, diese sind zusammen mit den leuchtend roten Hautwülsten über den Augen Hauptzeichen für ihre Fitness und Fortpflanzungsbereitschaft und darum wichtig für das Balzritual. Zu dieser Zeit hat das Weiß im Gefieder den Zweck, mögliche Partnerinnen zu beeindrucken, allerdings fallen die Männchen nach Schnee- und Eisschmelze damit nicht nur ihnen auf, sondern erregen auch die Aufmerksamkeit von Beutegreifern wie Gerfalke, Schnee-Eule, Steinadler und Polarfuchs. Die Weibchen dagegen sind bereits gut getarnt und bereit, ein Nest zu bauen, Eier zu legen und sich um den Nachwuchs zu kümmern; das tun sie ohne Unterstützung der Männchen. Im Herbst wird das Sommerkleid bei beiden Geschlechtern wieder durch das reinweiße Gefieder ersetzt – und damit passt sich das Alpen-Schneehuhn erneut perfekt in die blendendweiße arktische Umgebung ein.

VERBREITUNG

- **TRIVIALNAMEN**
  Alpen-Schneehuhn; rock ptarmigan, snow chicken (Englisch); Aqiggiq atajulik (Inuit)

- **WISSENSCHAFTLICHER NAME**
  Lagopus muta

- **GRÖSSE**
  Gesamtlänge: 40–45 cm
  Flügelspannweite: 50–60 cm
  Gewicht: 400–500 g

- **LEBENSRÄUME**
  Tundra (Kältesteppe), Gebirge, Geröllflächen, Zwergstrauchheide

- **ERNÄHRUNG**
  Pflanzen, u. a. Knospen, Kätzchen, junge Triebe, Beeren, Süß- und Sauergräser

- **GEFÄHRDUNG LT. ROTER LISTE**
  nicht gefährdet

GANZ OFFIZIELL

Im Jahr 1999 wurden die östlichen Teile der kanadischen Northwest Territories abgespalten und zu einem neuen Territorium mit Namen Nunavut („unser Land" in der Sprache der Inuit) gemacht. Dort mussten nicht nur neue Körperschaften und Verwaltungsstrukturen aufgebaut werden, erforderlich waren auch ein offizielles Wappen und Symbole. Das Alpen-Schneehuhn wurde zum offiziellen Vogel dieses Territoriums gekürt, weil es das ganze Jahr über dort lebt und in Folklore, Kunst und Ernährung der Inuit eine Rolle spielt.

◀ Zwei Schneehühner im Winterkleid schauen wachsam in die nur von einer dünnen Decke überzogene Schneelandschaft hinaus.

▶ Das Sommerkleid des brütenden Weibchens fügt sich perfekt in die Farben und Formen seiner unmittelbaren Umgebung ein.

Bartkauz

PHANTOM DES NORDENS

Der Bartkauz zählt zu den größten Eulen der Welt. Er ist ein ausgesprochener Waldvogel und bewohnt vor allem Fichten und Kiefern im borealen Nadelwaldgürtel, der nördlichsten Waldzone der Erde, die von Kanada über Alaska nach Sibirien und Nordeuropa verläuft. Er kommt aber auch in Mischwäldern weiter südlich vor, insbesondere in Höhenstufen, wo das Klima wie in der Taiga kühl bis kalt ist und wo mindestens für einige Monate des Jahres Schnee liegt.

Ohne sein dickes, üppig aufgeplustertes Federkleid wäre der Bartkauz, wie die meisten Eulen, überraschend klein. Das Gefieder trägt ein verwaschenes, undeutlich gebändertes oder gestreiftes Muster in allen nur denkbaren Grautönen, so dass der Bartkauz den von Flechten bewachsenen Bäumen auf denen er sitzt, um zu jagen oder zu ruhen, sehr gut angepasst ist.

GESPENSTISCH LEISE

Überall in seinem Verbreitungsgebiet hält sich der Bartkauz gerne in der Nähe offener Flächen mit niedriger Vegetation auf. „Phantom des Nordens" wird er genannt, weil er plötzlich wie aus dem Nichts aufzutauchen scheint, obwohl er in Wirklichkeit die ganze Zeit gut getarnt und unbemerkt auf einem Ast saß und nach Beute Ausschau gehalten hat. Lautlos stößt er zwischen den Bäumen herab oder gleitet über Moore und Heidegebiete, um eine Maus, eine Wühlmaus oder ein ähnliches Beutetier auszumachen.

Die Tarntracht ist für solche Jagdmethoden durchaus hilfreich, aber noch wichtiger ist sie, um der Aufmerksamkeit anderer Beutegreifer zu entgehen. Dazu zählen der noch stärkere Virginia-Uhu, der eurasische Uhu, gelegentlich Bären und Luchse und kleinere, aber furchtlose fleischfressende Säugetiere wie der Vielfraß.

VERBREITUNG

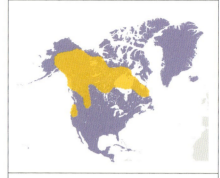

- **TRIVIALNAMEN**
  Bartkauz; great grey owl, sooty owl (Englisch)

- **WISSENSCHAFTLICHER NAME**
  Strix nebulosa

- **GRÖSSE**
  Länge (von der Schnabel- bis zur Schwanzspitze): 65–75 cm
  Flügelspannweite: 135–145 cm
  Gewicht: 1,0–1,3 kg

- **LEBENSRÄUME**
  Laub- und Nadelwälder mit offenen Bereichen, Wiesen, Lichtungen, Moore, Heide

- **ERNÄHRUNG**
  kleine Nagetiere, vor allem Mäuse, Wühlmäuse, Taschenratten, Lemminge und Spitzmäuse, aber auch kleine Vögel und Amphibien

- **GEFÄHRDUNG LT. ROTER LISTE**
  nicht gefährdet

FEINE ORTUNG

Um ein Beutetier auszumachen, dreht und wendet eine Eule ihren Kopf, so dass ihre riesigen Augen und auch ihre Ohren eine mögliche Mahlzeit anvisieren und anpeilen können. Die besondere, diskusförmig angelegte Befiederung des Gesichts vermag selbst die schwächsten Geräusche aufzufangen und an die Ohröffnungen im Schädel weiterzuleiten. Eine Ohröffnung liegt tiefer als die andere; diese Asymmetrie hilft, Geräuschquellen noch präziser zu bestimmen. Das Gehör des Bartkauzes ist so gut, dass er selbst ein kleines Tier, das sich unter einer 50 Zentimeter dicken Schneedecke bewegt, orten kann.

▶ Die Tarnung des Bartkauzes funktioniert am besten zwischen Bäumen und Ästen, vor allem wenn diese mit schuppigen, abblätternden Rindenstücken und graugrünen Flechten bedeckt sind. Der Namensbestandteil „nebulosa" bezieht sich auf den Weichzeichnereffekt der verwaschenen Färbung sowie die Kontur. Oft bemerkt man die Eule nur wegen ihres durchdringenden Blicks.

Schnee-Eule

DAS ARKTISCHE TAGGESPENST

Viele Tiere, die in der Polarregion leben, sind weiß zur Tarnung in Eis und Schnee. Die Schnee-Eule, die überall im hohen Norden vorkommt, ist da keine Ausnahme. Wäre sie eine typische Eule, die in der Nacht jagt, wäre das Tarnkleid vielleicht nicht so wichtig. Aber anders als die meisten ihrer Verwandten ist diese Eule vor allem bei Tageslicht unterwegs, was in der Arktis – je nach Breitengrad – im Sommer bis zu 24 Stunden bedeuten kann, im Winter dagegen sehr viel weniger. Doch um ganz genau zu sein: Die Schnee-Eule ist meistens in der Dämmerung aktiv. Darum ihre geisterhafte Blässe.

VERBREITUNG

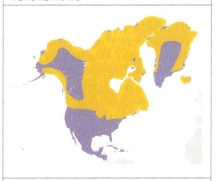

- **TRIVIALNAMEN**
  Schnee-Eule; snowy owl, arctic owl (Englisch); ookpik (Inuit), snæugla (Isländisch), tunturipöllö (Finnisch), snøugle (Norwegisch), fjälluggla (Schwedisch), снежная сова (Russisch)

- **WISSENSCHAFTLICHER NAME**
  Bubo (früher: *Nyctea*) *scandinavicus*

- **GRÖSSE**
  Länge (von der Schnabel- bis zur Schwanzspitze): 55–65 cm
  Flügelspannweite: 1,40–1,50 m
  Gewicht: 1,6–2,2 kg (Weibchen sind meist größer als Männchen)

- **LEBENSRÄUME**
  unterschiedlich, u.a. Tundra, Steppen und anderes Grasland, Moor- und Heidelandschaften, Strand und Dünen, felsige Strauchlandschaften, selten Wälder

- **ERNÄHRUNG**
  vor allem kleine Nagetiere wie Lemminge, Mäuse und Wühlmäuse, auch Hasen, Kaninchen, kleine bis mittelgroße Vögel wie Schneehühner und Enten, gelegentlich Fisch, Schalentiere, große Insekten

- **GEFÄHRDUNG LT. ROTER LISTE**
  gefährdet

Mehrere arktische Tiere sind völlig weiß, vor allem wenn sie ihr Winterfell oder Winterkleid tragen. Schnee-Eulen jedoch haben das ganze Jahr hindurch zumindest ein paar schwarz-braune Flecken und Streifen. Wie ausgeprägt diese Markierungen sind, ist individuell verschieden: Bei Weibchen sind sie zahlreicher und auffallender, bei manchen Männchen sind es so wenige und so blasse, dass die Eule, abgesehen von den Flügelspitzen, ganz weiß erscheint.

NICHT GANZ SCHNEEWEISS

Die Markierungen dienen der Tarnung. In den baumfreien arktischen Regionen müssen sich Schnee-Eulen auf den Boden setzen, um zu ruhen, zur Jagd aufzubrechen oder ihre Mahlzeit zu verzehren. Und der Boden ist selten schneeweiß, meist ist er vom Wind stellenweise freigefegt und mit Grasbüscheln, Felsbrocken, Zwergsträuchern und Flechten durchsetzt. Die Gefiederzeichnung der Schnee-Eule ahmt diese zufälligen dunkleren Flecken und Sprenkel in der Landschaft nach. Das Weibchen sitzt an die zwei Monate auf dem Nest, um die Eier auszubrüten und die Nestlinge zu wärmen, während das Männchen das Futter herbeischafft; darum hat sie die auffälligere Zeichnung.

◄ Auf einem Baumstamm sitzend hält die Schnee-Eule während der wenigen Tageslichtstunden im Winter Ausschau nach Beute. Männchen haben in der Regel weniger dunkle Flecken als Weibchen, und die, die sie haben, werden mit dem Alter blasser.

MAUSER DAS GANZE JAHR

Im Gegensatz zu Arktisbewohnern, die ihre braune Sommertracht abwerfen und durch ein weißes Winterkleid ersetzen, gehen die Schnee-Eulen durch eine verlängerte, ganzjährige Mauser. Die Federn am Körper werden jedes Jahr nach und nach ausgetauscht. Alle Schwungfedern zu ersetzen, kann drei und mehr Jahre dauern. In einem so harschen Lebensraum, in dem Beutemachen überlebenswichtig ist, um die Körpertemperatur aufrechtzuerhalten, kann sich eine Eule keine Auszeit leisten, bis die abgeworfenen Federn wieder nachgewachsen sind.

Großes Wiesel (Hermelin)

EIN MANTEL FÜR JEDE JAHRESZEIT

Zu den bekanntesten Tieren, die die Farbe wechseln, gehört das Große Wiesel: Es ist im Sommer braun und im Winter weiß; dann wird es oft auch Hermelin genannt. Die Unterseite ist, einschließlich Brust und Kinn, weiß bis cremefarbig, während das braune Sommerfell von Kopf, Nacken, Rücken und Flanken mit dem Erdboden, altem Pflanzenmaterial, Baumstämmen und Ästen harmoniert. Mit dem Fellwechsel im Herbst nähert sich die Farbe von Kopf und Rücken zunächst der der Unterseite an, bis das feinere, seidigere, weiße Winterfell des Hermelins nachgewachsen ist. Nur die Schwanzspitze bleibt das ganze Jahr über schwarz. Der Fellwechsel im Frühjahr bringt dann das braune Sommerkleid zurück.

VERBREITUNG

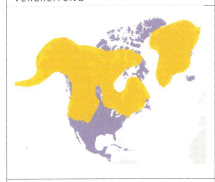

- **TRIVIALNAMEN**
  Großes Wiesel, Kurzschwanzwiesel, Hermelin; stoat, ermine, short-tailed weasel (Englisch); tiriaqpak, tiqiak (Inuit)

- **WISSENSCHAFTLICHER NAME**
  Mustela erminea

- **GRÖSSE**
  Länge (von der Schnauzen- bis zur Schwanzspitze): 25–45 cm
  Gewicht: 150–300 g (Männchen sind größer als Weibchen)

- **LEBENSRÄUME**
  sehr variabel, Wälder, Gehölze, Ackerland, menschliche Ansiedlungen, Gebirge, Tundra

- **ERNÄHRUNG**
  vor allem kleine Säugetiere wie Mäuse, Wühlmäuse, Lemminge, aber auch Insekten, Fische, Frösche, Vögel und Eier, manchmal sogar Beutetiere, die fünfmal größer sind als es selbst

- **GEFÄHRDUNG LT. ROTER LISTE**
  nicht gefährdet

FARBE JE NACH TAGESLÄNGE

Das Große Wiesel hat ein riesiges Verbreitungsgebiet. Zu der markanten Farbänderung kommt es jedoch nur im hohen Norden, wo im Winter monatelang Schnee liegt. Weiter im Süden ist die Farbänderung weniger ausgeprägt, und am südlichen Rand des Verbreitungsgebiets fällt sie kaum auf, das Winterfell ist dort nur wenig heller als das Sommerfell. Der Fellwechsel hängt von der Umgebungstemperatur und von der Tageslänge (Photoperiode) ab, und auch davon, wie schnell diese sich ändert. In den nördlichsten Breiten nimmt die Tageslänge im Frühjahr sehr rasch zu und im Herbst sehr rasch ab, weiter im Süden verändert sich die Tageslänge dagegen viel langsamer, darum ist der Unterschied weniger markant.

Große Wiesel sind unerschrockene Jäger, sie töten nicht nur kleine Lebewesen wie Mäuse, Wühlmäuse und Lemminge, sondern auch Tiere, die deutlich größer sind als sie selbst, z. B. Hasen, Kaninchen, Enten und Schneehühner. Ihre Tarntracht verbirgt sie außerdem vor anderen Beutegreifern, die es auf sie abgesehen haben, etwa Eulen und Greifvögeln, Füchsen, Koyoten und ihren größeren Vettern aus der Familie der Marderartigen (Mustelidae), wie Wieseln und Vielfraßen.

◄ (Oben) Selbst wenn das Große Wiesel über den Schnee jagt, bietet ihm sein „Hermelinmantel" in der Schneelandschaft eine hervorragende Tarnung. (Unten) Die Sommertracht ist nur auf der Unterseite weiß. Die Schwanzspitze bleibt das ganze Jahr über schwarz.

VARIANTENREICH

Das riesige Verbreitungsgebiet und die unterschiedlichen Lebensräume bringen es mit sich, dass die Art (Spezies) *Mustela erminea* stark variiert. Bekannt sind mehr als 35 verschiedene Unterarten, die sich in Größe, Details von Gestalt und Fellfarbe oder bevorzugten Beutetieren unterscheiden. Allein zehn dieser Subspezies sind in Nordamerika zuhause. Zu den größten gehört *Mustela erminea arctica*, die in Alaska, Nordwestkanada und auf einigen arktischen Inseln vorkommt.

Puma

EINE HÖCHST ANPASSUNGSFÄHIGE KATZE

Der Puma oder Silberlöwe gilt als viertgrößte Katzenart und hat sich als Überlebenskünstler in den unterschiedlichsten Lebensräumen bewährt. Man findet ihn im Hochgebirge der Rocky Mountains, weshalb er auch Berglöwe genannt wird, in Wäldern, in Gras- und Farmland bis hin zu den subtropischen Sümpfen Floridas, wo er Florida-Panther genannt wird.

Bei so großer Anpassungsfähigkeit an verschiedene Lebensräume überrascht es, dass der Puma weder Streifen noch Punkte oder Flecken aufweist. Er hat eine relativ gleichmäßige, schmucklose Färbung, die sich auch in seinem Artnamensbestandteil *concolor* („gleichfarbig") widerspiegelt. Wohl gibt es eine Variationsbreite vom typischen löwenähnlichen Gelb- und Hellbraun, Beige und Kastanienbraun, doch die schwarze „Pantherform", die man bei anderen großen Katzen findet (eine Mutation, die Individuen eine sehr dunkle, fast schwarze Farbe verleiht), wurde beim Puma bislang nicht beobachtet. Die einzigen Farbvarianten, die bei einzelnen Individuen auftreten, sind helle bis fast weiße Stellen an Kinn, Wangen und Kehle, die bis zum Bauch hinabreichen, und eine schwarze Schwanzspitze.

IMMER SCHÖN DISTANZ WAHREN

Trotz seiner schlichten Farbgebung ist die Fähigkeit des Pumas, unbemerkt zu bleiben, selbst wenn er sich nur wenige Schritte entfernt befindet, legendär. Er verschmilzt mit trockenen Gräsern, Büschen und Felsen ebenso wie mit Baumstämmen und Ästen oder Schilf und Sauergräsern an Gewässern. Außerdem hat er ein extrem gutes Gespür für gefährliche Situationen (z. B. wenn sich ihm Menschen nähern), dann verharrt er entweder absolut bewegungslos oder er wartet einen günstigen Moment ab, um sich ungesehen davonzuschleichen, oder er tritt mit einem plötzlichen Sprung die Flucht nach vorn an.

VERBREITUNG

- **TRIVIALNAMEN**
  Silberlöwe, Berglöwe; cougar, mountain lion (Englisch), león montaña (Spanisch), suçuarana (Portugiesisch)

- **WISSENSCHAFTLICHER NAME**
  Puma concolor

- **GRÖSSE**
  Länge (von der Schnauzen- bis zur Schwanzspitze): 2,00–2,50 m
  Schulterhöhe: 60–80 cm
  Gewicht: 40–80 kg

- **LEBENSRÄUME**
  sehr verschieden, vom Hochgebirge bis auf Meereshöhe

- **ERNÄHRUNG**
  Säugetiere aller Art, vom großen Hirsch bis zum kleinen Nager, aber auch Vögel, Reptilien, Amphibien, Fische und Insekten

- **GEFÄHRDUNG LT. ROTER LISTE**
  nicht gefährdet, allerdings gehen die Bestände fast überall im Verbreitungsgebiet zurück

GEFLECKTE JUGEND

Die jungen Puma-Kätzchen ähneln den Jungtieren anderer Katzen. Die Kleinen haben eine helle Grundfarbe mit dunklen, länglichen Flecken, einen geringelten Schwanz und leuchtend blaue Augen. Diese Markierungen verschwinden mit der Zeit, auf den Flanken von Heranwachsenden sind sie noch zu sehen. Derart gut getarnt können die Jungen an ihrem Lagerplatz zwischen Felsen, Baumwurzeln oder ähnlichen Nischen zurückgelassen werden, wenn ihre Mutter auf die Jagd geht.

▶ Pumas leben die meiste Zeit einzelgängerisch. Männchen und Weibchen kommen nur in der Paarungszeit kurz zusammen, und die Jungen bleiben etwa zwei Jahre bei ihrer Mutter. Den Rest der Zeit lebt diese Katze allein.

◀ Puma-Kätzchen haben eine deutliche Fellzeichnung, die jedoch verschwindet, wenn sie heranwachsen.

Eisbär

HERRSCHER DER ARKTIS

Eines der bekanntesten Tiere ist gleichzeitig eines der besten Beispiele für Tarnung. Die Arktis, die Lebenswelt des Eisbären, ist weiß von Eis und Schnee – ganz wie der Bär.

Doch mit der Fellfarbe hat es eine besondere Bewandnis. Die Haare des Eisbären enthalten keine weißen Pigmente und seine Haut ist schwarz. Erwachsene Tiere haben keine natürlichen Feinde (selbst wenn sich Männchen in der Paarungszeit bis aufs Blut bekämpfen), also dient die Tarnung nicht dem Selbstschutz, sondern ausschließlich der Jagd. Etwa wenn sie sich an Robben, ihre Hauptnahrung, heranpirschen oder wenn sie neben einem Atemloch darauf warten, dass eine Robbe nach der Unterwasserjagd auf Fische zum Luftholen wieder auftaucht. Wie bei vielen Säugetieren besteht das Fell des Eisbären aus zwei Lagen, längeren, festeren Deckhaaren und kürzeren, dichteren Unterwollhaaren. Beide Haartypen sind durchsichtig und hohl. Diese Doppelschicht aus Haaren verbirgt die schwarze Haut der Eisbären.

GESTREUTES LICHT

Wie kann es sein, dass durchsichtige Haare weiß aussehen? Eine Erklärung dafür lautet: Wenn Sonnenlicht auf ein Deckhaar trifft, dringen einige Strahlen in dessen hohles Inneres. Die Innenseite des Haares ist mit submikroskopischen Teilchen ausgekleidet, die das weiße Licht in seine Bestandteile (die Farben des Regenbogens) aufspalten und streuen. Die wiederum gehen in alle Richtungen auseinander. Dasselbe geschieht auf der Außenseite des Haares, auf der sich Salzkristalle und andere kleinste Teilchen vom letzten Aufenthalt des Eisbären im Salzwasser befinden. Diese unzähligen Strahlen in den Farben des Regenbogens werden von den Haaren reflektiert und abgegeben – ein gigantisches Tohuwabohu von Farben. Wenn die farbigen Lichtstrahlen das Haar und den Bären verlassen, ergeben sie in Kombination zusammen wieder weißes Licht.

VERBREITUNG

- **TRIVIALNAMEN**
  Eisbär, Polarbär; polar bear, arctic bear (Englisch); nanook/nanuq (Inuit, Yupik); isbjørn, snøbjørn (Norwegisch); oshkúj, bélyj medvédj (Russisch); umka (Tschuktschisch)

- **WISSENSCHAFTLICHER NAME**
  Ursus maritimus

- **GRÖSSE**
  Kopf-Rumpf-Länge: 1,80–3,00 m
  Schulterhöhe: 1,10–1,60 m
  Gewicht: 150–700 kg (Männchen sind fast doppelt so groß wie Weibchen)

- **LEBENSRÄUME**
  Arktis, arktische Küsten, Meereis, Treibeis

- **ERNÄHRUNG**
  vor allem Robben, aber auch Rentiere, Moschusochsen, kleinere Säugetiere wie Hasen und Lemminge, Vögel, Fische, Krabben und andere Krustentiere, Aas

- **GEFÄHRDUNG LT. ROTER LISTE**
  gefährdet

MAN MUSS SICH ANPASSEN

Der Eisbär gilt als Musterbeispiel für eine vom Klimawandel bedrohte Tierart. Wenn sich die Arktis erwärmt, gibt es weniger Meereis (Packeis und Eisschollen), und im Frühjahr beginnt alles Eis früher zu schmelzen. In manchen Regionen stellen die Eisbären ihre Ernährung um: Sie jagen z. B. mehr Vögel und fressen deren Eier, sie setzen weitere Säugetiere vom Lemming bis zum Rentier auf ihren Speisezettel, und in der Nähe menschlicher Siedlungen plündern sie die Müllhalden.

▶ Eisbären jagen vor allem am Übergang vom Meer zum Eis, das heißt auf Packeis, treibenden Eisschollen und abgebrochenen Teilen von Eisbergen; dort nämlich halten sich ihre bevorzugten Beutetiere, die Robben, gerne auf.

◀ Eisbärjunge bleiben zwei bis drei Jahre an der Seite ihrer Mutter.

2
Mittel- und Südamerika

Großer Laternenträger

TROTZ GROSSEM KOPF KEINE LEUCHTE

Der Große Laternenträger ist ein massiges Insekt von beeindruckenden Ausmaßen: Kopf und Körper sind zusammen so lang wie ein Finger, die ausgebreiteten Flügel würden eine menschliche Hand bedecken. Dennoch kann sich dieses seltsame Tier so flach an den Stamm alter Bäume drücken, dass es dort ungestört bleibt. Kopf, Körper und Vorderflügel sind auf der Oberseite hellgrau bis mittelbraun gefärbt und mit hellen Tupfen und Sprenkeln übersät. Das verleiht ihnen eine bemerkenswerte Ähnlichkeit mit abblätternden Rindenstücken und den Flechten und Pilzen, die auf beinahe jedem tropischen Baum zu finden sind.

VERBREITUNG

- **TRIVIALNAMEN**
  Großer Laternenträger, Surinamischer Laternenträger; bark lanternbug, peanut bug (Englisch); machaca, chicharra (Spanisch); jequitiranaboia, tiramboia (Portugiesisch)

- **WISSENSCHAFTLICHER NAME**
  Fulgora laternaria

- **GRÖSSE**
  Körperlänge: 7–8 cm
  Flügelspannweite: 12–14 cm

- **LEBENSRÄUME**
  tropische Wälder, Parks und Gärten

- **ERNÄHRUNG**
  Nektar und Pflanzensäfte aus Stängeln, Knospen, Blüten und Früchten

- **GEFÄHRDUNG LT. ROTER LISTE**
  nicht beurteilt

Rund um den Globus gibt es Hunderte verschiedener Laternenträger-Arten, die meisten leben in tropischen Wäldern. Eine der bekanntesten Arten ist der Große Laternenträger, oft auch nur als Laternenträger bezeichnet. Das Insekt gehört zur Gruppe der Spitzkopfzikaden aus der Ordnung der Schnabelkerfe (Hemiptera); diese Tiere ernähren sich meistens von Pflanzensäften. Den Namen Laternenträger trägt es allerdings zu Unrecht, denn es leuchtet nicht. Möglicherweise liegt dem eine Verwechslung mit anderen großköpfigen Insekten zugrunde, die dank leuchtender Bakterien, die sie in ihrem Körper beherbergen, Licht abgeben können. Eine weitere Erklärung ist die angebliche Ähnlichkeit der Kopfform mit einer altmodischen Öllampe.

ZÄHNE ZEIGEN, DIE MAN NICHT HAT

Im Englischen wird der Laternenträger auch als "alligator bug" bezeichnet: Die Muster auf dem Kopffortsatz ähneln, von der Seite betrachtet, tatsächlich Augen und einer Zahnreihe. Aber das ist alles nur Show und dient dem Schutz des Insekts vor Fressfeinden. Der richtige Mund auf der Kopfunterseite hat die Form eines Strohhalms, mit dem es Pflanzensäfte aufsaugt.

ÜBERRASCHUNG!

Wenn die Tarnung des Laternenträgers durchschaut und das Tier aufgeschreckt wird, erwartet den Störenfried eine Überraschung: Das Insekt schiebt seine Vorderflügel nach vorne und lässt die bedrohlich wirkenden Augenflecken auf seinen Hinterflügeln aufblitzen. Die Augen imitieren einen Beutegreifer, etwa eine Katze oder eine Schlange. Und wenn auch das nichts hilft, sondert der Laternenträger eine faulig riechende Flüssigkeit ab.

▶ Tief im Amazonas-Regenwald sitzt ein Laternenträger mit geschlossenen Flügeln auf einem Baumstamm, so dass er kaum von der mit Moos besetzten Rinde zu unterscheiden ist. Den seltsamen Kopf übersieht man auf den ersten Blick, doch wenn man ihn erkennt, vermag das zahnähnliche Muster mögliche Fressfeinde abzuschrecken.

◀ Ein Laternenträger enthüllt seine bedrohlich wirkenden Augenflecken.

Blattschrecke

RAFFINIERT IMITIERT

Viele tropische Bäume tragen glänzende, hellgrüne Blätter mit einer zentralen (primären) Blattader, die aus dem Blattstiel entspringt. Von ihr gehen abwechselnd nach beiden Seiten feinere (sekundäre) Adern ab. Die Verzweigung setzt sich noch weiter fort und so entsteht ein Netzwerk, das als Ganzes als Blattnervatur bezeichnet wird. Eine Blattader enthält zwei Typen von mikroskopisch kleinen Leitungsbahnen, die die ganze Pflanze durchziehen: der eine Typ (das Xylem) bringt Wasser von den Wurzeln zu den Blättern, der andere (das Phloem) transportiert die in der Photosynthese hergestellten Zucker von den Blättern in alle anderen Teile der Pflanze.

VERSCHIEDENE TARNVARIANTEN

Die Ähnlichkeit zwischen solchen Blättern und Blattschrecken (Pseudophyllinae) ist verblüffend. Die Äderung auf den Vorderflügeln dieser Insekten deckt sich in hohem Maße mit der Nervatur der Blätter in ihrer Umgebung. Auch die Größe, der Glanz der Oberfläche und die Transparenz sind vergleichbar. Darüber hinaus ahmen Körper und Beine des Insekts mit ihrer Form und ihrer grünlichen, gelblichen oder bräunlichen Farbe Blattstiele und Zweige seiner tropischen Umwelt nach. So lange die Blattschrecke still sitzt oder sich wie ein Blatt bewegt, stellt sie eines der besten Beispiele für Tarnung in der Natur dar.

Blattschrecken sind eine Unterfamilie der Laubheuschrecken (Tettigoniidae), von denen es mehr als 6500 verschiedene Arten (Spezies) gibt, von denen wiederum ein Drittel in den südamerikanischen Wäldern zuhause ist. Die überwiegende Mehrzahl davon tritt „verkleidet" als braunes oder grünes Blatt, als Stängel, Blattstiel, Ast oder sogar als Blüte in Erscheinung. Laubheuschrecken sind verwandt mit Grillen und Grashüpfern, die gesamte Gruppe heißt wissenschaftlich Orthoptera (Geradflügler) und alle ernähren sich von Pflanzenteilen. Nachts erfüllen sie die Luft regelmäßig mit ihrem durchdringenden Zirpen und anderen Lautäußerungen.

VERBREITUNG

- **TRIVIALNAMEN**
  Blattschrecke; leaf-mimic katydid (Englisch); grillo verde (Spanisch, Italienisch)
- **WISSENSCHAFTLICHER NAME**
  Cycloptera speculata
- **GRÖSSE**
  Körperlänge: 3–5 cm
  Flügelspannweite: 10 cm
- **LEBENSRÄUME**
  tropische Wälder
- **ERNÄHRUNG**
  Knospen, Blätter, Blüten von Pflanzen
- **GEFÄHRDUNG LT. ROTER LISTE**
  nicht beurteilt

◀ Wenn sich die Blattschrecke tagsüber zur Ruhe begibt, setzt sie sich so, dass sie zu den umgebenden Blättern passt. Wird sie entdeckt, ist ihre erste Verteidigungsreaktion ein mächtiger Sprung vorwärts, während sie gleichzeitig heftig mit den Flügeln flattert. Sie kann aber auch kräftige Tritte mit ihren klauenbewehrten Hinterbeinen austeilen.

VON GRILLEN UND SCHRECKEN

Grillen und Laubheuschrecken gehören beide zu den Langfühlerschrecken. Die namengebenden Fühler oder Antennen können zweimal so lang sein wie der Körper der Tiere. Mit ihnen tasten die Insekten ihre Umgebung ab, wenn sie nachts auf Futtersuche gehen. Die Antennen reagieren außerdem sehr empfindlich auf Luftbewegung und Schwingungen, die von einem sich nähernden Fressfeind ausgehen können, sowie auf mit der Luft transportierte Moleküle (Duftstoffe).

Falllaubkröte

EINE KREATUR MIT VIELEN GESICHTERN

Falllaubkröte, Zwergkröte, Ohrenkröte – diese südamerikanische Kröte hat viele volkstümliche Namen und ein großes Verbreitungsgebiet. Ihre darin vorkommenden Vertreter zeichnen sich durch eine große Variationsbreite hinsichtlich Färbung und Musterung aus. Die meisten ahmen alte braune Blätter auf dem Waldboden nach. Dort sitzt die Kröte und wartet darauf, dass sich kleine Beutetiere, meistens Ameisen und andere Insekten, wie Käfer und Fliegen, ihrem schnellschluckenden Schlund nähern.

VERBREITUNG

- **TRIVIALNAMEN**
  Falllaubkröte, Ohrenkröte; South American common toad, leaf-litter toad (Englisch); sapo crestado (Spanisch)
- **WISSENSCHAFTLICHER NAME**
  Rhinella margaritifera und etwa 15–20 andere Spezies der Gattung *Rhinella*
- **GRÖSSE**
  Kopf-Rumpf-Länge: 4–7 cm
  Gewicht: 20–70 g (Weibchen sind größer als Männchen)
- **LEBENSRÄUME**
  tropische Regenwälder
- **ERNÄHRUNG**
  Ameisen und andere kleine Insekten, Würmer, Schnecken, Tausendfüßer
- **GEFÄHRDUNG LT. ROTER LISTE**
  nicht gefährdet

KANN SEIN, KANN AUCH NICHT SEIN

Die Oberseite der Kröte ist leicht gewölbt, so dass sie wie ein Blatt aussieht. Die Farbe kann – wie die von Falllaub – individuell von beige über graubraun, rotbraun bis dunkelbraun variieren. Über den Rücken können sich dunkle Tupfen oder Flecken verteilen, oder auch nicht. Entlang der Mittellinie des Rückens kann eine Linie verlaufen, wie die Mittelrippe eines Blattes. Wenn eine solche Mittellinie existiert, kann sie hell oder dunkel sein. Über den Augen kann es einen schmalen, knöchernen Vorsprung geben, oder auch nicht. Wenn es einen gibt, kann er groß und auffällig sein oder fast unsichtbar. Bei Weibchen kommen solche Vorsprünge häufiger vor. Knöcherne Vorsprünge treten auch an anderen Stellen im Gesicht oder am Kiefer auf. Manchmal befindet sich auf dem Rücken eine Reihe knöcherner Knötchen (Tuberkel).

Alle diese Varianten sind Teil der Komplexität und Diversität der Falllaubkröte, die mit wissenschaftlichem Namen *Rhinella margaritifera* heißt. Doch wahrscheinlich handelt es sich dabei um einen sogenannten Artenkomplex, zu dem mindestens 15, vielleicht sogar 20 eng verwandte Spezies gehören; die Wissenschaft ist noch dabei, sie alle auseinanderzudividieren.

EINE KOMPLEXE SPEZIES

Biologen beschäftigen sich mit dem Artenkomplex der *Rhinella-margaritifera*-Kröten, u. a. mit ihren Körperformen, Farben, Mustern und anderen anatomischen Details, aber auch mit ihrer Genetik und ihrer geografischen Verbreitung. Regelmäßig erscheinen wissenschaftliche Artikel, in denen eine Art neu bestimmt und neu benannt oder eine neu entdeckte Spezies beschrieben wird, so z. B. *R. magnussoni* im Jahr 2007 und *R. yunga* im Jahr 2014.

▶ Diese Falllaubkröte hat einen deutlich abgegrenzten hellen Mittelstreif auf dem Rücken. Bei anderen Individuen kann er dünner ausfallen, unterbrochen sein oder ganz fehlen.

◀ Dieses Tier weist eine blassere, insgesamt gleichmäßigere Färbung auf. Zu erkennen sind auch die Vorsprünge über den Augen und am Hals, die vermutlich zur deutschen Bezeichnung „Ohrenkröte" geführt haben.

Ein Schwarzer Kaiman liegt zwischen Wasserpflanzen, seinem Lieblingsplatz für die Jagd, auf der Lauer. Die dunkle bis fast schwarze Färbung entwickelt sich im Laufe der Jahre. Jungtiere haben eine deutlichere Zeichnung (siehe Foto auf S. 53).

Schwarzer Kaiman

STARK WIE EIN BAUM

Mit mehr als fünf Metern Länge und einem Gewicht von über 400 Kilogramm gehören die größten Schwarzen Kaimane (in der Regel Männchen) zu den Top-Prädatoren der Amazonasregion. Von anderen großen Beutegreifern dieses Ökosystems, wie dem Jaguar, der Großen Anakonda und dem Riesenotter, hat der Schwarze Kaiman nichts zu befürchten, seine Tarnung dient also vor allem der Jagd.

Der Schwarze Kaiman jagt vorwiegend nachts. In bester Krokodilmanier mimt er einen alten Baumstamm, oft teilweise bedeckt mit Blättern, verschlungenen Ästen und Zweigen. Der schuppige Panzer sieht aus wie rissige Borke. Seine Färbung ist überwiegend dunkelgrau, olivgrün oder braun, bei manchen älteren Exemplaren erscheint sie fast schwarz. Hellere, gelbliche oder grünliche unregelmäßige Bänder und Streifen laufen beinahe wie Fassreifen um den Körper herum, wobei sie auf dem Rücken und der Bauchseite wesentlich blasser erscheinen. Zwischen Pflanzenschösslingen und Blattstielen hilft diese Zeichnung die Tarnung als Baumstamm zu vervollständigen. Bei Jungtieren ist sie stärker ausgeprägt, doch sie schwindet mit der Zeit und ist bei alten Exemplaren oft kaum noch zu erkennen.

AM GEWÄSSERRAND

Schwarze Kaimane jagen im Wasser und an Land. Gerne legen sie sich im dichten Pflanzenwuchs in Ufernähe auf die Lauer und warten auf die Tiere, die nachts zum Trinken kommen. Wenn er ein Opfer ausgemacht hat, schnellt der Kaiman in einem Überraschungsangriff vorwärts und schlägt seine mächtigen, mit 70 Zähnen bewehrten Kiefer in Kopf oder Hals des Beutetiers. Zum Beutespektrum zählen vor allem größere Tiere, von Reptilien – kleineren Kaimanen, Schildkröten, Schlangen und Eidechsen – über Vögel und Säugetiere, etwa Affen und Faultiere, bis hin zu Haustieren wie Ziegen, Rindern und Pferden.

VERBREITUNG

- **TRIVIALNAMEN**
  Schwarzer Kaiman, Mohrenkaiman; black caiman (Englisch); caimán negro, cocodrilo negro (Spanisch); caimão, jacaré-açu, jacaré-negro (Portugiesisch); chamana, acayouman (indigene Sprachen der Amazonasregion)

- **WISSENSCHAFTLICHER NAME**
  Melanosuchus niger

- **GRÖSSE**
  Länge: bis 5,50 m
  Gewicht: bis 500 kg

- **LEBENSRÄUME**
  fast alle Süßgewässer wie langsam fließende Flüsse und Ströme, Seen, Sümpfe und andere Feuchtgebiete, auch jahreszeitliche überschwemmte Savannen

- **ERNÄHRUNG**
  vor allem größere Beutetiere, u.a. Fische, Schildkröten und andere Reptilien, Vögel, Säugetiere wie Pekaris, Wasserschweine und Tapire

- **GEFÄHRDUNG LT. ROTER LISTE**
  nicht bzw. wenig gefährdet, abhängig von Schutzbemühungen

GLEICH RICHTIG GUT

Zur Ordnung der Krokodile gehören die Echten Krokodile, die Gaviale, die Alligatoren und die Kaimane. Traditionell geht man von 22–23 verschiedenen Arten oder Spezies aus, doch neuere genetische Studien könnten die Zahl auf 27 erhöhen. Zu den Alligatoren und Kaimanen zählen 10 Arten, davon sind 6 Kaimane, mit dem Schwarzen Kaiman als größtem Vertreter. Alle Krokodile ähneln sich in Größe, Aussehen, Körperform und Lebensweise, und das seit der Frühzeit der Dinosaurier vor über 200 Millionen Jahren. Dieser Bauplan gehört zu den Erfolgsmodellen der Evolution.

Fransenschildkröte

DIE EINEN LANGEN HALS MACHT

Abgesehen von ihrem ziemlich typischen Rückenpanzer gehört die Fransenschildkröte zu den Vertretern des Tierreichs mit dem abenteuerlichsten Aussehen. Das kräftig gebaute Reptil ist etwa einen Meter lang, wobei der flache dreieckige Kopf mit dem extrem breiten Maul und dem stark gefälteten, muskulösen Hals für diesen Körper deutlich zu groß geraten scheint. Der Panzer und die Haut mit ihren vielen fransigen Anhängen sind matt braun, olivgrün und grau gefärbt, was hervorragend zu den alten Blättern, dem Moos, der Rinde, den Wasserpflanzen und den Steinen in den trüben, sumpfigen Amazonas-Lebensräumen passt, in denen die Fransenschildkröte heimisch ist.

VERBREITUNG

- **TRIVIALNAMEN**
  Mata-mata; matamata (Englisch); (tortuga) matamata, mata-mata (Spanisch, Portugiesisch)

- **WISSENSCHAFTLICHER NAME**
  Chelus fimbriata

- **GRÖSSE**
  Kopf und Hals: 40–50 cm
  Panzer: 40–50 cm
  Gewicht: 15–20 kg

- **LEBENSRÄUME**
  langsam fließende Flüsse, Tümpel, Sümpfe und ähnliche Feuchtgebiete mit meist trübem Wasser und dichtem Pflanzenwuchs

- **ERNÄHRUNG**
  Fische, Frösche, Krabben und andere Wassertiere, aber auch Vögel und kleine Säugetiere

- **GEFÄHRDUNG LT. ROTER LISTE**
  nicht beurteilt

Dank ihres Aussehens kann sich die Fransenschildkröte eine ziemlich sesshafte Lebensweise erlauben. Manchmal bewegt sie sich tage- oder gar wochenlang nicht vom Fleck. Dadurch können sich Schlamm und sich zersetzendes Pflanzenmaterial auf ihrem Panzer ansammeln, wodurch sie noch weniger auffällt. Doch sie beobachtet ihre Umgebung ganz genau. Mit ihren Fransen und Hautanhängen nimmt sie die leisesten Wasserbewegungen wahr. Außerdem besitzt sie ein ausgezeichnetes Gehör und sieht trotz ihrer kleinen Augen recht ordentlich, obwohl sie normalerweise in der Nacht auf Futtersuche geht, wenn gutes Sehvermögen in dem trüben Wasser nichts nützt.

EINSAUGER

Die wichtigste Jagdstrategie der Fransenschildkröte ist ruhig daliegen, scheinbar nichts tun und abwarten. Früher oder später kommt bestimmt ein kleiner Fisch oder ein anderes Beutetier vorbei. Die Schildkröte tut immer noch nichts, nichts, nicht viel, bis – happs! ihr Hals zur Seite schwingt, sie das riesige Maul öffnet, die mächtigen Halsmuskeln dehnt und Wasser und Beute einsaugt. Durch die fast geschlossenen Kiefer drückt sie das Wasser anschließend heraus, während das Opfer drin bleibt und verschluckt wird. All das geschieht innerhalb weniger als einer Sekunde. Dann beginnt die Schildkröte wieder zu warten, warten, warten …

◀ (Oben) Außerhalb des Wassers sind der lange Hals und der dreieckige Kopf der Fransenschildkröte gut zu erkennen; beide scheinen im Verhältnis zu Körper und Panzer viel zu groß zu sein. (Unten) Hals und Kopf nach einer Seite zu drehen, ist die wichtigste Verteidigungshaltung der Fransenschildkröte.

BIEGSAM

Die Fransenschildkröte gehört zur Gruppe der Halswender-Schildkröten, die Kopf und Hals nicht rückwärts in ihren Panzer einziehen können wie die Vertreter der Halsberger-Schildkröten. Angesichts der Größe dieser Körperteile bei der Fransenschildkröte wundert das nicht. Sie hat sogar schon Probleme, sie wie die anderen Halswender unter der Vorderkante des Panzers unterzubringen. Mit dieser Verteidigungshaltung schützt sie sich vor ihren Hauptfeinden, dem Kaiman und dem Jaguar.

Glanzspitznatter

GRÜN UND IMMER AUF DER LAUER

Schlank, schnell, tagaktiv, baumbewohnend, giftig für kleine Tiere – und sehr grün. Diese Spezies ist eine von vier Spitznatter-Arten auf dem amerikanischen Doppelkontinent. Die Oberseite ist leuchtendgrün, die Unterseite etwas blasser, gut zu sehen am langen, spitz zulaufenden Kopf, wo die beiden Farbschattierungen an einer klar erkennbaren Linie durch das golden schimmernde Auge aufeinandertreffen. Dank dieser disruptiven Färbung wird die Kontur der Kopfform quasi aufgelöst. Die Schlange kann ihr Maul durch Aushängen der Kiefergelenke extrem weit öffnen, wodurch sie Beutetiere verschlingen kann, die größer sind als ihr Kopf.

Die Glanzspitznatter ist Spezialistin für die Lauerjagd aus dem Hinterhalt. Ihre Gestalt und ihre Farbe sorgen für eine hervorragende Tarnung, so bleibt sie unbemerkt, während kleine Tiere durch das Blätterdach des tropischen Regenwalds wuseln oder unten auf dem Boden herumhuschen. Der extrem schlanke Körper der Schlange sieht aus wie eine Liane oder der Stängel einer anderen Kletterpflanze, die sich in dieser ganz und gar grünen Welt ihrerseits durch Blätter und Geäst schlängeln. Selbst kleinen Vögeln und baumlebenden Mäusen mit sehr gutem Sehvermögen entgeht das oft stundenlang reglos verharrende Reptil, das nur auf eine passende Gelegenheit wartet, um sich eine Mahlzeit zu schnappen.

WIE EIN GRÜNER BLITZ

Einige Glanzspitznattern haben es gelernt, Kolibris zu jagen. Sie warten in der Nähe einer geeigneten Blüte, und wenn ein Kolibri im Schwirrflug vor der Blüte steht, um mit seiner langen Zunge Nektar aufzunehmen, lässt die Schlange Kopf und Vorderkörper blitzartig nach vorn schießen; der Hinterleib bleibt währenddessen um einen Ast geschlungen und dient so als Anker.

Ganz anders jagt die Schlange am Boden. Dort verfolgt sie ihre Beute mithilfe des Geruchs- und Geschmackssinns, anhand von Schwingungen und mit den Augen. Sobald sie ihr Opfer gepackt hat, klettert die Schlange schnell wieder auf einen Baum zurück ins Geäst, wo sie es tötet und verschlingt.

VERBREITUNG

- **TRIVIALNAMEN**
  Glanzspitznatter, green vine snake (Englisch); bejuquilla verde (Spanisch); cobra bicuda, paranabóia (Portugiesisch)

- **WISSENSCHAFTLICHER NAME**
  Oxybelis fulgidus

- **GRÖSSE**
  Länge: 1,50–2,00 m
  Dicke: 2 cm
  Gewicht: 100–300 g

- **LEBENSRÄUME**
  tropische Wälder

- **ERNÄHRUNG**
  Eidechsen, Frösche, kleine Vögel (auch Nestlinge), Mäuse und andere kleine Säuger

- **GEFÄHRDUNG LT. ROTER LISTE**
  nicht gefährdet

IN GIFT GEKAUT

Die Giftzähne von Spitznattern sitzen nicht vorne, sondern weit hinten im Kiefer. Wenn sie ein Beutetier gepackt haben, machen sie Kaubewegungen, um ihm das Gift zu injizieren. Das Opfer ist schnell gelähmt und hört auf sich zu wehren, dann wird es von der Schlange in Ruhe verschlungen. Mit ihrem Gift kann die Schlange zwar kleine Tiere außer Gefecht setzen, nicht aber Menschen – auch weil die Giftzähne wegen ihrer Lage bei einem größeren Lebewesen nicht zum Einsatz kommen können.

▶ Die Kombination aus laubgrüner Färbung, zweifarbigem Kopf, extrem schlankem Körper und Lauerjäger-Verhalten macht aus der Glanzspitznatter ein hervorragendes Beispiel für gute Tarnung.

◀ Die Giftzähne der Glanzspitznatter sitzen nicht vorne, sondern weit hinten im Kiefer.

Große Anakonda

DAS UNGEHEUER AUS DEN TIEFEN DES AMAZONAS

Es mag zwar asiatische Pythons geben, die etwas länger sind als die Große Anakonda, aber keine von ihnen kommt ihr an schierer Masse und Muskelkraft gleich. Die Anakondas gehören zur Familie der Boas (die früher mit den Phytons in eine Familie „Riesenschlangen" zusammengefasst waren), die vier bekannten Arten sind alle in Südamerika heimisch. Diese Schlangen haben keine Giftzähne, verfügen aber über enorme Kräfte und töten ihre Opfer, indem sie sie umschlingen und zusammendrücken, bis sie ersticken oder an Schock oder Herzversagen sterben.

VERBREITUNG

● Große (*E. murinus*) und Gelbe Anakonda (*E. notaeus*)

- **TRIVIALNAMEN**
  Große Anakonda, Grüne Anakonda; green anaconda, giant anaconda (Englisch); sucuri, jibóia (brasilianisches Portugiesisch); kamudi, kamodo (Arawak-Sprache)

- **WISSENSCHAFTLICHER NAME**
  Eunectes murinus

- **GRÖSSE**
  Länge: bis 6 m
  Durchmesser: bis 40 cm (nach einer großen Mahlzeit)
  Gewicht: bis 150 kg (Weibchen sind deutlich größer als Männchen)

- **LEBENSRÄUME**
  Flüsse, Ströme, Seen, Regenwald, Feuchtgebiete wie Sümpfe und jahreszeitlich überschwemmte Flächen

- **ERNÄHRUNG**
  Fische, Reptilien, auch Schildkröten und Kaimane, Vögel, Säugetiere bis zur Größe von Hirschen, Capybaras, Pekaris und Tapiren

- **GEFÄHRDUNG LT. ROTER LISTE**
  nicht beurteilt

VARIABLES AUSSEHEN

Die Grundfarbe der Großen (oder Grünen) Anakonda ist ein dunkles Olivgrün, mit braunen oder grauen Schattierungen, doch es gibt eine beträchtliche Variationsbreite: Manche Individuen erscheinen in hellem Graugrün oder gelblichem Oliv. Die Zeichnung besteht aus ovalen bis runden dunklen bis schwarzen Flecken, deren Mitte braun oder oliv gefärbt ist; die Flecken sind variabel in der Größe, manche verschmelzen miteinander, und sie ziehen sich am Rücken und an den Flanken entlang. Auf der Unterseite ist die Grundfarbe wesentlich heller, eher gelb, so dass sich die Flecken noch deutlicher abzeichnen. Hinter den Augen zieht ein Streifen diagonal hinunter zu den Mundwinkeln, dadurch wird der Schlangenkopf optisch unterbrochen und sieht nicht mehr so sehr nach Schlange aus. Insgesamt ist das Aussehen der Großen Anakonda ideal, um sich unentdeckt zusammengerollt oder locker drapiert auf dem Waldboden zwischen vermodernden Ästen und Laub oder zwischen Wasserpflanzen und alten Baumstämmen in einem Fluss zu verstecken. Die Schlange geht meist nachts auf Nahrungssuche, mit ihrer Zeichnung ist sie dann noch schwerer zu entdecken, besonders wenn sie halb untergetaucht in einem Gewässer schwimmt. An Land bewegt sie sich eher träge, doch im Wasser ist sie gewandt und schnell. Landtiere greift sie oft an, wenn sie zum Trinken ans Ufer kommen.

◄ Sumpfgebiete und flache Gewässer mit üppiger Vegetation stellen gute Jagdgründe für die Große Anakonda dar. Sie vermag blitzartig vorzuschnellen und ein Beutetier, sei es an Land oder im Wasser, zu packen.

GLAUB MIR, SIE WAR SOOO LANG!

Wie bei vielen wahrlich großen Tieren werden auch bei der Großen Anakonda die Maße oft ziemlich übertrieben. Es gibt Berichte von Exemplaren, die über 12 Meter lang und geschätzte 250 Kilogramm schwer gewesen sein sollen (das entspricht dem Gewicht von drei bis vier erwachsenen Menschen). Die Länge von Anakondas ist schwer zu schätzen, da sie oft zum Teil im Wasser liegen oder sich irgendwo in dichter Vegetation zusammengerollt haben. Von Nichtwissenschaftlern vorgenommene Vermessungen von Ausnahme-Exemplaren kommen meist auf 7–8 Meter und 150–200 Kilogramm.

Urutau-Tagschläfer

AUF NÄCHTLICHEN SCHWINGEN

Nachtschwalben, Eulenschwalme und Tagschläfer haben ähnliche Lebensweisen. Sie alle sind in der Dämmerung und in der Nacht unterwegs. Dabei jagen sie vor allem auf Sicht, ihre großen, stark vortretenden Augen und ihre Schnäbel sind dabei weit geöffnet. Wie mit einem Kescher fangen sie so kleine nachtaktive Insekten, wie Nachtfalter, Fliegen und Stechmücken. Gelegentlich sammeln sie mit dieser Technik auch eine Spinne oder einen Hundertfüßer von einem Zweig ab.

Tagsüber sitzen diese Vögel im offenen Gelände und verlassen sich darauf, dass ihre Tarntracht sie vor Fressfeinden wie Falken und Neuweltaffen schützt. Die beste Verteidigungsstrategie für sie ist, so banal es auch klingen mag, auszusehen wie ein Stück von einem alten Baum. Altes Holz bleicht aus und weist Sprenkel und Flecken, Flechten und Pilze und andere Zeichen des Verfalls auf. Es splittert auf, Äste brechen ab, zurück bleiben kurze Stummel und knorrige Haken. Und das macht sich der Urutau-Tagschläfer zunutze: Sein Gefieder besteht aus einem Durcheinander cremefarbener, grauer, brauner, schwarzer Federn mit ausgefransten Rändern. Er sitzt stocksteif und völlig regungslos da und mimt einen abgebrochenen alten Ast, nachdem er sich einen Stamm passender Größe gesucht hat.

NUR EIN ABGEBROCHENER ALTER AST

Seine Augen hat der Tagschläfer tagsüber normalerweise nur halb geschlossen, damit er Gefahren erkennt. Wenn er beunruhigt ist, schließen sich die geschlitzten Augenlider und verdecken die Augen so, dass man sie nicht, er aber trotzdem noch sehen kann. Die Augen öffnet er nur dann ganz, wenn die Gefahr unvermeidbar ist und er gleich wegfliegen kann, denn seine leuchtend gelben Augen würden ihn sofort verraten.

VERBREITUNG

- **TRIVIALNAMEN**
  Urutau-Tagschläfer; potoo, poor-me-one (Englisch); ibijau gris (Französisch); nictibio urutaú (Spanisch); urutau-comun (Portugiesisch)

- **WISSENSCHAFTLICHER NAME**
  Nyctibius griseus

- **GRÖSSE**
  Länge (von der Schnabel- bis zur Schwanzspitze): 35–40 cm
  Flügelspannweite: 85–95 cm
  Gewicht: 160–180 g

- **LEBENSRÄUME**
  unterschiedlich, lichte tropische Wälder, Waldränder, Graslandschaften, Plantagen, Parks

- **ERNÄHRUNG**
  nachtaktive Insekten und andere kleine Wirbellose

- **GEFÄHRDUNG LT. ROTER LISTE**
  nicht beurteilt

EIN NEST, DAS KEINES IST

Die Urutau-Tagschläfer halten ihre Tarnung auch während der Brutsaison aufrecht, selbst wenn die Vögel nicht am Nest sind. Genau genommen gibt es gar kein Nest, zumindest keines aus Nistmaterial. Das einzige Ei wird offen in eine Astgabel, eine Höhlung oder vertiefte Stelle an einem Ast eines alten Baums gelegt.

▶ Der Urutau-Tagschläfer wählt den Platz für seine Tagesruhe sorgfältig aus. Die Färbung des Astes, der Durchmesser und der Winkel zum Baumstamm müssen genau zu seiner eigenen Größe und Gefiederfarbe passen.

◀ Der Urutau-Tagschläfer richtet Schnabel und Kopf in einer geraden Linie mit dem Körper aus, legt die Flügel eng an und drückt den Schwanz fest auf die Baumrinde, so dass die Konturen verschwimmen und er gleichsam mit dem Holz verschmilzt. Dieses Täuschungsmanöver zeigt er sogar an seinem Nistplatz.

Wenn er nicht gerade kreischt, frisst oder im Schwarm auftritt, ist der Amazonas-Papagei nichts weiter als ein grünes Etwas im Regenwald. Bei näherem Hinsehen entdeckt man den kräftigen, gebogenen Schnabel, der durchaus auch zur Verteidigung eingesetzt wird.

Amazonas-Papagei

MEIST GRÜN, MIT FARBIGEN ABZEICHEN

Zur Gattung *Amazona* gehören etwa 30 Arten (Spezies) von Amazonas-Papageien, die oft kurz als Amazonen bezeichnet werden. Einige Arten sind besser bekannt, weil sie gehandelt und als exotische Haustiere gehalten werden. Doch insgesamt werden die genaue Artenzahl, das Erscheinungsbild und das Vorkommen jeder Art unter Ornithologen (Vogelkundlern) noch immer intensiv diskutiert. Auf vielen karibischen Inseln leben Amazonas-Papageien, außerdem auf dem Festland von Mexiko bis nach Paraguay und Argentinien. Manche Arten wurden auch in andere Regionen eingeführt, z. B. in die Vereinigten Staaten.

VERBREITUNG

• Gelbscheitel-Amazone

- **TRIVIALNAMEN**
  Amazonen; green parrots, Amazon parrots (Englisch); viele verschiedene Artnamen, z.B. Gelbscheitel-Amazone (*Amazona ochrocephala*), Dufresnes-Amazone (*A. dufresiana*), Tucumán-Amazone (*A. tucumana*)

- **WISSENSCHAFTLICHER NAME**
  Die Gattung *Amazona* umfasst etwa 30 Arten

- **GRÖSSE**
  Die meisten Arten haben eine Gesamtlänge (von Schnabel- zu Schwanzspitze) von 25–40 cm und ein Gewicht von 250–500 g

- **LEBENSRÄUME**
  überwiegend Wälder, manche Arten auch Sumpfgebiete, Savannen, Farmland, Plantagen, Vorstädte und Parks

- **ERNÄHRUNG**
  Samen, Beeren und andere Früchte, Knospen, junge Triebe, Blätter und andere Pflanzenteile

- **GEFÄHRDUNG LT. ROTER LISTE**
  variiert von „nicht gefährdet" (etwa 7 Arten) bis „vom Aussterben bedroht" (z.B. die Kaiser-Amazone *A. imperialis*)

AKZENTE SETZEN

Trotz der Komplexität dieser Artengruppe und ihrer Beziehungen untereinander haben fast alle Amazonas-Papageien ein grasgrüne Grundfärbung. Die tropischen Wälder stellen ihren Hauptlebensraum dar, und wenn sie ruhig zwischen Ästen und Blättern sitzen, kann man sie leicht übersehen. Da sie sich fast ausschließlich pflanzlich ernähren, dient ihre Tarnung nicht der Jagd, sondern hat Schutzfunktion. Denn obwohl die mittelgroßen Vögel extrem kräftige, gebogene Schnäbel und mit scharfen Krallen bewehrte Zehen besitzen, können sie Beutegreifern zum Opfer fallen. Dazu zählen Katzen wie Jaguar und Ozelot, Schlangen wie die Boas, große Affen und Greifvögel, insbesondere die Harpyie, einer der größten Greifvögel überhaupt und ein gefürchteter, wendiger Jäger im Regenwald.

An ihrem grünen Federkleid trägt jede Amazonen-Art ihre eigenen charakteristischen, meist kleinen farbigen Akzente oder Abzeichen, die sich oft in ihren volkstümlichen Namen widerspiegeln: Weißstirn-Amazone, Gelbscheitel-Amazone, Rotschwanz-Amazone, Blaukappen-Amazone usw. Wenn sich die Verbreitungsgebiete überlappen, helfen diese Markierungen den Vögeln, Vertreter der eigenen Art zu erkennen, wenn sie sich zu Schwärmen zusammenfinden, um gemeinsam weiterzuziehen oder auf Futtersuche zu gehen, aber natürlich auch um Paarungspartner zu finden.

BELIEBTE HAUSGENOSSEN

Amazonas-Papageien gehören zu den exotischen Vögeln, die gerne als Haustiere gehalten werden. Ihre ausgeprägte Persönlichkeit, ihre Schönheit, ihre Fähigkeit, Laute nachzuahmen (auch gesprochene Sprache), die Tatsache, dass sie am liebsten nur herumsitzen und sich sowohl an die Haltung in Gefangenschaft als auch an das angebotene Futter gewöhnen, ihre Füße und Zehen, mit denen sie Gegenstände manipulieren können, und nicht zuletzt ihre bemerkenswerte Intelligenz tragen zu ihrer Beliebtheit bei. Nichtsdestoweniger wurden einige Arten durch Wildfänge an den Rand der Ausrottung gebracht.

Dreifinger-Faultier

EIN TIER MIT BELEBTEM FELL

Das Dreifinger-Faultier hat eine ganz bemerkenswerte Art der Tarnung entwickelt: Es bezieht andere Arten, winzige grüne Algen und verschiedene Arten von Pilzen, die sein Fell bevölkern, in seine Tarntracht mit ein. Diese Organismen sorgen für den Hauch von Grün und Grau, der das baumlebende Faultier vollkommen in den Zweigen und Blättern seiner Umgebung aufgehen lässt.

VERBREITUNG

Von den vier Arten (Spezies) der Dreifinger-Faultiere ist das Braunkehl-Faultier am bekanntesten und am weitesten verbreitet. Wie die anderen Faultiere (und viele weitere Säugetiere) besitzt es ein Unterfell aus kurzen, dichten, weichen Haaren und ein Oberfell mit längeren, steiferen Deckhaaren. Die Deckhaare der Faultiere sind aus mehreren Gründen ungewöhnlich: Sie wachsen und liegen nicht in Richtung Extremitäten (Gliedmaßen) wie bei den meisten Säugetieren, sondern weg davon. Das hat damit zu tun, dass Faultiere üblicherweise mit dem Rücken nach unten an einem Ast hängen; auf diese Weise können Regenwasser und herunterfallende Blatt- oder Rindenstücke nach unten abgeleitet werden und verfangen sich nicht im Fell.

EIN LEBENDIGES ÖKOSYSTEM

Außerdem haben die Faultier-Deckhaare keine glatte Oberfläche, sondern winzige Ritzen und Spalten, in denen sich Algen und Pilze ansiedeln können. Tatsächlich beherbergen Faultiere in ihrem Fell eine Menge unterschiedlicher Organismen, darunter auch blutsaugende Parasiten wie Zecken, Läuse und Fliegen. Daneben gibt es noch kleine Käfer, Nachtfalter und Fliegen, die keine Parasiten, sondern lediglich Kommensalen sind. Sie leben im Fell und beziehen ihre Nahrung von den sie umgebenden Organismen (z. B. deren Kot, Eier oder andere Produkte), ohne ihren Faultier-Wirt zu schädigen. So gesehen ist das Fell der Faultiere nicht nur eine hervorragende Tarntracht, sondern ein blühendes Mini-Ökosystem.

- TRIVIALNAMEN
  Braunkehl-Faultier; brown-throated sloth (Englisch); perezoso tridáctilo, perzoso bayo (Spanisch); preguiça comum, bicho preguiça (Portugiesisch)
- WISSENSCHAFTLICHER NAME
  Bradypus variegatus
- GRÖSSE
  Kopf-Rumpf-Länge: 50–70 cm
  Gewicht: 3,5–5,5 kg
- LEBENSRÄUME
  verschiedene Typen tropischer Wälder
- ERNÄHRUNG
  Blätter, Blüten, Früchte, Knospen, junge Triebe
- GEFÄHRDUNG LT. ROTER LISTE
  nicht beurteilt

FINGER UND ZEHEN

Der Unterschied ist nicht ganz unwichtig. Alle sechs Faultier-Arten haben Füße mit jeweils drei Zehen. Mit den Händen verhält es sich jedoch anders: Hier gibt es vier Arten mit jeweils drei Fingern und zwei Arten mit jeweils zwei Fingern an einer Hand. Trotz dieser Feinheiten ähneln sich alle Arten in Aussehen, Verhalten und Tarntracht.

▶ Faultiere machen ihrem Ruf alle Ehre. Sie hängen ab und fressen gemächlich Blatt für Blatt – und das sechs bis acht Stunden am Tag. Dabei legen sie oft keine 100 Meter zurück. Den Rest des Tages und die ganze Nacht verbringen sie, oft in eine Astgabel gedrückt, mit Ausruhen und Schlafen. Ihre Tarntracht schützt sie vor Greifvögeln, Jaguaren und anderen Katzen wie dem Ozelot.

Nasenfledermaus

KLEINER FREISCHWINGER

Fledermäuse sind bekannt dafür, dass sie tagsüber in Höhlen, an Felsüberhängen oder ähnlichen verborgenen Plätzen schlafen, auch in Schuppen, Scheunen oder Nebengebäuden menschlicher Siedlungen. Nicht die Nasenfledermaus. Sie verbringt den Tag schlafend im Freien, normalerweise an einem Baumstamm, einem Ast oder einer vergleichbaren hölzernen Struktur eines Gebäudes, etwa einem Balken oder einem Dachsparren. Manchmal sucht sie sich auch einen steinernen Untergrund wie eine Klippe oder einen Felsen. Darum braucht sie eine Tarnung, die sie vor ihren Fressfeinden – großen Spinnen, Hundertfüßern, Baumschlangen und Greifvögeln – verbirgt. Nasenfledermäuse schlafen oft in kleinen Gruppen (5–20 Individuen) in einer Reihe aufgehängt, größere Gruppen (20–50 Tiere) bilden eine ovale Formation.

VERBREITUNG

- **TRIVIALNAMEN**
  Nasenfledermaus; brazilian long-nosed bat, sharp-nosed bat (Englisch); murciélago narigón (Spanisch)

- **WISSENSCHAFTLICHER NAME**
  Rhynchonycteris naso

- **GRÖSSE**
  Kopf-Rumpf-Länge: 4–6 cm
  Flügelspannweite: 10–14 cm
  Gewicht: 4–6 g

- **LEBENSRÄUME**
  verschieden, vor allem im Tiefland, immer in der Nähe von Gewässern (Seen, Flüssen) und Feuchtgebieten, auch Mangrovenwälder

- **ERNÄHRUNG**
  kleine Insekten wie Fliegen und Stechmücken

- **GEFÄHRDUNG LT. ROTER LISTE**
  nicht gefährdet

Wie der Name verrät, ist das typische Merkmal dieser Fledermaus die lange, fleischige Nase. Das dichte Fell ist braun und grau gefärbt, wobei sich die Farbe der Haare über die Länge verändert, so dass ein gesprenkelter Gesamteindruck entsteht, der zum Holz oder Fels passt, an dem sich die Fledermaus festhält. Das Tier sucht sich gezielt eine Oberfläche aus, die eine ähnliche Farbe hat wie sein Fell und in die es seine Krallen schlagen kann, um sich ohne große Mühe festzuhalten.

SCHAUKELN IM TAKT
Eine wissenschaftliche Studie untersuchte Nasenfledermäuse an ihren Ruheplätzen und nutzte Ventilatoren, um unterschiedliche Windgeschwindigkeiten zu simulieren. Ergebnis: Je stärker der Wind, desto höher die Wahrscheinlichkeit, dass sich die Körper aller Tiere im gleichen Rhythmus hin und her bewegten, sogar bei der Fellpflege oder beim Urinieren. Die Forscher vermuten, dass dieses Verhalten den Fledermäusen hilft, sich als Pflanzenteile zu tarnen, die bei stärkerem Wind vermehrt in der Luft flattern, und dass die Schaukelbewegung außerdem die anderen erwähnten unverzichtbaren Aktivitäten maskiert.

RÄTSELHAFTE STREIFEN
Rätsel geben den Forschern zwei blasse Wellenlinien auf, die sich spiegelbildlich angeordnet in zwei oder drei Schwüngen über den Rücken der Fledermaus ziehen. An den Unterarmen befinden sich zudem kleine helle Flecken im Fell. Möglicherweise ist beides Teil einer disruptiven Färbung, die von der eigentlichen Körperkontur des Tieres ablenken soll, an der es sonst leicht erkannt werden könnte. Andere Erklärungen vermuten einen Zusammenhang mit dem Balzverhalten oder mit dem Erkennen von Schlafgenossen.

▶ Nasenfledermäuse schlafen tagsüber mit dem Kopf nach unten hängend. Meist suchen sie sich einen Ruheplatz, der farblich zu ihrem Fell passt. Jede Gruppe hat fünf oder sechs Stellen, die sie in fast regelmäßiger Folge aufsucht, so dass sich Fressfeinde nicht daran gewöhnen, sie an einem bestimmten Platz anzutreffen.

Zwergseidenäffchen

SÄFTE SCHLECKENDE MINIAFFEN

Fast überall im Amazonasbecken leben zwei Arten von Zwergseidenäffchen, beide kaum so groß wie eine menschliche Hand. Sie halten sich bevorzugt in der mittleren Etage des tropischen Regenwalds auf, auf den tieferen, schattigeren Ästen. Das Erdgeschoss, den Waldboden mit seinem dichten Unterholz, meiden sie. Ihre Ernährung besteht zum allergrößten Teil aus Pflanzensäften. Sie nagen Baumrinde an, um an Säfte, Latex und Harz heranzukommen. Anders als die meisten Affen haben sie nur am Daumen und am Großen Zeh Finger- bzw. Zehennägel, an den anderen Fingern und Zehen tragen sie Krallen, mit denen sie sich an der Baumrinde festhalten können. In der Welt des Dämmerlichts, in der sie leben, funktioniert ihre Tarnung ganz ausgezeichnet.

VERBREITUNG

- **TRIVIALNAMEN**
  Zwergseidenäffchen; pygmy marmoset (Englisch); mono pigmeo (Spanisch); minúsculo sagui (Portugiesisch); zari (lokaler indigener Dialekt); saguin (Tupi)

- **WISSENSCHAFTLICHER NAME**
  Cebuella pygmaea (Gewöhnliches Z.)
  Cebuella niveiventris (Weißbauch-Z.)

- **GRÖSSE**
  Kopf-Rumpf-Länge: 12–15 cm
  Schwanzlänge: 18–22 cm
  Gewicht: 100–150 g

- **LEBENSRÄUME**
  Regenwälder und andere feuchte Wälder

- **ERNÄHRUNG**
  Pflanzensäfte (inkl. Latex und Harz), Insekten, Blüten, Nektar, Früchte

- **GEFÄHRDUNG LT. ROTER LISTE**
  gefährdet

WILD GESPRENKELT

Das flauschige, langhaarige Fell des Zwergseidenäffchens kann mit allen möglichen Farbtönen und andersfarbigen Einsprengseln aufwarten, aber immer passt die Farbpalette zu den Rinden, Flechten, Moosen et cetera in der Umgcbung. Die „Grundierung" ist meist mattorange, sand- oder goldfarben, dazu über den Körper verteilt unzählige Flecken, Tupfen und Schlieren in Grün, Gelb oder Schwarz. Die etwas längere löwenähnliche Mähne an Kopf und Hals schimmert fein gold und grau gesprenkelt. Schaut man genauer hin, sieht man, dass die einzelnen Haare in Braun- und Schwarztönen gebändert sind, diese Fellzeichnung nennt man wildfarben oder agouti. Auf der Unterseite wird die Fellzeichnung insgesamt heller. Diese Tarnfärbung schützt den kleinen Affen vor seinen vielen Fressfeinden, den Schlangen, Katzen und Greifvögeln.

BALANCIERHILFE

Manche Neuweltaffen haben einen Greifschwanz, den sie wie eine fünfte Gliedmaße einsetzen können. Der Schwanz vermag ihr gesamtes Körpergewicht zu tragen, wenn sie sich daran von einem Ast herabhängen lassen. Zwergseidenaffen, von denen es 22 verschiedene Arten gibt, fehlt dieses Merkmal. Sie haben zwar lange Schwänze, aber sie nutzen ihn eher wie Eichhörnchen zum Balancieren oder als Steuerruder, wenn sie beim Flug durch die Luft die Richtung ändern wollen.

▶ Die rindenähnliche Tarntracht schützt das Zwergseidenäffchen nicht nur vor Fressfeinden, sondern macht es auch unsichtbar für Schmetterlinge, Fliegen und andere Insekten, die von den Pflanzensäften naschen wollen, die es angezapft hat. Diese Insekten dienen ihm als Nahrungsergänzung.

◀ Die andersfarbige Bänderung der langen, mähnenähnlichen Haare ergibt den gräulichen Schimmer.

Argentinischer Kampfuchs

GRAUER JÄGER IM GRAUEN LAND

Biologen fassen eines der am weitesten verbreiteten und ökologisch schädlichsten Tiere, den Rotfuchs, mit seinen engeren Verwandten zur Gruppe der Echten Füchse (Vulpini) zusammen. Rund um den Globus existieren allerdings noch mehr fuchsähnliche Lebewesen, die alle ein ähnliches Aussehen, eine ähnliche Lebensweise und ähnliches Verhalten entwickelt haben. Wie genetische Untersuchungen zeigen, sind die in Südamerika lebenden „falschen Füchse", zu denen auch der Kampfuchs gehört, näher mit Wölfen und Schakalen verwandt als mit den Echten Füchsen. Darum werden sie offiziell als Südamerikanische Hunde (Cerdocyonina) bezeichnet und mit der Wolfsverwandtschaft (Canina) zur Gruppe der Echten Hunde (Canini) zusammengefasst.

VERBREITUNG

- **TRIVIALNAMEN**
  Argentinischer Kampfuchs, Patagonischer Fuchs; Argentine grey fox, Patagonian fox (Englisch); zorro chico, zorro chilla (Spanisch); raposa chinza (Portugiesisch); nguru (Araukanisch); atoj (Ketschua); yeshgai (Puelche)

- **WISSENSCHAFTLICHER NAME**
  Lycalopex (Pseudalopex) griseus

- **GRÖSSE**
  Gesamtlänge: 0,70–1,10 m
  Gewicht: 2–5 kg

- **LEBENSRÄUME**
  Pampa, Steppen, niedrige Berge, trockenes Buschland im Südwesten des südamerikanischen Kontinents

- **ERNÄHRUNG**
  sehr vielfältig, von Kot und Aas über Früchte und Beeren bis hin zu mittelgroßen Vögeln und Säugetieren, aber auch Haustiere wie Lämmer, Hühner und anderes Geflügel

- **GEFÄHRDUNG LT. ROTER LISTE**
  nicht gefährdet

VIELFARBIGES GRAU

Der Kampfuchs bewohnt hauptsächlich trockene, windige, sandige, relativ öde Landstriche wie Steppen, Pampas und Buschland sowie Gebirgsausläufer ganz im Süden des südamerikanischen Kontinents. Boden, Felsen und Vegetation sind hier überwiegend grau, und auch der Himmel und reflektierende Wasseroberflächen erscheinen meist grau. Bei näherer Betrachtung ist die Grundfarbe des Kampfuchsfells zwar ebenfalls Grau, doch mit braunen, rotbraunen, lohfarbenen und silbrigen Flecken und Streifen in verschiedenen Schattierungen durchsetzt. Beine und Kopf des Tieres haben häufig eine bräunliche bis rotbräunliche Färbung, Brust und Unterseite dagegen sind deutlich heller. Auf Schultern und Hüften können zeitweise dunklere Streifen auftreten. Insgesamt zeichnet sich der Kampfuchs durch eine unbestimmte graubraune Fellfärbung aus, die sich bestens in seine Umgebung einfügt.

Wie sein Namensvetter auf anderen Kontinenten ist dieser Fuchs ein ausgemachter Opportunist. Es gibt fast nichts, was er nicht frisst, von Aas über Kot anderer Tiere, Würmer und Insekten bis hin zu Mäusen und Gürteltieren.

ZWEIFACHE INVASION

Der Kampfuchs hat von der Einführung invasiver europäischer und afrikanischer Tierarten, z. B. Kaninchen und Hasen, nach Südamerika profitiert. Hier hat er sich als nützlich für die Schädlingsbekämpfung erwiesen. Leider wurde der Fuchs selbst auf einigen der Falklandinseln eingeführt, die etwa 500 km vor dem südamerikanischen Festland liegen. Das hatte schwerwiegende Folgen, insbesondere für die dortige Vogelwelt. Ähnlich wie so mancher Echte Fuchs, der in andere Regionen der Welt gebracht wurde, ist auch der Kampfuchs fast nicht mehr auszurotten.

▶ Ob Gebirge oder öde, wüstenähnliche Ebene (oben), ob Buschland, Grassteppe oder Küstenstreifen (unten), die Lebensräume des Kampfuchses sind überwiegend grau und windig. Sein dichtes Fell ist eine wichtige Anpassung an solche kalten Orte.

Jaguar

KRAFTPAKET MIT TARNKAPPE

Oft sehen sich Tierarten, die in ganz verschiedenen Weltregionen heimisch sind, ausgesprochen ähnlich, weil sie ähnliche Lebensräume bewohnen und eine ähnliche Lebensweise pflegen. Dieses Phänomen bezeichnet man als konvergente Evolution. Der afrikanische Leopard und der asiatische Schneeleopard tragen vor allem zum Zweck der Tarnung ein geflecktes Fell, und das gilt auch für den Jaguar, der im Süden des nordamerikanischen Kontinents, in Mittelamerika und in Südamerika vorkommt. Der Jaguar ist nach Tiger und Löwe nur die drittgrößte Katze, aber sein Biss ist der kraftvollste der gesamten Katzen-Familie. Das muskulöse Kraftpaket ist ein ausgezeichneter Schleichjäger und Schwimmer, Klettern und Verfolgungsjagden im Sprint liegen ihm allerdings weniger.

VERBREITUNG

- **TRIVIALNAMEN**
  Yaguara (indigene Sprache des Amazonasgebiets)

- **WISSENSCHAFTLICHER NAME**
  Panthera onca

- **GRÖSSE**
  Kopf-Rumpf-Länge: 1,20–1,70 m
  Schwanzlänge: 50–70 cm
  Schulterhöhe: 65–75 cm
  Gewicht: 50–100 kg

- **LEBENSRÄUME**
  immer in Wassernähe in Wäldern, auch Mangrovenwäldern, außerdem in Sümpfen, Feuchtgebieten, Grasland, Buschland

- **ERNÄHRUNG**
  größere Säugetiere wie Hirsche, Pekaris und Tapire, aber auch Fische, Reptilien, Vögel und kleinere Säugetiere

- **GEFÄHRDUNG LT. ROTER LISTE**
  potenziell gefährdet

TUPFEN UND ROSETTEN

Wie der Leopard (siehe S. 132–133) ist der Jaguar nicht wirklich getupft. Seine Fellfarbe variiert von blassgelb bis gelblichbraun und fast rostrot mit einer Zeichnung, die als Rosetten bezeichnet wird. Es handelt sich dabei um kleine Gruppen von abgerundeten dunklen oder schwarzen Flecken, die fast kreisförmig angeordnet sind und die – anders als die Rosetten des Leoparden – noch einen weiteren Fleck in der Mitte haben. Am größten und am deutlichsten ist die Zeichnung auf dem Rücken und an den Flanken. An Hals und Kopf und zu den Beinen hin werden die Rosetten kleiner und die sonst getrennten Flecken verschmelzen miteinander. Zur Schwanzspitze hin bilden sie Ringe, auf der fast weißen Unterseite werden sie schwächer oder fehlen ganz.

Dunkle Rosetten oder Flecken auf einem hellen Hintergrund sind ideal, wenn man sich in einem Wald verbergen will, wo durch Laub und Äste dringende Sonnenstrahlen ein unregelmäßig flackerndes Muster von Licht und Schatten auf dem dunklen Boden entstehen lassen. Solche Wälder sind die bevorzugten Lebensräume der Jaguare, obwohl sie sich auch an das Leben in Sümpfen, Busch- und Graslandschaften angepasst haben.

UNZUREICHENDER SCHUTZ

Obwohl er unterschiedlich stark verfolgt wird, z. B. von Farmern, die ihm wegen angeblicher Angriffe auf Vieh nachstellen, ist der Jaguar in Südamerika immer noch weit verbreitet. Er steht sowohl regional als auch global unter Schutz, so ist nach dem Washingtoner Artenschutzabkommen (CITES) der Handel mit lebenden Tieren wie auch der mit Körperteilen verboten. Dennoch schrumpfen Populationen und Verbreitungsgebiet allmählich, vor allem weil die Lebensräume des Jaguars zerstückelt werden und verloren gehen.

▶ Am liebsten hält sich der Jaguar im flimmernden Halbschatten von Wäldern auf. Seine Beute schlägt er in der Morgen- oder Abenddämmerung, indem er mit einem Satz aus seinem Versteck hervorschnellt oder über ein kurzes Stück vorprescht, um dem Opfer einen ebenso überraschenden wie tödlichen Schlag zu versetzen.

3
Europa

Grüner Schildkäfer

GUT GERÜSTET

Nur wenige Lebewesen treffen die Farbe von Blattgrün so gut wie der Grüne Schildkäfer. Die Farbe kann zwar individuell leicht schwanken, von einem etwas helleren, verwaschenen Grün bis zu einer etwas dunkleren, intensiveren Tönung, doch meist sind die Käfer leuchtend grün, halb transparent, manchmal mit einem leicht goldenen Smaragdschimmer. Das passt hervorragend zu allen möglichen Pflanzen, ganz besonders zu denen, von denen sich die Käfer ernähren, wie etwa den Minzen (Gattung *Mentha*).

RUNDUMSCHUTZ

Selbst wenn der Grüne Schildkäfer auf einem Blatt bemerkt wird, ist er kaum als Insekt zu erkennen, wenn man einmal von den beiden fadendünnen braunen Fühlern absieht. Eher sieht er aus wie eine Gewebeschwellung oder eine Galle, die von einem noch viel kleineren Insekt, das sich im Inneren des Blattes befindet, hervorgerufen wird. Der Käfer hat einen stark abgeflachten Körper mit einer gewölbten, festen, schildähnlichen Verkleidung auf der Oberseite, die ein bisschen an einen Schildkrötenpanzer erinnert. Unter ihr liegen die Augen, die Mundwerkzeuge, die Beine und andere Krabbeltiermerkmale verborgen.

Der vordere Teil dieser Verkleidung gehört zum mittleren Körperabschnitt des Insekts, dem Thorax, und erstreckt sich über den Kopf hinaus. Die beiden hinteren Teile der Abdeckung sind in Wirklichkeit die Vorderflügel, die sich im Lauf der Käferevolution zu harten Deckflügeln oder Elytren entwickelt haben. Unter ihnen verbergen sich die Hinterflügel. Elytren sind ein Kennzeichen der Ordnung der Käfer, sie schützen die wesentlich größeren, dünneren, empfindlicheren zusammengefalteten Hinterflügel. Sollte die Tarnung auffliegen und ein Fressfeind näherkommen, hebt der Käfer seine Deckflügel, entfaltet das hintere Flügelpaar und schwirrt ab.

FÄKALSCHUTZ

Der Grüne Schildkäfer gehört zur Unterfamilie der Schildkäfer innerhalb der Ordnung der Käfer (Coleoptera) – nicht zu verwechseln mit den Schildwanzen, die keine Käfer sind, sondern zur Ordnung der Schnabelkerfe (Hemiptera) zählen. Die Larve des Grünen Schildkäfers ähnelt dem erwachsenen Tier in Größe und Form, aber sie hat stachlige Haare rund um den Körper. Auf diese Stacheln spießt sie ihre Exkremente und ihre nach der Häutung abgeworfenen Hüllen, um Fressfeinde abzuschrecken.

VERBREITUNG

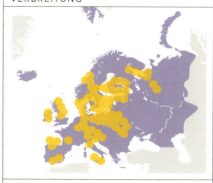

- **TRIVIALNAMEN**
  Grüner Schildkäfer; green tortoise beetle, green leaf beetle (Englisch)
- **WISSENSCHAFTLICHER NAME**
  Cassida viridis
- **GRÖSSE**
  Länge: 6–10 mm
- **LEBENSRÄUME**
  Grasland, Waldränder, Gehölze, Flussufer, Wiesen und andere Plätze, an denen die Nahrungspflanzen wachsen
- **ERNÄHRUNG**
  Pflanzen aus der Gruppe der Lippenblütler (Minzen, Taubnesseln, Salbei- und Ziestarten)
- **GEFÄHRDUNG LT. ROTER LISTE**
  nicht beurteilt

▶ (Im Uhrzeigersinn von oben) Der Käfer passt nicht nur in der Farbe perfekt zum Blatt, man könnte seine Körperform auch für eine Unregelmäßigkeit der Blattoberfläche halten. Wenn sich der Käfer zum Abflug bereit macht, werden seine Fühler sichtbar und die Deckflügel öffnen sich. Der Thoraxschild überdeckt und schützt den Kopf des Käfers.

◀ Die Larve des Grünen Schildkäfers bedeckt sich mit ihrem eigenen Kot.

C-Falter

WIE EIN ALTES BLATT

Viele Schmetterlinge haben wunderschöne, glatte, gerundete Flügel, auch wenn diese mit der Zeit Risse bekommen oder Stücke fehlen. Anders beim C-Falter. Seine Flügel sehen schon direkt nach dem Schlüpfen aus der Puppe (Chrysalis) gerupft und angenagt aus. In der typischen Haltung der Tagfalter legt das Insekt die Flügel in Ruhe über dem Rücken zusammen. Zu sehen sind dann nur die Unterseiten der Flügel, die ungleichmäßig gemustert sind, in einer Farbpalette, die von hellem Gelb und Orange über Grau und Hellbraun bis Dunkelgrau und Schwarz reicht, und die auf diese Weise hervorragend zu sich zersetzenden, zerfledderten alten Blättern mit eingerissenen Blatträndern passen. Sogar die Äderung der Flügel ähnelt einer Blattnervatur.

VERBREITUNG

- **TRIVIALNAMEN**
  C-Falter; the comma, anglewing (Englisch); Robert le diable (Französisch)
- **WISSENSCHAFTLICHER NAME**
  Polygonia c-album
- **GRÖSSE**
  Körperlänge: 2,0–2,5 cm
  Flügelspannweite: 5,5–6,0 cm
- **LEBENSRÄUME**
  Waldlichtungen, Waldränder, Gehölze, Parks, Gärten, Obstgärten
- **ERNÄHRUNG**
  Nektar, Saft faulender Früchte
- **GEFÄHRDUNG LT. ROTER LISTE**
  nicht gefährdet

Der C-Falter hat seinen Namen von dem klar abgegrenzten, weiß leuchtenden Abzeichen in C- oder Komma-Form auf der Unterseite seines Hinterflügels. Auch sein wissenschaftlicher Namensbestandteil *c-album* bezieht sich darauf: Er bedeutet „weißes C".

EIN GANZJAHRES-SCHMETTERLING

Alte, verrottende Blätter eignen sich besonders gut als Hintergrund, weil die C-Falter fast das ganze Jahr hindurch vorkommen. Diejenigen, die im Spätsommer auftauchen, finden reichlich Futter an Früchten, die im Herbst reifen, und verstecken sich dann zwischen abgestorbenen Blättern. Dort überwintern sie in einer Art Winterruhe (Diapause), aus der sie im zeitigen Frühjahr wieder erwachen, um sich fortzupflanzen. In besonders milden Wintern können sie sogar wach werden und umherfliegen. Die überwinternden C-Falter haben in der Regel dunklere Flügelunterseiten. Bei den Faltern, die zur Jahresmitte aus dem Ei schlüpfen, heranwachsen und sich fortpflanzen, sind die Flügelunterseiten heller. Dadurch passen sie besser zu den helleren, im Sommer alternden Blättern.

EIN FALTER MIT ZWEI SEITEN

Wenn der C-Falter seine Flügel ausbreitet, sieht er ganz anders aus, richtig nett und ordentlich. Auf der gelben bis orangeroten Flügeloberseite sind Flecken und Tupfen in Schattierungen von weiß bis dunkelbraun angeordnet. Dieses Farbspiel dient vor allem der Balz und dem Anlocken von Paarungspartnern. Der Zustand der Flügel und die Flugfähigkeit sind wichtige Zeichen für Gesundheit und Fitness.

▶ Das weiße, klar abgegrenzte C und die gebuchteten Flügelkanten, die aussehen, als hätte ein Vogel schon Stücke davon abgebissen, sind typische Merkmale dieser Spezies.

◀ Der C-Falter gehört zu den Edelfaltern (Nymphaliden); die meisten Vertreter dieser Gruppe haben große Flügel mit prächtig gefärbten Oberseiten und dunklen, der Tarnung dienenden Unterseiten.

80 MEISTER DER TARNUNG

Mondvogel

WIE EIN ABGEBROCHENER ZWEIG

Viele Tiere, insbesondere Insekten, haben eine Tarntracht, die Form und Farbe von Rinde, Ästen und Zweigen nachahmt. Der Mondvogel setzt noch einen drauf und tut so, als sei er ein frisch abgebrochenes Aststückchen. Er imitiert sozusagen die Abbruchstelle: innen das hellbraune oder gelbliche, leicht gemaserte „Holz", darüber ein dunkler, zweifacher Ring aus „Rinde".

VERBREITUNG

- **TRIVIALNAMEN**
  Mondvogel, Mondfleck; buff-tip, twig moth (Englisch); bucéphale (Französisch)

- **WISSENSCHAFTLICHER NAME**
  Phalera bucephala

- **GRÖSSE**
  Körperlänge: 3–4 cm
  Flügelspannweite: 5–7 cm

- **LEBENSRÄUME**
  weit verbreitet, vor allem Mischwälder, aber auch Wiesen, Gehölze, landwirtschaftlich genutzte Flächen, Parks, Gärten

- **ERNÄHRUNG**
  Falter: Nektar
  Raupe: Blätter von Birken, Weiden, Ahornen, Eichen, Erlen, Ulmen und Buchen

- **GEFÄHRDUNG LT. ROTER LISTE**
  nicht beurteilt

DOPPELT GETRICKST

Genau genommen setzt der Nachtfalter nicht nur einen, sondern sogar noch zwei drauf, denn er trickst sowohl mit seinem Vorder- als auch mit seinem Hinterende. Von hinten ist die Tarnung besonders beeindruckend. Die abgerundeten Spitzen der Vorderflügel haben das Aussehen eines abgebrochenen Zweiges. Der Mondvogel hält seine Flügel in Ruhe dicht am und parallel zum Körper, dabei aber ein bisschen gerundet und nach innen gedreht, was den Eindruck verstärkt, einen Aststummel vor sich zu haben. Am anderen Körperende weist der Nachtfalter einen regelrechten Plüsch von gelblichbraunen Haaren auf, sie bedecken seinen Thorax (den mittleren Körperabschnitt) und verbergen seine Augen und Mundwerkzeuge zumindest teilweise. Auch sie erwecken den Eindruck eines abgebrochenen Zweiges. Um die Täuschung vollkommen zu machen, ist der Bereich dazwischen – der hintere Teil des Thorax und der größere Teil der Flügeldecken – silbergrau gestreift. Die Ähnlichkeit mit Rinde, insbesondere mit Birkenrinde und noch genauer mit der Rinde der Hänge-Birke, ist wirklich verblüffend.

Die erwachsenen Mondfalter schlüpfen im Frühling aus ihrer Puppenhaut. Vom Spätfrühling bis zum Hochsommer verbringen sie den Tag auf geeigneten Ästen und verlassen sich darauf, dass man sie dank ihrer Tarntracht übersieht. Des Nachts fliegen sie umher und sammeln den Nektar von vielen verschiedenen Blüten.

◀ Die Seitenansicht des Mondvogels zeigt den sehr realistischen Schräg-abgebrochener-Ast-Effekt am Hinterende des Insekts (hier oben) und den ganz ähnlichen Gerade-abgebrochener-Ast-Effekt am Kopfende (hier unten).

▶ Die Raupen des Mondvogels verfolgen eine völlig andere Strategie: Mit Warnfarben zeigen sie an, dass sie schlecht schmecken.

DIE JUGEND TREIBT ES BUNT

Die Raupen (Larven) des Mondvogels sind anders als die Erwachsenen auffallend farbig. Ihr Körper ist schwarz mit gelben, netzartig verlaufenden Quer- und Längsstreifen. Wenn sie größer werden, sind sie auch ziemlich haarig. Auf diese Weise warnen sie mögliche Fressfeinde wie Vögel vor ihrem scheußlichen Geschmack. Die Raupen selbst ernähren sich von den Blättern verschiedener Bäume und Sträucher, z. B. Birke, Weide, Ahorn, Eiche, Hasel, Erle, Ulme und Buche.

Europäischer Wels

DER RIESE AUS DEM TIEFEN SEE

Selbst wenn er nur eine Armlänge entfernt ist, ist dieser Fisch (der größer werden kann als ein Mensch) in seinem Lebensraum, einem tiefen See oder einem tiefen, langsam fließenden Fluss mit eher trübem Wasser, so gut wie nicht zu sehen. Sogar in klarerem Wasser scheint er optisch mit Schlamm, Steinen, Pflanzen und anderem Material am Gewässergrund zu verschmelzen.

Welse besitzen eine individuell unterschiedliche Färbung, die von helleren gelblichen, bräunlichen und grünlichen Sprenkelmustern bis zu den dunklen Tönen dieser Farben variieren kann. Die Bauchseite, die nur selten ans Licht kommt, ist hell und silbrig. Dass sie normalerweise einfach still am Grund liegen und sich nur gelegentlich langsam schwimmend auf Futtersuche begeben, trägt ebenfalls dazu bei, dass sie unentdeckt bleiben. Ebenso dass sie sich gern in den Schlamm wühlen, wenn die Schlammschicht am Boden des Gewässers dick genug ist. Sie können auch zwischen Wasserpflanzen, Baumwurzeln oder großen Steinen auf der Lauer liegen, wo sie ihre starken Brustflossen nutzen, um sich ein Versteck zu graben. All diese Verhaltensweisen tragen zur Tarnung dieses riesigen Fisches bei.

EIN MAUL SO BREIT WIE DER KOPF

Von der Ordnung der Welsartigen (Siluriformes) ist der Flusswels die einzige in Mitteleuropa heimische Art. Er besitzt einen langen, beweglichen Körper, der von einer Schleimschicht überzogen ist, und um das Maul herum Barteln oder Bartfäden, die an die Schnurrhaare von Katzen erinnern. Bei den Barteln handelt es sich um Geschmacks- und Tastorgane. Das Maul selbst ist fast größer als der flache, breite Kopf, in ihm verschwindet alles Fressbare, was gerade so hineinpasst. Wie Orcas, die am Strand Robben jagen, wirft sich auch der Wels an flache Uferstellen, um sich ein Opfer zu schnappen und mit ihm wieder zurückzurutschen.

VERBREITUNG

- **TRIVIALNAMEN**
  Flusswels, Waller, Schaidfisch; wels catfisch, sheatfish (Englisch); silure glane (Französisch); uels som (Bulgarisch); wels harcsa (Ungarisch); sumec obecny (Tschechisch); sumec obycajný (Slowakisch); laprac, somn (Rumänisch)

- **WISSENSCHAFTLICHER NAME**
  Silurus glanis

- **GRÖSSE**
  Länge: selten mehr als 2,20 m
  Gewicht: bis 100 kg

- **LEBENSRÄUME**
  sehr verschieden, von großen Seen und Flüssen über Kanäle, Wasserreservoire und Baggerseen bis zu Brackwasser in Küstennähe

- **ERNÄHRUNG**
  alles, was ins Maul passt

- **GEFÄHRDUNG LT. ROTER LISTE**
  nicht gefährdet

MONSTERMYTHEN

Der Wels stammt ursprünglich aus Osteuropa, hat sich aber bis nach Frankreich und Italien ausgebreitet und gelangte durch den Menschen sogar bis nach Großbritannien. In alten Geschichten wird er als wahrhaft riesig beschrieben, bis 5 Meter lang, an die 300 Kilogramm schwer und in der Lage, ein menschliches Kind zu verschlingen. Diese Zeiten sind offenbar vorbei. In neuerer Zeit war unter den größten vermessenen Welsen ein 2015 in Italien gefangenes Exemplar mit 2,60 Metern Länge und einem Gewicht von 130 Kilogramm.

▶ Der Wels ist zum Teil im Schlamm verborgen, doch sein riesiges Maul und die Bartfäden sind im einfallenden Sonnenlicht gut zu erkennen.

◀ Sogar im flachen Uferbereich erscheint der Wels nur wie ein unscharfer, dunkler Schatten. Die Taube ist in höchster Gefahr.

MEISTER DER TARNUNG

Kreuzkröte

LAUTSTARKE BEWOHNERIN TROCKENER LANDSTRICHE

Kröten werden üblicherweise mit muffigen, dunklen, feuchten Plätzen in Verbindung gebracht. Doch die Kreuzkröte ist zumeist in offenen, trockenen, von der Sonne erwärmten Lebensräumen zu finden, z. B. auf Küstendünen, in Heidelandschaften, Kiesgruben und anderen Orten mit leichtem, durchlässigen Boden. Hier kommt der Kreuzkröte ihre Ähnlichkeit mit einem hellen Untergrund aus Sand, Kies und Steinen zugute, über die kleine Ästchen, Gras und anderes Grün verteilt sind.

VERBREITUNG

- **TRIVIALNAMEN**
  Kreuzkröte; natterjack toad, running toad (Englisch); calamite, crapaud des joncs (Französisch); sapo corredor (Spanisch); smilšu krupis (Lettisch)

- **WISSENSCHAFTLICHER NAME**
  Epidalea calamita (früher: *Bufo calamita*)

- **GRÖSSE**
  Kopf-Rumpf-Länge: 6–7 cm
  Gewicht: 4–20 g (Weibchen sind größer als Männchen)

- **LEBENSRÄUME**
  leichte, trockene Böden in voller Sonne, auch Heidelandschaften, Küstendünen, Waldlichtungen, landwirtschaftlich genutzte Flächen

- **ERNÄHRUNG**
  kleine Würmer, Schnecken, Käfer und andere Insekten

- **GEFÄHRDUNG LT. ROTER LISTE**
  nicht gefährdet

KRÖTE MIT RALLYESTREIFEN

Kreuzkröten sind meistens grau, gelblich, braun und olivgrün gefärbt, unter Umständen mit einem Anflug von Bronze oder Orange und durchsetzt mit dunklen Flecken; die Unterseite ist in der Regel heller. Insgesamt sehen sie aus wie die blassere und etwas kleinere Ausgabe ihrer Verwandten, der Erdkröte. Ein Unterscheidungsmerkmal ist der gelbe „Rallyestreifen" auf der Rückenmitte. Ein anderes ist die Geschwindigkeit, mit der sich die Kreuzkröte fortbewegt. Sie krabbelt nicht gemächlich wie die Erdkröte, sondern huscht schnell davon, wenn sie gestört wird. Die Haut auf ihrem Rücken ist mit vielen kleinen Warzen übersät, sodass das auf sie fallende Licht nicht gleichmäßig reflektiert wird und sich die Kontur der Kröte aufzulösen scheint – eine Form der disruptiven Tarnung. Wie andere Kröten besitzt auch die Kreuzkröte in ihrer Haut kleine Giftdrüsen, und die großen Ohrdrüsen auf beiden Seiten des Nackens produzieren eine stinkende, hautreizende Flüssigkeit.

Üblicherweise gehen Kreuzkröten im Schutz der Nacht auf Nahrungssuche, tagsüber verstecken sie sich oder graben sich in die Erde ein. Werden sie trotz ihrer Tarnung am Tag entdeckt, richten sie sich auf, blähen ihren Körper auf und zischen. Die meisten potenziellen Fressfeinde nehmen diese Warnung ernst und trollen sich.

SCHNATTERHANNES

Im Englischen hat die Kreuzkröte den volkstümlichen Namen „natterjack", was sich salopp mit „Schnatterhannes" übersetzen ließe. Das Wort „natter" bedeutet „laut und geschwätzig" und „Jack" ist ein Allerweltsname, ein Jedermann. Der Name bezieht sich auf die knarrenden Paarungsrufe der Kreuzkröten im Frühling, die nur die Männchen mithilfe einer Schallblase an der Kehle erzeugen. Angeblich sollen sie die lautesten Amphibien in Mitteleuropa sein. Die Rufe sind Hunderte Meter weit zu hören und klingen, als ob jemand mit dem Fingernagel über einen Kamm streicht – nur viel lauter.

◀ Mit ihrer warzig-rauen Haut und den verschiedenfarbigen Sprenkeln fügt sich die Kreuzkröte ausgezeichnet in ihre sandig-körnige Umgebung ein.

▶ Die helle Linie auf dem Rücken erleichtert uns die Identifizierung, ihre Funktion ist jedoch unklar

Mauereidechse

VON DER FELSWAND ZUR MAUER

Vor den Mauern, die wir für unsere Wohnhäuser und Wirtschaftsgebäude oder um Felder und Grundstücke herum errichten, gab es natürliche „Wände". Felswände, Kliffs und Klippen, Findlinge, Steinhaufen und Geröllhalden waren die natürlichen Lebensräume der Echsen, die wir heute als Mauereidechsen bezeichnen. Zu dieser Gattung mit wissenschaftlichem Namen *Podarcis* zählen etwa 25 verschiedene Arten (Spezies). Die kleinen bis mittelgroßen Reptilien sind hervorragend an das Laufen auf harten, steinigen Oberflächen angepasst. Sie haben kleine scharfe Krallen, mit denen sie selbst in kleinsten Ritzen und Spalten Halt finden. Sie sind schnell und wendig und schnappen sich, was sie an kleinen Beutetieren bekommen können.

Mauereidechsen kommen in allen möglichen Farben und Mustern daher. Meist sind sie cremeweiß und gelb bis braun und grau, mit unterbrochenen Streifen und netzartigen Zeichnungen in dunkleren Farben. Warum es diese große Variationsbreite gibt und wie Farben und Muster vererbt werden, versuchen wissenschaftliche Studien – sowohl in freier Wildbahn wie auch im Labor – zu entschlüsseln. Einige Studien zeigen, dass Mauereidechsen aktiv nach einem zu ihrer Färbung passenden Untergrund suchen und so besser getarnt sind.

Was die Sache kompliziert macht: Bei manchen Individuen, vor allem Männchen sind Körperteile wie Kehle, Flanken oder Schwanz blau, pink, hellgrün, feuerrot oder in anderen grellen Tönen gefärbt und passen ganz und gar nicht zu ihrer Umgebung. Biologen interpretieren diesen Sachverhalt so, dass die Männchen den Weibchen auf diese Weise signalisieren, wie es mit ihrer biologischen Fitness bestellt ist, selbst wenn sie damit auch Fressfeinde auf sich aufmerksam machen. Die meisten Weibchen hingegen bleiben bei ihrer hervorragenden Tarnung, schließlich müssen sie nach der Paarung die Eier in ihrem Körper ernähren, ehe diese abgelegt werden.

VERBREITUNG

- **TRIVIALNAMEN**
Für die vielen verschiedenen in Europa vorkommenden Arten existieren ebenso viele verschiedene Namen, z.B. wall lizard, stone lizard (Englisch); lagartija ibérica, lagartija italiana (Spanisch); primorska kuščarica (Slowenisch); ruïnehagedis (Niederländisch)

- **WISSENSCHAFTLICHER NAME**
Es gibt etwa 25 verschiedene *Podarcis*-Arten, darunter *P. muralis*, die gewöhnliche Mauereidechse, *P. erhardii*, die Kykladen-Mauereidechse, *P. hispanicus*, die Spanische Mauereidechse (siehe Karte)

- **GRÖSSE**
Gesamtlänge (mit Schwanz): 10–25 cm
Gewicht: 4–12 g

- **LEBENSRÄUME**
Steinhaufen, Findlinge, Felswände, Kliffs und Klippen, kurz: steinige Lebensräume aller Art, auch vergleichbare, von Menschen geschaffene Strukturen wie Mauern, Brücken, Brüstungen, Schotterstraßen und Gleisbette

- **ERNÄHRUNG**
kleine Tiere wie Insekten, Spinnen, Hundertfüßer, Würmer

- **GEFÄHRDUNG LT. ROTER LISTE**
nicht gefährdet

EINE KNIFFLIGE AUFGABE

Die genetischen und die umweltbedingten Einflüsse auf die Färbung, die Tarnung und das Balzverhalten der Mauereidechsen aufzuschlüsseln ist eine hochkomplexe Aufgabe. Forscher notierten beispielsweise Aufenthaltsorte und Verhaltensweisen von gefangenen Mauereidechsen in großen, abgeschlossenen, künstlich angelegten Lebensräumen, um herauszufinden, welche Rolle Lichtintensität, Temperatur, Hintergrundfarbe und Futterverfügbarkeit spielen. Dabei ist nicht einmal klar, wie viele Spezies die Gattung *Podarcis* wirklich hat. Die Spanische Mauereidechse (*P. hispanica*), die als eine einzige Art galt, scheint sich gerade in mehrere Spezies aufzuspalten.

Ihr gutes Sehvermögen hilft der Mauereidechse, sich Aufenthaltsorte zu suchen, an denen ihre Tarnung funktioniert. Hier sehen wir ein Weibchen der Kykladen-Mauereidechse (*P. erhardii*).

Eidechsennatter

VERBLASSENDE JUGEND

Die Eidechsennatter liebt trockene, warme bis heiße Stellen. Im Winter ist sie meist tagsüber unterwegs und dabei so aktiv, wie es einer Schlange in der kühlen Jahreszeit eben möglich ist. Sie lauert Eidechsen und anderen kleinen Beutetieren auf oder verfolgt sie lautlos. In der Hitze des Sommers verlegt sie ihre Aktivitäten in die Dämmerung und bisweilen in die Nacht.

VERBREITUNG

- **TRIVIALNAMEN**
  Eidechsennatter; Montpellier snake, lizard snake (Englisch); serpent de Montpellier (Französisch); serpiente de Montpellier, culebra bastarda (Spanisch)

- **WISSENSCHAFTLICHER NAME**
  Malpolon monspessulanus

- **GRÖSSE**
  Länge: bis 2,20 cm
  Gewicht: 1,5–2,0 kg

- **LEBENSRÄUME**
  trockene Wälder, sandig-steinige Busch- und Küstenlandschaften, dichte Gebüsche, landwirtschaftlich genutzte Flächen, Vorstädte

- **ERNÄHRUNG**
  Eidechsen, gelegentlich kleinere Schlangen, Frösche, kleine Vögel und Säugetiere; Jungtiere fressen auch größere Insekten und Spinnen

- **GEFÄHRDUNG LT. ROTER LISTE**
  nicht gefährdet

Das Äußere der Eidechsennatter passt gut zu ihren halbwüstenartigen Lebensräumen. Bei erwachsenen Tieren mittleren Alters sind die Grundfarben gedämpfte Grün-, Braun- oder Grautöne mit sich wiederholenden kleinen dunklen Flecken, die ein bisschen an die Felder eines Schachbretts erinnern und sich den Rücken entlangziehen. Die Unterseite ist heller, mit einer cremefarbenen bis gelblich-braunen Grundfarbe, so dass die dunkleren Stellen stärker hervorgehoben werden. Doch die Schlange bewegt sich normalerweise über sandigen, steinigen Untergrund, und man bekommt sie ohnehin nur selten zu Gesicht.

ALTERSBEDINGTE VERÄNDERUNGEN

Die Farbe der Schlange verändert sich mit dem Alter. Bei Jungtieren ist der Kontrast zwischen der Grundfarbe und der Zeichnung deutlicher, sie sehen fast getupft und wie frisch gestrichen aus. Im jungen Alter halten sich die Tiere eher im Verborgenen auf, an Stellen, wo ihr kontrastreiches Äußeres zu den an hellen Tagen auftretenden Kontrasten von Licht und Schatten passt.

Im Gegensatz dazu aalen sich ältere Erwachsene gerne an offenen Stellen und in der prallen Sonne, im Vertrauen auf ihre Größe und auf ihre Giftzähne, die den meisten Feinden Respekt einflößen. Ihre Färbung ist weniger kontrastreich und wirkt verwaschen. Insbesondere die dunklen Flecken auf dem Rücken können nach und nach verschwinden, sodass die Schlange von oben einfarbig grau, olivgrün oder braun aussieht.

TEMPERATURFENSTER

Die Eidechsennatter ist eine Profiteurin des Klimawandels, ihr Verbreitungsgebiet dehnt sich aus. Wie bei den meisten Reptilien sind auch ihre Aktivitäten temperaturabhängig. Klimawandel bedeutet höhere Temperaturen tagsüber sowie über das Jahr hinweg und verlängert damit den Zeitraum, in dem sie sich schnell bewegen und jagen kann. Allerdings kommen viele Eidechsennattern bei der Suche nach Wärme im wahrsten Sinne des Wortes unter die Räder, da sie sich zum Aufwärmen gerne auf heißen Asphalt legen.

▶ Dank ihrer guten Tarnung können sich Eidechsennattern im offenen Gelände in der Sonne aalen, ohne von Fressfeinden wie Falken, Adlern, Füchsen und dem Ichneumon (der einzigen auch in Europa vorkommenden Mangusten-Spezies) entdeckt zu werden.

◀ Ton in Ton mit altem Holz, trockenem Sandboden und von der Sonne ausgebleichten Felsen – die Eidechsennatter.

Wendehals

UNENTDECKT AUF ALLEN EBENEN

Manchmal wird der Wendehals als Europäischer oder Eurasischer Wendehals bezeichnet, um ihn vom Rotkehl-Wendehals zu unterscheiden, der in den Savannen des östlichen und südlichen Afrika zuhause ist. Doch auch er verbringt einen Teil des Jahres, den Winter, südlich der Sahara in West- und Zentralafrika, von wo er im Frühjahr nach Europa zurückkehrt, um zu brüten.

VERBREITUNG

- **TRIVIALNAMEN**
  Wendehals; Northern wryneck, Eurasian wryneck (Englisch); torcecuello euroasiático (Spanisch); torcicollo (Italienisch); nyaktekercs (Ungarisch)

- **WISSENSCHAFTLICHER NAME**
  Jynx torquilla

- **GRÖSSE**
  Gesamtlänge (von der Schnabel- bis zur Schwanzspitze): 16–18 cm
  Gewicht: 30–60 g

- **LEBENSRÄUME**
  lichte Wälder, Waldlichtungen, offene Landschaften mit vereinzelten Bäumen und Sträuchern, auch landwirtschaftlich genutzte Flächen, Parks und Gärten

- **ERNÄHRUNG**
  Insekten, insbesondere Ameisen, auch Asseln, Spinnen, Würmer und andere kleine Tiere

- **GEFÄHRDUNG LT. ROTER LISTE**
  nicht gefährdet

Der Wendehals gehört zur Familie der Spechte und ist ein geschäftiger Vogel, der auf verschiedenen „Ebenen" – in Büschen und Bäumen, im Unterwuchs und vor allem auf dem Boden – nach Ameisen, Käfern, Würmern und anderen kleinen Tieren sucht. Gleich wo er sich befindet, wenn der Vogel misstrauisch wird, bleibt er regungslos stehen, schaut sich um und lauscht; dann ist er extrem schwer zu entdecken. Sein Äußeres ist ein Meisterwerk der Tarnung aus diversen Schattierungen von Braun, Gelbbraun, Rotbraun, Schwarzbraun und Graubraun in allen möglichen Streifen, Flecken, Tupfen und Punkten, die sich über Kopf, Körper und Flügel verteilen. Schnabel, Beine und Füße sind ebenfalls braun. Am auffälligsten sind noch die etwas breiteren dunklen Streifen auf den Schultern und vom Hinterkopf entlang des Rückens. Brust und Kehle haben eine etwas hellere Grundfarbe, wobei erstere mit Tupfen und letztere mit Streifen gezeichnet ist, was ein bisschen an eine Drossel erinnert.

Die feine Zeichnung des Gefieders fügt sich optimal in die natürliche Umgebung mit ihren Baumrinden, Ästchen und Zweigen, Gräsern und Farnen, aber auch die offeneren, erdigeren Stellen ein, wo der Wendehals nach seinem Lieblingsfutter gräbt und stöbert: Ameisen und deren Puppen. Was das angeht, ähnelt der Wendehals seinen Specht-Vettern, aber das ist auch fast schon die einzige Gemeinsamkeit. Insgesamt ist der Wendehals ein ungewöhnlicher Vertreter seiner Familie.

◀ Altes Holz, Blätter und andere Pflanzenteile nehmen während des Verfalls- und Abbauprozesses die unterschiedlichsten Brauntöne an, und die finden sich fast alle im Gefieder des Wendehalses wieder. Dieser sucht sein Futter vorwiegend am Boden und knapp darüber.

▶ Anders als seine Specht-Vettern ist der Wendehals nicht so geschickt im Klettern an Baumstämmen.

WENIG SPECHTIG

Der Name Wendehals bezieht sich auf die Fähigkeit des Vogels, seinen Kopf so weit drehen zu können, dass er fast wie eine Eule nach hinten schaut. Das ist eine von seinen vielen wenig spechtartigen Eigenschaften. Er hackt höchst selten in Rinde, um Nahrung zu finden, und macht auch keine Baumhöhlen. Ihm fehlen die kräftigen Schwanzfedern, mit denen sich Spechte am Stamm abstützen, und ihm fehlt das lebhaft gefärbte Gefieder von Arten wie etwa dem Grünspecht.

Mäusebussard

AUF ERHÖHTER WARTE

Zu den Echten Bussarden (Gattung *Buteo*) zählen etwa 30 verschiedene Arten (Spezies). Eine der größten, bekanntesten und am weitesten verbreiteten ist der Mäusebussard. Er lebt ganzjährig überall in Europa, andere Arten dagegen verbringen den Sommer im kälteren Nordeuropa und in Nord- bis Zentralasien und ziehen zum Überwintern nach Indien und Südafrika.

Bei einem so großen Vogel wie dem Bussard, mit Flügeln so lang wie der Arm eines Menschen, dient die Tarnung weniger dazu, sich vor einem Fressfeind zu verbergen als vielmehr vor potenziellen Beutetieren. Das hat mit seiner Jagdmethode zu tun. Dennoch fällt der Bussard gelegentlich größeren Raubvögeln zum Opfer, etwa dem Steinadler, dem Habichtsadler oder dem Uhu, oder auch Säugetieren wie dem Rotfuchs, dem Wolf und der Wildkatze. Auch das hat mit seiner Jagdmethode zu tun.

SCHLAGEN, TÖTEN, FRESSEN

Vielleicht sind Bussarde deshalb so bekannt, weil sie im Flug häufig ihren leicht miauenden („miä") Ruf erklingen lassen. Doch außer wenn sie nach Aas Ausschau halten, verbringen sie die meiste Zeit in einem Baum sitzend, von dem aus sie das offene Gelände im Blick haben und auf Beute warten. Hierfür haben Bussarde die passende Tarntracht, obwohl ihr Äußeres innerhalb ihres riesigen Verbreitungsgebiets ziemlich variabel ist. Die zahlreichen Quer- und Längsstreifen sowie Flecken in allen möglichen Brauntönen, dazwischen gelegentlich Cremeweiß und Grau, lassen den Bussard mit den Baumstämmen und Ästen verschmelzen, auf denen er sitzt. Auf diese Weise bleibt er seinen scharfäugigen Opfern, z. B. Mäusen, Wühlmäusen, Hasen oder Kaninchen, verborgen, die mit Gefahr aus jeder erdenklichen Richtung rechnen müssen.

Hat er eine Mahlzeit erspäht, schwingt sich der Bussard rasch von seiner Warte herab, packt seine Beute und verzehrt sie sofort an Ort und Stelle – in diesem Moment läuft der Vogel Gefahr, von einem seiner bodenlebenden Fressfeinde erwischt zu werden.

VERBREITUNG

- **TRIVIALNAMEN**
Mäusebussard; common buzzard (Englisch); hiirihaukka (Finnisch); buse variable (Französisch); buizerd (Niederländisch); ratonero comun (Spanisch); közönséges ölyv (Ungarisch)

- **WISSENSCHAFTLICHER NAME**
Buteo buteo

- **GRÖSSE**
Länge (von der Schnabel- bis zur Schwanzspitze): 45–60 cm
Flügelspannweite: 1,10–1,30 m
Gewicht: 0,7–1,2 kg (Weibchen sind größer als Männchen; im Norden des Verbreitungsgebiets sind die Tiere größer als weiter südlich, siehe S. 8)

- **LEBENSRÄUME**
verschieden, oft an Waldrändern, Lichtungen, Einschlägen, auch in Gehölzgruppen in Gras-, Moor- und Heidelandschaften und landwirtschaftlich genutzten Flächen; selten in baumlosen Lebensräumen

- **ERNÄHRUNG**
sehr breit gefächert, von Würmern und Käfern über kleine bis mittelgroße Reptilien, Vögel und Säugetiere bis hin zu Aas

- **GEFÄHRDUNG LT. ROTER LISTE**
nicht gefährdet

DER „TOURI-ADLER"

Bussarde kreisen aus verschiedenen Gründen hoch oben in der Luft: um nach einem geeigneten Jagdgrund zu suchen, um nach einem Paarungspartner Ausschau zu halten oder um ihr Revier zu kontrollieren. Genauso gerne wie in Bäumen sitzen sie auch auf menschengemachten Strukturen wie Zäunen oder Strommasten. In beiden Situationen kann es vorkommen, dass Menschen, die sich mit Vögeln nicht gut auskennen, glauben, sie hätten einen Adler vor sich – obwohl beispielsweise der Steinadler den Bussard an Größe und Flügelspannweite weit übertrifft. Das hat dem Bussard den Spitznamen „Touri-Adler" eingebracht.

▶ In klassischer Ausguck-Haltung und schön im herbstlichen Laub verborgen, sucht dieser Bussard die Umgebung mit scharfem Blick nach möglicher Beute ab.

Eurasischer Wolf

DER „ECHTE" WOLF

Kaum ein anderes Tier steht in so vielen Märchen, Abzählreimen, Romanen, Musik- und Theaterstücken, Kinofilmen usw. so häufig im Mittelpunkt wie „der" Wolf. Innerhalb der Hunde-Familie (Canidae) gibt es drei Vertreter, die allgemein als „Wölfe" bezeichnet werden, darunter auch der Afrikanische Goldwolf (*Canis anthus*) und der Äthiopische Wolf (*Canis simensis*). Die größte Bedeutung hat jedoch der Wolf mit dem wissenschaftlichen Artnamen *Canis lupus*, von dem mindestens 30, vielleicht sogar 40 Unterarten auf der gesamten Nordhalbkugel existieren, darunter der Kaspische Wolf, der Indische Wolf, der Himalaya-Wolf und die 15 (oder mehr) amerikanischen Arten vom Polarwolf im Norden bis zum Mexikanischen Wolf im Süden des Kontinents sowie – nicht zu vergessen – der australische Dingo.

ALLZWECK-TARNUNG

Nach der ersten wissenschaftlich beschriebenen Art wird der in Europa und Teilen Asiens vorkommende Eurasische Wolf *Canis lupus lupus* von Biologen heute als Nominatform bezeichnet. Wie andere Wölfe auch hat er den legendären Ruf, plötzlich wie aus dem Nichts aufzutauchen, um – meist im Rudel – anzugreifen, oder, umgekehrt, offenbar völlig unbemerkt in der Landschaft zu verschwinden.

Diese Fähigkeit beruht auf einer Kombination der unbestreitbaren Intelligenz des Wolfes, seinem geschickten und anpassungsfähigen Verhalten, dem Wissen, wann und wo Angriff, Rückzug oder Verstecken ratsam ist, und seiner Tarnfärbung. Diese ist typischerweise rostbraun, gelblich- oder graubraun im Gesicht und auf der Oberseite, häufig durchsetzt mit blasser werdenden grauen Sprenkeln oder schwach grau meliert, Kinn, Kehle, Flanken und Beine in helleren Grautönen. Dieses Äußere passt optisch in viele Lebensräume, von den kalten Wäldern und felsigen Hügeln im Norden bis zu den warmen, trockenen Busch- und Strauchlandschaften am Mittelmeer, und es eignet sich hervorragend für die Jagd auf die unterschiedlichsten Beutetiere, von Mäusen angefangen bis zu Rotwild und Schafen.

VERBREITUNG

- **TRIVIALNAMEN**
Wolf; wolf (Englisch); loup (Französisch); ujku (Albanisch); vlk (Tschechisch); lup (Rumänisch); hunt (Estnisch); ulv (Dänisch, Norwegisch); varg (Schwedisch); farkas (Ungarisch); kurt (Türkisch); volk (Russisch)

- **WISSENSCHAFTLICHER NAME**
Canis lupus lupus

- **GRÖSSE**
Kopf-Rumpf-Länge: 0,90–1,50 m
Schwanzlänge: 30–60 cm
Schulterhöhe: 50–80 cm
Gewicht: 20–75 kg (Männchen sind größer als Weibchen, es gibt auch Unterschiede innerhalb des Verbreitungsgebiets, siehe Text)

- **LEBENSRÄUME**
sehr variabel, von Wäldern bis zu offenen Graslandschaften, mit und ohne kleinere Gehölze, landwirtschaftlich genutzte Flächen, menschliche Siedlungen

- **ERNÄHRUNG**
ausgesprochener Allesfresser, von Früchten über Insekten, Würmer, Fische, Reptilien und Vögel bis hin zu großen Säugetieren wie Rotwild, Schafe und Rinder (wild lebende ebenso wie Haustiere), aber auch Aas und menschliche Abfälle oder Müll.

- **GEFÄHRDUNG LT. ROTER LISTE**
nicht gefährdet

EINE VARIABLE ERSCHEINUNG

Die Spezies Wolf als Ganzes ist extrem variabel. Im hohen Norden gibt es fast weiße Unterarten wie den Polarwolf, während andere eher rötlich sind. Sehr helle und fast schwarze Individuen kommen in den meisten Unterarten vor. Auch die Größe ist sehr unterschiedlich: Am größten werden Wölfe in nördlicheren oder kälteren Regionen, etwa der Tundrawolf mit 50 Kilogramm Gewicht, am kleinsten im warmen Süden, so der Arabische Wolf mit 20 Kilogramm. Diese Variationsbreite ist eine bekannte Eigenschaft von Tieren mit einem Verbreitungsgebiet in einer großen Nord-Süd-Ausdehnung.

▶ Von vorne kann man die feinen Abstufungen von Grau, Braun, Creme und Weiß gut erkennen, die den Wolf zwischen Baumstämmen, Ästen, Zweigen, Laub und Schnee im Wald einer mitteleuropäischen Winterlandschaft verschwinden lassen.

Pardelluchs

ZURÜCK AUF DER SICHEREN SEITE

Von den 37 verschiedenen Vertretern (Spezies) der Katzen-Familie (Felidae) tragen zwei Drittel im Erwachsenenalter Tupfen, Flecken oder Streifen. Beim Pardelluchs sind die meist dunkelgrauen bis schwarzen Markierungen klein, zahlreich und ein bisschen verwaschen. Die Grundfarbe des Fells ist loh- oder sandfarben und wird zur Bauchseite hin schnell heller. Dieses raffinierte Arrangement tarnt die Katze hervorragend, wenn sie im Dämmerlicht durch ihren bevorzugten Lebensraum streift – trockenes Buschland mit dichten Sträuchern und kleinen Gehölzen und dazwischen einzelne Grasbüschel und krautige Stauden.

VERBREITUNG

- **TRIVIALNAMEN**
  Iberischer Luchs; Iberian lynx, pardel lynx (Englisch); lince español, lince ibérico, gato ibérico (Spanisch, Portugiesisch)

- **WISSENSCHAFTLICHER NAME**
  Lynx pardinus

- **GRÖSSE**
  Länge (von der Schnauzen- bis zur Schwanzspitze): 85–100 cm
  Schulterhöhe: 45–60 cm
  Gewicht: 8–14 kg

- **LEBENSRÄUME**
  Wälder, Grasland, Weiden, Macchie (mediterrane Landschaft mit immergrünen dichten Büschen und Sträuchern)

- **ERNÄHRUNG**
  Kaninchen (bei Weitem das häufigste Beutetier), andere kleine bis mittelgroße Säugetiere von Ratten bis zu jungem Rotwild, auch Vögel wie Enten und Wachteln

- **GEFÄHRDUNG LT. ROTER LISTE**
  stark gefährdet

INTENSIVE SCHUTZBEMÜHUNGEN

Der Pardelluchs ist eine von vier Luchs-Spezies. Sie alle haben lange Beine und einen kurzen Schwanz mit schwarzer Spitze, Ohrpinsel und einen weißen Backenbart, der beim Pardelluchs mit den beiden lang ausgezogenen Spitzen besonders auffällig ist. Auf die Jagd geht er zumeist in der Dämmerung, und seine bevorzugte Beute sind Kaninchen. Aufgrund verschiedener Kaninchenkrankheiten wurde diese Futterquelle knapp, außerdem schrumpften Lebensraum und Verbreitungsgebiet des Luchses durch Landwirtschaft und andere Inanspruchnahme durch den Menschen immer mehr. Weitere Gefahren drohten ihm durch Straßen und meist illegal aufgestellte Fallen für Füchse und Kaninchen. Bestandserhebungen fanden im Jahr 2000 weniger als 100 Exemplare in nur zwei Regionen im Südwesten der Iberischen Halbinsel.

Auf diesen alarmierenden Befund reagierten Spanien und Portugal mit intensiven Schutzanstrengungen, darunter auch die Wiederherstellung von natürlichen Lebensräumen. Andere Staaten stellten Tiere aus Erhaltungszuchten für die Auswilderung zur Verfügung. Innerhalb von 20 Jahren wuchs die Population des Pardelluchses auf geschätzt 400 Exemplare. Auch die wiederhergestellten Habitate wachsen weiter. Nichtsdestoweniger gehört der Pardelluchs weiter zu den weltweit am stärksten gefährdeten Katzenarten.

IN ARGER BEDRÄNGNIS

Zu den Luchsen gehören außer dem Pardelluchs der Eurasische Luchs (der größte Vertreter der Gattung), der Kanadaluchs und der ebenfalls in Nordamerika heimische Rotluchs (der kleinste der Gruppe). Diese drei Arten werden auf der Roten Liste der bedrohten Tierarten als „nicht bedroht" geführt. Dennoch schrumpfen die Bestände aufgrund verschiedener menschlicher Aktivitäten, von der nicht enden wollenden Ausdehnung land- und forstwirtschaftlich genutzter Flächen bis hin zur Jagd wegen angeblicher Angriffe auf Nutztiere.

◀ Der Pardelluchs liebt abwechslungsreiche Lebensräume mit Felsen, Bäumen, Sträuchern, Gräsern und krautigen Pflanzen. Die im 20. Jahrhundert im großen Stil angelegten Monokulturen von Bäumen und anderen Nutzpflanzen führten zur Habitathomogenisierung, dadurch verschwanden mehr als 80 Prozent dieser gemischten Landschaftstypen.

Wisent

TIEF IM SCHATTEN

Der Wisent ist das größte in Europa heimische, landlebende Tier. Sein anderer Name ist Europäischer Bison, und der verrät, dass es sich um einen nahen Verwandten des Amerikanischen Bisons oder „Büffels" handelt. Trotz seiner beeindruckenden Größe und einem Körpergewicht von gut einer Tonne ist es überraschend schwer, einen Wisent in seinem natürlichen Lebensraum, Misch- und Laubwäldern, zu entdecken.

VERBREITUNG

Ursprüngliche Restpopulation

- **TRIVIALNAMEN**
  Wisent, Europäischer Bison; European bison (Englisch); zubr (Polnisch)
- **WISSENSCHAFTLICHER NAME**
  Bison bonasus
- **GRÖSSE**
  Kopf-Rumpf-Länge: 2,30–3,30 m
  Schulterhöhe: 1,70–2,00 m
  Gewicht: 500–1000 kg (Männchen sind größer als Weibchen)
- **LEBENSRÄUME**
  ausgedehnte Laub- und Mischwälder mit Lichtungen und offenen Flächen mit Gras und anderem niedrigem Bewuchs
- **ERNÄHRUNG**
  Süßgräser, Sauergräser, krautige Pflanzen, Blätter, Triebe, Zweige, Rinde
- **GEFÄHRDUNG LT. ROTER LISTE**
  potenziell gefährdet

Eine typische Wisentherde zählt 5–15 Tiere. Anekdoten aus alter Zeit, als die Wisente noch nicht daran gewöhnt waren, dass Menschen sich ihnen in friedlicher Absicht näherten, berichten, wie die Tiere reagierten, wenn ein Herdenmitglied die mögliche Gefahr entdeckt hatte: Die ganze Gruppe bewegte sich ruhig und ohne Eile von einem Stück offenen Graslands, wo sie geweidet hatte, in einen Bereich mit Bäumen, einem geschlossenen Blätterdach und tiefem Schatten. Dort verschmolzen die braunen Leiber nahtlos mit den Baumstämmen und der niedrigeren Strauchschicht. Die Wisente blieben regungslos stehen, lauschten, beäugten die Umgebung, versuchten, Witterung aufzunehmen, um eine mögliche nahende Bedrohung auszumachen.

LANGSAME ERHOLUNG

Was könnte ein so großes, mächtiges Tier bedrohen? Früher könnte das ein Wolfsrudel gewesen sein, ein Braunbär oder ein Kaspischer Tiger, bevor diese Unterart des Tigers vermutlich in den 1970er Jahren ausstarb.

In neuerer Zeit war der einzige Feind des Wisents der Mensch. Er tötete ihn wegen seines Fleischs, seines Fells, seiner Knochen und Sehnen, für Trinkhörner und Trophäen sowie als „Strafe" für das Niedertrampeln von bewirtschafteten Feldern. Das einstmals riesige Verbreitungsgebiet des Wisents – fast alle bewaldeten Regionen Nordeuropas – schrumpfte zusammen auf einige wenige Restpopulationen im Urwald von Białowieża im polnisch-belarusischen Grenzgebiet. Seine prekäre Lage wurde Anfang des 20. Jahrhunderts erkannt, und seit in den 1930er Jahren konzertierte Schutzbemühungen einsetzten, beginnt die Zahl der Wisente wieder zuzunehmen.

◀ Wenn der Herbst in den Winter übergeht, werden die Laubwälder licht, und die Wisente können sich nicht mehr in den Schatten des Blätterdachs verbergen. Doch auch die trockenen Blätter, Baumstämme und Baumstümpfe liefern einen Hintergrund, mit dem die Farbe der Wisentfelle harmoniert.

ERFOLGREICHE SCHUTZBEMÜHUNGEN

Sporadische Versuche, den Wisent zu schützen, gab es bereits im 16. Jahrhundert. Doch in weiten Bereichen seines Verbreitungsgebiets verstanden die Menschen die Notwendigkeit nicht – insbesondere dann nicht, wenn sie arm waren – und jagten die Tiere weiterhin. Um das Jahr 1920 wurden die Schutzbemühungen wissenschaftlicher, koordinierter und von Informationskampagnen begleitet. Im Urwald von Białowieża entstand ein Wisent-Schutzgebiet, die Tiere wurden engmaschig medizinisch untersucht und mit Heu und anderen ergänzenden Nährmitteln versorgt. Ihre Population stieg von einer Handvoll in Gefangenschaft lebender Tiere auf über 7000 in 20 Ländern. Auf der Roten Liste von 1996 stand der Wisent als „stark gefährdet", 2008 rückte er in die Kategorie „gefährdet" auf und 2020 in die Kategorie „potenziell gefährdet".

4
Afrika

Singzikade

UNSICHTBARER DAUERZIRPER

Das ständige, laute Zirpen von Zikaden ist typisch für die wärmeren Weltregionen, vor allem nach Sonnenuntergang, doch zu sehen sind die Tiere so gut wie nie. Zikaden gehören zu den Insekten, genauer zu den Schnabelkerfen (Hemiptera), wie z. B. auch die Pflanzenwanzen, und wie diese ernähren sie sich von Pflanzensäften. Die meisten der über 3000 Zikaden-Arten haben einen gedrungenen Körper, einen großen Kopf mit zwei hervortretenden, weit auseinanderliegenden Augen und lange Vorderflügel, die ein gutes Stück über das Hinterende hinausragen. Häufig sind diese Insekten so gefleckt, getupft oder gesprenkelt, dass sie völlig mit der Rinde ihrer Lieblingsbäume zu verschmelzen scheinen.

FENSTER-FLÜGEL

Zikaden der Gattung *Platypleura* (der Name bedeutet „breite Brust") sind mit über 60 Spezies weit verbreitet, insbesondere in Afrika, aber teilweise auch in Asien. Zu ihren Nahrungsbäumen gehören verschiedene Akazien, Mimosen und Caesalpinien. Für Zikaden sind sie relativ klein, die langen Vorderflügel sind dünn und flexibel und haben bei manchen Arten durchsichtige Zonen. Die Größe dieser „Fenster" variiert von Art zu Art. Die Färbung des restlichen Flügels passt normalerweise zur Rinde des Baumes, auf dem die Zikade sitzt, und durch die „Fenster" sieht der Betrachter die Rinde oder den ähnlich gefärbten Körper. Das alles trägt zur Tarnung bei.

Bei der im Südosten des afrikanischen Kontinents heimischen Zikade *Platypleura haglundi* variiert die Färbung der Vorderflügel innerhalb ihres Verbreitungsgebiets von Nord nach Süd – je trockener das Klima wird – von fast schwarz über grün-braun gesprenkelt bis braun gesprenkelt.

VERBREITUNG

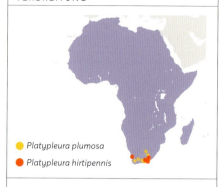

- *Platypleura plumosa*
- *Platypleura hirtipennis*

- **TRIVIALNAMEN**
  Orange-winged cicada, ochre-winged cicada (Englisch); icicada (Zulu)

- **WISSENSCHAFTLICHER NAME**
  Platypleura haglundi, eine von etwa 65 Spezies der Gattung *Platypleura* (Familie Cicadidae, Singzikaden)

- **GRÖSSE**
  Körperlänge: bei den meisten Arten 15–25 mm
  Flügelspannweite: 40–60 mm

- **LEBENSRÄUME**
  Wälder und Gehölze mit geeigneten Nahrungspflanzen, wie z.B. Akazien

- **ERNÄHRUNG**
  Pflanzensäfte

- **GEFÄHRDUNG LT. ROTER LISTE**
  nicht beurteilt

EIN FARBBLITZ

Wie viele Insekten haben Zikaden zwei Flügelpaare. Die langen Vorderflügel besitzen zum Teil Fenster und passen ansonsten farblich zur Baumrinde. Wie kommt eine Zikade dann zum englischen Namen „orange-winged cicada"? Die Antwort wird klar, wenn man die Zikade stört und sie wegfliegt. Sobald sich die Vorderflügel öffnen, werden die kräftig gelb, rot oder orange gefärbten Hinterflügel sichtbar. Dieser plötzliche, unerwartete Farbblitz genügt häufig, um einen möglichen Fressfeind, einen Vogel oder eine Eidechse, zu verwirren oder abzuschrecken.

▶ Die Vorderflügel der Zikade besitzen Adern, Muster und Flächen in Grün, Braun und Creme und ähneln so der Rinde vieler Bäume. Die kräftig gefärbten Hinterflügel sind unter den Vorderflügeln verborgen. Wenn sie mit ihren großen Augen ein sich näherndes Objekt bemerkt, hört die Zikade sofort auf zu zirpen, damit sie nicht über das Geräusch geortet werden kann.

Geistermantis

WIE EINE HANDVOLL TROCKENE BLÄTTER

Die Geistermantis oder wissenschaftlich *Phyllocrania paradoxa* (deutsch etwa: widersprüchlicher Blattkopf) glänzt durch dezente Extravaganz – sogar in der an sich schon außergewöhnlichen Ordnung der Fangschrecken (Mantodea). Selbst wenn man sie endlich zwischen alten Blättern entdeckt hat, fällt es schwer, die einzelnen Körperteile zu identifizieren.

Dürre Blätter werden gerne zu Tarnungszwecken imitiert, da sie sogar von Pflanzenfressern verschmäht werden. Die Geistermantis trägt an allen ihren Körperteilen Anhänge, die an ein verdorrtes Blatt erinnern: von den Flügeln über die Körperseiten bis zu den dornenbewehrten Vorderbeinen.

EINFLUSS DER FEUCHTIGKEIT

Die Geistermantis ist normalerweise einfarbig braun, mit dem ganzen Spektrum von dunkelbraun bis hellbraun, dazu kommen Linien, die wie Blattadern aussehen, kleine Tupfen und Sprenkel, die den Blatteindruck verstärken. Daneben gibt es Individuen, die blassbraun, grünbraun oder graubraun gefärbt sind. Sie kommen meist in etwas feuchteren Umgebungen vor, etwa im Tiefland oder in Wäldern. Dort sind die Blätter eher grün, der Übergang nach Braun verläuft langsamer, und wenn sie braun sind, zersetzen sie sich schnell und zerfallen. Daher ist es für die Mantis dort besser, einen Hauch von Grün aufzulegen als ganz in Braun aufzutreten.

Die Färbung der Geistermantis ist vor allem eine Tarnung für den Beutefang, da sie reglos im Geäst sitzt und darauf wartet, dass ein potenzielles Mahl in Reichweite ihrer blitzschnell zupackenden Fangbeine vorbeikommt. Und doch dient die Tarntracht auch ihrem eigenen Schutz, denn für eine Mantis ist sie relativ klein und so immer in Gefahr, von Vögeln, Eidechsen oder anderen Insektenfressern verspeist zu werden.

VERBREITUNG

- **TRIVIALNAMEN**
  Geistermantis; ghost mantis, dead-leaf mantis (Englisch)

- **WISSENSCHAFTLICHER NAME**
  Phyllocrania paradoxa

- **GRÖSSE**
  Länge: 4–5 cm

- **LEBENSRÄUME**
  verschieden, meist in warmen bis heißen Vegetationszonen, u.a. Büsche, Sträucher, lichte Wälder

- **ERNÄHRUNG**
  kleine Insekten wie Fliegen, kleine Heuschrecken und Grillen

- **GEFÄHRDUNG LT. ROTER LISTE**
  nicht beurteilt

EIN UNGEWÖHNLICHER KOPFPUTZ

Zu den merkwürdigsten Attributen der Geistermantis gehört die hohe, hutähnliche Kopfverlängerung, die ebenso zerknittert und unsymmetrisch daherkommt wie der Rest ihrer Tarntracht. Ein Kopf, der nicht aus zwei spiegelsymmetrischen Hälften besteht, ist im Tierreich ziemlich ungewöhnlich, und diese „Blattkrone" trägt viel dazu bei zu verhindern, dass der Umriss des Tieres erkannt wird.

◄ Alle Körperteile der Geistermantis sehen wie Stücke eines verdorrten Blattes aus. Lediglich an den beiden relativ kurzen Fühlern (hier unten im Bild) kann man erkennen, wo vorne und wo hinten ist.

► Nahaufnahme des Kopfes mit dem verdrehten, unregelmäßig geformten Auswuchs, der auch als Krone bezeichnet wird.

Buntbarsch

TOT ODER SCHEINTOT, DAS IST HIER DIE FRAGE

Die Buntbarsche der Gattung *Nimbochromis* stammen ursprünglich aus dem Malawi-See (Njassa-See) in Ostafrika oder angrenzenden Gewässern. Im Englischen werden die Vertreter dieser Gattung als Schläfer (*sleeper*) bezeichnet, weil sie sich manchmal flach auf den Seegrund legen, als würden sie schlafen. Wenn sich kleinere Fische nähern, um die Sache zu untersuchen, wird der vorgebliche Schläfer blitzschnell aktiv und versucht, sie sich zu schnappen.

VERBREITUNG

- **TRIVIALNAMEN**
  Leopardmaulbrüter, Rüsselmaulbrüter, Goldstirnmaulbrüter, Pfauenmaulbrüter, Vielfleckmaulbrüter; sleeper fish, fusco hap, spothead hap, elephant-nosed hap, Linn's hap, giraffe hap (Englisch); kalingo, kalingono (Bantu-Dialekt); chingwe (Tumbuka-Dialekt)

- **WISSENSCHAFTLICHER NAME**
  Zur Gattung *Nimbochromis* gehören 5 Arten: *N. fuscotaeniatus*, *N. linni*, *N. venustus*, *N. polystigma*, *N. livingstonii*

- **GRÖSSE**
  Länge: 20–35 cm
  Gewicht: 150–250 g

- **LEBENSRÄUME**
  verschiedene innerhalb des Malawi-Sees und angrenzender Gewässer

- **ERNÄHRUNG**
  kleinere Fische und sonstige Tiere

- **GEFÄHRDUNG LT. ROTER LISTE**
  nicht gefährdet, mit Ausnahme von *N. fuscotaeniatus*, der als gefährdet gilt

Farben und Muster dieser Buntbarsche ähneln sich. *N. livingstonii* besitzt eine Zeichnung mit großen unregelmäßigen dunkelbraunen oder braungrauen Flecken, ähnlich wie eine Giraffe. Beim Vielfleckmaulbrüter (*N. polystigma*) sind die Flecken in breiten, unterbrochenen waagrechten Bändern angeordnet. Der Goldstirnmaulbrüter (*N. venustus*) ist von der Grundfarbe her eher gelb, bei ihm bilden die Flecken breite, unterbrochene senkrechte Streifen. Das Äußere der verschiedenen Arten steht im Zusammenhang mit dem jeweiligen Mikrohabitat im See, z. B. üppige Vegetation im Flachwasser oder in der Tiefe, wo der Boden sandig, steinig oder beschattet sein kann.

PLÖTZLICH QUICKLEBENDIG

Ein lebender Fisch, der auf der Seite liegt, ist sehr ungewöhnlich, die Seitenlage spricht eher für einen toten Fisch. Wenn die Buntbarsche diese Position einnehmen, können sie zusätzlich noch ihre Färbung „dämpfen", das verstärkt den Eindruck, das betreffende Tier sei krank oder tot. Diese Form der Mimikry als Aas lockt andere Fische an, die auf der Suche nach einer leichten Mahlzeit sind – und schließlich selbst zu einer werden. Manchmal lauern die Schläfer auch in Pflanzen oder zwischen Steinen, wo das grobfleckige Tarnmuster den Umriss der Fischgestalt optisch auflöst.

LIEBLING, HAST DU DIE KINDER VERSCHLUCKT?

Die Familie der Buntbarsche (Cichlidae) umfasst mehr als 2000 Arten, die vor allem in Afrika und in Südamerika leben. Sie sind bekannt für ihre Brutvorsorge, etwas, das bei Fischen sonst selten vorkommt. Die Art und Weise, wie sie das tun, findet sich in vielen ihrer deutschen Namen wieder: Sie sind Maulbrüter. Das Weibchen nimmt seine etwa 100 Eier ins Maul, und wenn die Jungen schlüpfen, schwimmen sie hinaus, um zu fressen, kehren jedoch beim geringsten Anzeichen von Gefahr wieder in ihren sicheren „Hafen" zurück. Während dieser Zeit (zwei bis drei Wochen) verzichtet das Weibchen auf Nahrungsaufnahme.

▶ (Oben) Wenn er sich nicht gerade tot stellt und am Seegrund liegt, versteckt sich der Vielfleckmaulbrüter (*N. polystigma*), hier ein Weibchen, auch gerne zwischen Steinen und Schilfrohr. Seine Färbung sorgt für eine gute Tarnung, sodass er kleinen Fischen auflauern kann.

▶ (Unten) Zur Paarungszeit gibt *Nimbochromis livingstonii* seine Tarntracht auf und legt ein farbiges Hochzeitskleid an, um Weibchen anzulocken. Es ist ein schmaler Grat zwischen Sichsehenlassen, um eine Partnerin zu finden, und Gesehenwerden, um in einem gefräßigen Maul zu landen.

Goliathfrosch

DER GRÖSSTE MIT DEM KLEINSTEN

Froschlurche (Anura) sind Amphibien ohne Schwanz, zu ihnen gehören Frösche und Kröten. Der massige Goliathfrosch ist sowohl der größte Froschlurch der Welt als auch einer von denen mit dem kleinsten Verbreitungsgebiet. Mit ausgestreckten Beinen und gespreizten Zehen misst er bis zu 75 Zentimeter. Der Goliathfrosch kommt nur in einem sehr kleinen Areal in Westafrika vor, wo er wegen seines Fleisches, für Trophäen und für den Tierhandel verfolgt wird. Außerdem machen ihm massive Habitatverluste durch die Abholzung des Regenwalds, Wasserverschmutzung und die Kanalisierung von Wasserläufen zu schaffen.

VERBREITUNG

- **TRIVIALNAMEN**
  Goliathfrosch; Goliath frog, Goliath bullfrog (Englisch); grenouille géante (Französisch)

- **WISSENSCHAFTLICHER NAME**
  Conraua goliath

- **GRÖSSE**
  Kopf-Rumpf-Länge: 30–35 cm
  Gewicht: 2–3,5 kg

- **LEBENSRÄUME**
  schnell fließende Gewässer im tropischen Regenwald

- **ERNÄHRUNG**
  alle Tiere geeigneter Größe, die sich am oder im Wasser finden lassen, u.a. Würmer, Insekten, Muscheln, Fische, auch kleinere Amphibien, Reptilien, Vögel und Säugetiere

- **GEFÄHRDUNG LT. ROTER LISTE**
  stark gefährdet

EIN GLÄNZENDER STEIN IM WASSER

Wenn der Goliathfrosch seine Beine unter den Körper zieht, wirkt er – trotz seiner Größe – auf den ersten Blick wie ein glänzender, von Wasser benetzter, fußballgroßer Stein im Flussbett. Der breite Körper, die gerundete Rückenlinie und die kleinen Unebenheiten der Haut tragen ebenso dazu bei wie die Färbung. Diese ist dunkelgrün, manchmal mit einem Hauch von Oliv, Braun oder mattem Orange auf der Oberseite; auf dem Rücken befinden sich manchmal Andeutungen von dunklen Flecken und auf den Beinen unregelmäßige, kreuz und quer verlaufende Linien. Eine bewundernswerte Tarnung zwischen üppig wuchernden Wasserpflanzen und Steinen mit feuchtem Moos- und Algenbewuchs. Die Unterseite des Frosches kommt in blassem Grünlichgelb daher.

Was ihn am ehesten als Frosch verrät, sind die Augen. Die haben einen Durchmesser von 2,5 Zentimeter und damit etwa die Größe menschlicher Augen. Dem nachtaktiven Frosch ermöglichen sie eine gute Sicht sowohl im Wasser als auch im dämpfigen Unterwuchs entlang des Flussufers, wo er sich alles Getier schnappt, das er erwischen kann.

WÄHLERISCHE JUGEND

Erwachsene Frösche und Kröten sind Fleischfresser, und der Goliathfrosch packt und schluckt die unterschiedlichsten Beutetiere. Seine Jungen jedoch, die Kaulquappen, ernähren sich rein vegetarisch. Mehr noch, sie fressen nur eine einzige Pflanzenart, eine Wasserpflanze aus der Familie der Podostemaceae, die auf Steinen in schnell fließenden Wasserläufen und unter Wasserfällen wächst. Möglicherweise beschränkt das Vorkommen dieser speziellen Pflanze auch das Verbreitungsgebiet des Frosches.

◀ Der Goliathfrosch geht problemlos als feuchter, von Algen bedeckter Stein in einem Flussbett durch. Besonders gerne hält er sich in schnellen Flussläufen, Stromschnellen und unter Wasserfällen auf, wo es sprüht und spritzt und die Luftfeuchtigkeit hoch ist.

▶ Aber auch in tieferen, langsamer fließenden Gewässern und Tümpeln kann man den Goliathfrosch mit seinem runden Kopf und dem leicht gewölbten Rücken mit einem großen Stein verwechseln.

Gespenst-Plattschwanzgecko

DAS PHANTOM VON MADAGASKAR

Diese kleine, kaum einen Finger lange Echse ist in einem kleinen Areal im Osten von Madagaskar zuhause. Vom Festland Afrikas und Indiens seit fast 90 Millionen Jahren isoliert, hat sich die Insel zu einem faszinierenden Hotspot der Artenvielfalt entwickelt: Hier brachte die Evolution einige der außergewöhnlichsten und traurigerweise heute auch am stärksten bedrohten Pflanzen und Tiere hervor.

VERBREITUNG

In den madagassischen Wäldern leben etwa 20 Arten (Spezies) des Plattschwanzgeckos (manchmal auch Blattschwanzgecko genannt). Die Art *U. phantasticus* gehört zu den kleinsten und ist hervorragend als totes Blatt getarnt. Der Körper in matten Brauntönen, manchmal mit einem Hauch Orange oder Gelb, Flecken und Tüpfeln, weist geschwungene Linien auf, die an die Adern eines toten Laubblatts erinnern. Der dreieckige Kopf und der lang gestreckte flache Körper samt Schwanz sind gebogen wie ein sich einrollendes, zerfallendes Blatt. Manche Stellen, vor allem am Schwanz, sehen aus wie von einer Raupe angeknabbert oder wie bereits verrottet und abgefallen.

EIN BLATT UNTER BLÄTTERN

Tagsüber hält sich dieser Gecko zwischen toten oder absterbenden Blättern auf, insbesondere an Stellen, wo Äste oder Zweige abgebrochen und die Blätter nicht länger mit Nährstoffen versorgt sind, sodass sie abzusterben beginnen. Normalerweise mit dem Kopf nach unten hängend oder sitzend lässt er seinen Körper oder seinen Schwanz in einer leichten Brise hin und her schaukeln, genau wie es die dürren Blätter in seiner Umgebung tun. Nachts verwandelt sich der Gespenst-Plattschwanzgecko in einen scharfäugigen Jäger von Insekten, Spinnen und anderem Kleingetier. Mithilfe seiner gespreizten Haftzehen bewegt er sich an Baumstämmen und Ästen entlang, manchmal steigt er sogar auf den Waldboden hinunter, wo seine Tarnung noch besser funktioniert.

- **TRIVIALNAMEN**
  Gespenst-Plattschwanzgecko; satanic leaf-tailed gecko, phantastic leaf-tailed gecko
- **WISSENSCHAFTLICHER NAME**
  Uroplatus phantasticus
- **GRÖSSE**
  Länge: 7–9 cm
  Gewicht: 20–30 g
- **LEBENSRÄUME**
  Regenwälder verschiedener Höhenlagen
- **ERNÄHRUNG**
  Insekten, Schnecken, Würmer und andere kleine Tiere
- **GEFÄHRDUNG LT. ROTER LISTE**
  nicht gefährdet

SCHRECKVERTEIDIGUNG

Wenn der Gespenst-Plattschwanzgecko belästigt wird, hat er – wie die anderen Vertreter seiner Gattung – eine unangenehme Überraschung parat. Er biegt seinen Schwanz nach oben und über den Rücken wie ein Skorpion, hebt den Kopf, öffnet sein breites Maul und präsentiert dessen grell rosa-rot-orangefarbenes Inneres. Dazu stößt er einen Laut aus, der wie das Zischen einer Schlange gepaart mit dem Heulen eines menschlichen Babys klingt.

▶ Die Ähnlichkeit zwischen den hervortretenden Blattrippen eines verdorrten Blattes und den erhabenen, blassen Linien auf dem Körper des kleinen Geckos ist verblüffend.

◀ Kopf hoch! Ein beunruhigter Gecko öffnet gerade sein Maul mit der grellfarbigen Innenseite. Ein derartiger „Farbblitz" kann einen möglichen Angreifer zum Stutzen bringen – und der Echse Zeit zum Verschwinden geben.

Pantherchamäleon

EIN WUNDER DER WANDLUNGSFÄHIGKEIT?

Vermutlich wird keine Tiergruppe stärker mit Tarnung in Verbindung gebracht als Chamäleons. Von diesen Eidechsen sind über 200 Arten (Spezies) bekannt, die vor allem auf dem afrikanischen Festland und ein paar davor liegenden Inseln, in Südeuropa und Westasien vorkommen. Doch was ihre Fähigkeiten zur Tarnung angeht, gibt es einige Missverständnisse.

Anders als als dem Pantherchamäleon nachgesagt wird, kann es seine Farbe nicht fast jedem beliebigen Hintergrund anpassen. Es stimmt zwar, dass Chamäleons ihr Aussehen ändern können, allerdings nur im Rahmen ihrer genetisch vorgegebenen Färbung. Und die Gründe für die Farbänderung sind komplex.

Ein Grund sind soziale Signale, das heißt visuelle Botschaften, die etwa zur Paarungszeit an rivalisierende Männchen oder mögliche Partnerinnen gerichtet werden oder an einen Eindringling in das Revier des Chamäleons. Ein anderer Grund ist die Temperaturregelung. Ein Chamäleon kann dunkler werden, um bei kühlerer Temperatur mehr Sonnenwärme aufzunehmen, oder heller, um sich vor Überhitzung zu schützen. Die Farben verändern sich auch mit den Lichtverhältnissen und mit dem allgemeinen Ernährungs- und Gesundheitszustand des Chamäleons.

Weibliche Pantherchamäleons sind mehr oder weniger einfarbig blassgrün, pink, orange, lohfarben oder braun. Bei Männchen findet man eine große Bandbreite leuchtender Farben und Markierungen, die von ihrem geografischen Vorkommen abhängen und vererbt werden. Tiere von der Insel Nosy Bé vor der Nordwestküste Madagaskars sind besonders farbenprächtig mit smaragdgrünen und türkisfarbenen Körpern. Im Nordosten von Madagaskar ist Pink die vorherrschende Farbe, oft mit einem gelblichen Seitenstreifen, aber es gibt auch Varianten in Dunkelgrün, Braun, Orange und Rot. Dazu kommen unendlich viele verschiedene Streifen, Bänder, Linien, vor allem am Kopf, und Beine und Schwänze, die aussehen als gehörten sie zu einem anderen Chamäleon. Unter Umständen hat also die äußere Erscheinung eines Chamäleons herzlich wenig mit Tarnung zu tun.

CHAMÄLEONS MIT TARNUNG
Wie Chamäleons ihre Farbe ändern (siehe S. 9), wird vor allem an Pantherchamäleons erforscht. Diese Chamäleons sind relativ groß und kräftig und weniger in Gefahr, von anderen Tieren gefressen zu werden; darum stellen knallige Farben für sie weniger ein Problem dar. Kleinere Arten, wie die Vertreter der Gattung *Brookesia* (von denen manche nicht länger sind als das Wort „Chamäleon"), haben da mehr zu befürchten und verfügen über die übliche meisterhafte Tarnung – meist als totes Blatt.

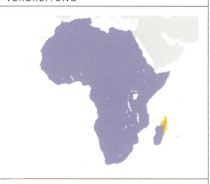

VERBREITUNG

- **TRIVIALNAMEN**
Pantherchamäleon; panther chameleon, parder chameleon (Englisch); verkleurmannetjie (Afrikaans); bilimankhwe (Chichewa); tana, kandrondro (madagassische Dialekte)

- **WISSENSCHAFTLICHER NAME**
Furcifer pardalis

- **GRÖSSE**
Gesamtlänge: 30–50 cm
Gewicht: 60–180 g (Männchen sind größer als Weibchen)

- **LEBENSRÄUME**
Wälder, vor allem Waldränder und Lichtungen

- **ERNÄHRUNG**
Insekten und andere kleine Tiere

- **GEFÄHRDUNG LT. ROTER LISTE**
nicht gefährdet

▶ (Von oben im Uhrzeigersinn) Für die großen Männchen der Pantherchamäleons ist Farbe wichtiger als Tarnung, denn Farbenpracht bedeutet, von Weibchen wahrgenommen zu werden und sich erfolgreich fortpflanzen zu können. Die Weibchen sind in der Regel weniger auffällig. Die wesentlich kleinere Brookesie dagegen hält die Tarnung als Blatt für die bessere Strategie.

Baumnatter

DÜNN, ABER TÖDLICH

Baum- oder Vogelnattern sind, was ihre Tarnung angeht, die Reptilien-Gegenstücke zu den Stab- oder Gespenstschrecken (Ordnung Phasmatodea) bei den Insekten, allerdings mit ein paar entscheidenden Unterschieden: Ihnen fehlen die sechs Beine, die bei den Stabschrecken kleine seitliche Verzweigungen imitieren. Eine Baumnatter präsentiert sich als langer, dünner Ast.

Außerdem kann der Biss einer Stabschrecke keinen Menschen töten. Genau genommen bemerkt man diesen nicht einmal. Dagegen kann der Biss einer Baumnatter tödlich sein. Dieses extrem schlanke afrikanische Reptil besitzt zwei Giftzähne hinten im Kiefer.

MIT LEICHTEM SCHWUNG

In der Gruppe der Baumnattern (Gattung *Thelotornis*) gibt es mehrere Arten. Sie alle werden im Schnitt einen Meter lang und sind dabei nicht dicker als ein menschlicher Daumen. Alle leben in Afrika und fast ausschließlich auf Bäumen. Ihre Färbung ist grau und braun in allen Schattierungen, mit wie zufällig darüber gestreuten Sprenkeln, Streifen, Flecken und anderen Zeichnungen. Mit ihrem Verhalten unterstreichen diese Schlangen ihre astähnliche Gestalt noch zusätzlich. Von einem Baumstamm oder einem größeren Ast aus reckt eine Baumnatter ihren Vorderkörper relativ gerade in die Luft – und das in einem Winkel wie die anderen Äste und Zweige in ihrer Nähe. Außerdem bewegt sie sich wie diese leise im Wind.

Von ähnlichem Aussehen, aber nicht enger mit den Baumnattern verwandt sind die südamerikanischen Spitznattern (Gattung *Oxybelis*, siehe S. 56–57) und die srilankischen Peitschennattern (Gattung *Ahaetulla*). Im Englischen werden diese Schlangen ebenfalls als „bird snakes" bezeichnet, obwohl kleine Vögel nicht ihre Hauptbeute sind. Meistens jagen sie baumlebende Eidechsen, kleine Schlangen, Baumfrösche, Mäuse und andere kleine Säugetiere.

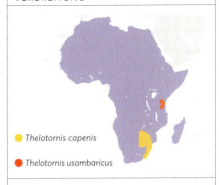

VERBREITUNG

- Thelotornis capenis
- Thelotornis usambaricus

- **TRIVIALNAMEN**
  Graue Baumnatter, Lianennatter, Südafrikanische Baumnatter, Kap-Vogelnatter; forest twig snake, Cape twig snake, savannah twig snake, Usambara vine snake, bird snake (Englisch)

- **WISSENSCHAFTLICHER NAME**
  Gattung *Thelotornis* mit vier Arten (Spezies): *T. kirtlandii*, *T. capensis*, *T. usambaricus*, *T. mossambicanus*

- **GRÖSSE**
  Länge: 1,00–1,50 m
  Gewicht: 0,5–1,5 kg

- **LEBENSRÄUME**
  Wälder, Gehölze, Sträucher

- **ERNÄHRUNG**
  kleine Reptilien, Amphibien, Vögel und Säugetiere

- **GEFÄHRDUNG LT. ROTER LISTE**
  je nach Art verschieden, z.B. „gefährdet" für *T. usambaricus*, „nicht gefährdet" für *T. capensis*

BEREIT ZUM ZUSCHLAGEN

Die Baumnatter ist normalerweise vorsichtig und zieht sich angesichts einer möglichen Gefahr zurück. Doch wenn sie sich bedroht fühlt, geht sie sofort in den Angriffsmodus über. Dann bläht sie ihre Kehle auf und öffnet ihr Maul so weit, dass man die Giftzähne im hinteren Teil des Kiefers sehen kann. Wenn der Gegner nicht weicht, beißt die Schlange schnell und fest zu. Auf diese Weise kann sie sich gegen Tiere zur Wehr setzen, die hundert Mal größer sind.

◀ Ein langer schmaler Kopf, der in einen ebensolchen Hals übergeht, der sich in einem ebensolchen Körper fortsetzt bis zum Schwanz. Über ihre gesamte Länge verändert sich der Durchmesser der Grauen Baumnatter (*T. kirtlandii*) kaum, das dient ihrer Tarnung.

▶ Das Aufblähen der Kehle ist eine typische Verteidigungsreaktion von Schlangen und ein erstes Warnsignal. Diese Südafrikanische Baumnatter (*T. capensis*) wird gleich ihr Maul öffnen und ihre Giftzähne präsentieren.

Afrika-Zwergohreule

WIE EIN STÜCK BAUMRINDE

Die über 50 Arten (Spezies) der Zwergohreule kommen in weiten Teilen Afrikas sowie in Ost- und Südostasien vor. Dabei handelt es sich im Allgemeinen um kleine bis mittelgroße Eulen: Selbst die größte, die Rotohreule, misst von der Schnabel- bis zur Schwanzspitze nur 30 Zentimeter, während es die Sokoko-Zwergohreule noch nicht einmal auf die Hälfte bringt.

Zwergohreulen leben vor allem in Wäldern sowie Busch- und Strauchlandschaften mit offenen Bereichen, wo sie von Bäumen herabstoßen können, um Beutetiere am Boden oder auch in der Luft zu packen. Ihre relativ kurzen Flügel eignen sich gut für schnelle Wendungen und Drehungen im Flug, weniger fürs Gleiten oder Schweben in der Thermik. Ihre Färbung lässt sie hervorragend mit der Rinde der Baumstämme und Äste verschmelzen, auf denen sie ruhend den Tag verbringen, ehe sie zur nächtlichen Jagd aufbrechen.

Die Afrika-Zwergohreule präsentiert sich in einem verwaschenen Hellgrau, Grau, Braun bis Rötlichbraun mit Flecken, Streifen und dicht nebeneinander liegenden welligen Linien. Ihr Äußeres hat dadurch große Ähnlichkeit mit den Riefen und Furchen in der Rinde des Baumes, auf dem sie sitzt. Ihre Federohren können aufgerichtet sein, während sie dort ausruht, um den Umriss ihres Kopfes noch stärker im Hintergrund aufgehen zu lassen. (Die Federohren von Eulen haben keine anatomische Verbindung zu den echten Ohren der Eule, die seitlich am Kopf liegen, sie heißen nur so, weil sie sich an einer ähnlichen Stelle befinden wie die Ohren vieler Säugetiere.) Manchmal sitzt die Eule auch so auf einem waagrechten Ast, dass man sie für ein abgebrochenes Ende halten könnte. Ihre leuchtend gelben Augen, mit denen sie Aufmerksamkeit erregen könnte, hat sie normalerweise tagsüber ganz oder fast ganz geschlossen.

VERBREITUNG

● Afrika-Zwergohreule

- **TRIVIALNAMEN**
viele verschiedene, je nach Art, Vorkommen und Lebensraum; bundi (Swahili); isikhova (Zulu)

- **WISSENSCHAFTLICHER NAME**
Die Gattung *Otus* (Zwergohreule) umfasst mehr als 50 Arten, darunter *O. senegalensis* (Afrika-Zwergohreule) und *O. rutilus* (Madagaskar-Zwergohreule)

- **GRÖSSE**
Länge (von der Schnabel- bis zur Schwanzspitze): 18–20 cm
Flügelspannweite: 40–45 cm
Gewicht: 30–80 g

- **LEBENSRÄUME**
lichter Wald, Busch- und Strauchlandschaften, Parks und Gärten mit alten Bäumen und offenen Bereichen

- **ERNÄHRUNG**
Insekten, Spinnen und ähnliche Wirbellose, auch kleine Frösche, Eidechsen, Vögel und Säugetiere, wie z.B. Mäuse

- **GEFÄHRDUNG LT. ROTER LISTE**
schwankt von „nicht gefährdet" (etwa 26 Arten) bis „vom Aussterben bedroht" (*Otus feae*, eine auf der Insel Annobón lebende enge Verwandte der Afrika-Zwergohreule)

WAS NAMEN VERRATEN

Der englische Trivialname der Zwergohreule ist *scops*, dieses Wort kommt aus dem Griechischen und bedeutet „Kauz". Anfangs des 19. Jahrhunderts verlieh ihr der französische Zoologe Marie Jules de Savigny diesen Namen als wissenschaftlichen Namen. Doch der walisische Naturforscher Thomas Pennant hatte bereits 40 Jahre vorher für eine verwandte Spezies den Namen *otus* eingeführt, das griechische Wort für „Ohreule". Nach endlosen Diskussionen und manchem Hin und Her einigten sich die Ornithologen schließlich auf *otus* als Gattungsnamen, *scops* wurde der englische Trivialname, und *Otus scops* ist der wissenschaftliche Name der europäischen Zwergohreule.

◀ Ein Paar Sokoke-Zwergohreulen (*Otus ireneae*) posiert vor einem Baumstamm und einer verholzten Kletterpflanze. Sie gehören der kleinsten Zwergohreulen-Art an und sind gerade einmal 15 cm hoch.

Nubischer Steinbock

LEBEN IN DER WÜSTE

Der Nubische Steinbock ist in einigen der heißesten, trockensten und steinigsten Weltgegenden zu Hause. Man findet ihn nur in der nordöstlichsten Ecke des afrikanischen Kontinents und im Westen und Süden der Arabischen Halbinsel. Die Landschaften sind hügelig bis gebirgig, voller Sand, Steine, Felsen und Steilwände in den unterschiedlichsten Ocker-, Gelb-, Braun- und Beigetönen und – natürlich – Sandfarben. Wenn er reglos vor diesem leicht changierenden, immer gleichen, unendlichen Hintergrund steht, ist der ganz ähnlich gefärbte Steinbock fast nicht zu sehen. Das Einzige, woran man ihn eventuell erkennt, sind die langen, dünnen, nach hinten gebogenen Hörner (bis zu einem Meter bei Männchen, etwa halb so lang bei Weibchen), die schwarzen Augen und die schwarze Schnauze sowie die schwarz-weiß gemusterten unteren Beinabschnitte.

Während der größten Tageshitze und auch nachts zum Schlafen zieht sich der Nubische Steinbock auf scheinbar unerreichbare Felsvorsprünge zurück. Wenn er in der Ferne eine Gefahr bemerkt, verharrt er instinktiv reglos und versucht, die Situation mit Augen, Ohren und Nase einzuschätzen. Kommt ihm die Gefahr zu nahe, springt er plötzlich auf und jagt mit unglaublicher Geschwindigkeit und Geschicklichkeit davon, selbst an den steilsten Felsen und auf dem lockersten Untergrund findet er noch Halt.

ÜBERLEBENSEXPERTE

Steinböcke sind Mitglieder der Ziegen-Familie (Capridae), der neben etwa zehn wild lebenden Spezies sämtliche Hausziegen-Rassen angehören. Wie seine Vettern ist der Nubische Steinbock ein Überlebensexperte mit einer unglaublich anspruchslosen Ernährungsweise: Er kommt mit stachligen Wüstenpflanzen ebenso zurecht wie mit drahtigem Gras, fasrigem Kraut oder dornigen Sträuchern.

VERBREITUNG

- **TRIVIALNAMEN**
Nubischer Steinbock, Syrischer Steinbock; Nubian ibex, Middle Eastern ibex (Englisch); beden (Arabisch); je'el, yael (Hebräisch); bouquetin de Nubie (Französisch)

- **WISSENSCHAFTLICHER NAME**
Capra nubiana

- **GRÖSSE**
Länge (von der Schnauzen- bis zur Schwanzspitze): 1,00–1,60 m
Gewicht: 30–80 kg (Männchen sind größer als Weibchen)

- **LEBENSRÄUME**
steinige Wüsten- und Halbwüsten, Gebirge

- **ERNÄHRUNG**
Pflanzen jeglicher Art

- **GEFÄHRDUNG LT. ROTER LISTE**
gefährdet

◀ Auf dem scheinbar unerreichbaren Absatz einer Sandsteinklippe liegt der sandfarbene Nubische Steinbock und wartet auf den Sonnenuntergang. In der Kühle der Dämmerung wird er sich nach unten begeben, um nach fressbaren Pflanzen zu suchen.

EIN LANGER, STEINIGER WEG

Seit vielen Jahren weiß man, dass die Population des Nubischen Steinbocks zurückgeht. Früher jedoch wurde er als Unterart des bekannteren Alpen-Steinbocks (*Capra ibex*) geführt, dessen Bestände sich in Europa – dank energischer Schutzbemühungen – wieder erholt haben. Erst als man dem Nubischen Steinbock (*C. nubiana*) den Artstatus zuerkannte, zeigte die sehr niedrige Zhal von 1500–4000 Individuen die tatsächliche Gefährdung dieser Art an. Neue Gesetze zu Natur- und Artenschutz sowie neue Schutzgebiete werden hoffentlich wieder zu einer Zunahme der Population führen.

In Afrika gibt es über zwei Millionen Impalas, damit gehören diese Antilopen zu den zahlreichsten großen Wildtieren dieses Kontinents. Die in drei Farbzonen klar gegliederte Gegenschattierung ist nur eine ihrer Eigenschaften, die dem Selbstschutz dienen. Andere sind die Schnelligkeit, die scharfen Sinne, die Sicherheit in der Herde, die anpassungsfähige Ernährungsweise und der schnelle Vermehrungszyklus. Aufblitzende Signale veranlassen eine Impala-Herde zusammenzubleiben, wenn sie flüchten muss (gegenüberliegende Seite).

Impala

DREI FARBSCHATTIERUNGEN

In den lichten Wäldern und Savannen Ostafrikas zählen die Impalas zu den häufigsten größeren Beutetieren von Löwe, Leopard, Hyäne und Co. Wenig überraschend verfügt die mittelgroße Antilope über ein ganzes Arsenal von Eigenschaften und Verhaltensweisen, die das Gefressenwerden verhindern sollen. Dazu gehören etwa der schlanke, bewegliche Körper, bei Männchen die langen, gebogenen Hörner, das Leben in Gruppen, wo mehr wachsame Augen und Ohren vorhanden sind, und nicht zuletzt eine raffinierte Farbgebung und Fellzeichnung.

VERBREITUNG

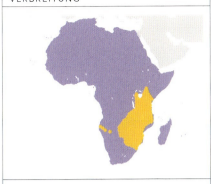

- **TRIVIALNAMEN**
  Impala, Schwarzfersenantilope; impala (Englisch); rooibok (Afrikaans); phala (Setswana); mpala (Zulu)
- **WISSENSCHAFTLICHER NAME**
  Aepyceros melampus
- **GRÖSSE**
  Kopf-Rumpf-Länge: 1,20–1,40 m
  Höhe: 70–90 cm
  Gewicht: 45–70 kg
- **LEBENSRÄUME**
  lichte Wälder, Übergangsbereiche zu Grasland, mit Bäumen und Sträuchern durchsetzte Savannen
- **ERNÄHRUNG**
  Blätter, Gräser, Knospen, junge Triebe, Früchte, Zweige
- **GEFÄHRDUNG LT. ROTER LISTE**
  nicht gefährdet

HELL-DUNKEL-EFFEKTE

Verschiedene Brauntöne bilden die Grundfarben der Impala, damit passt sie farblich zu den trockenen Böden, dem Gestrüpp und den häufig verdorrten Gräsern in der Savanne. Von der Seite betrachtet weist die Antilope jedoch drei klar voneinander abgegrenzte Farbzonen auf. Der obere und der seitliche Bereich von Hals und Rumpf ist dunkel- oder rötlichbraun. Darunter befindet sich auf den Flanken eine klar abgegrenzte hellere Zone in einem gelblichen Braun, während Hals und Beine allmählich in denselben Farbton übergehen. Der Bauch und die Innenseite der Beine stellen eine weitere abgegrenzte Zone dar, die sehr viel heller, manchmal schon fast weiß ist.

Zur Färbung als Basistarnung kommt dann noch ein Effekt, der als Gegenschattierung bezeichnet wird. Von oben einfallendes Sonnenlicht lässt dunklere Flächen heller erscheinen, während schattige Bereiche im Raum darunter die hellen Flächen auf der Bauchseite abdunkeln lassen. Vor allem in der Dämmerung verwischen so die Konturen des Tieres und die dreidimensionale Gestalt löst sich auf, was die Chance verringert, von einem Beutegreifer entdeckt zu werden.

SCHNELL, MIR NACH!

Impalas tragen an ihrem Hinterende dunkle Streifen auf der Rückseite der Oberschenkel und auf dem gesenkten Schwanz. Wird eine Gruppe gestört, klappen die Schwänze der Tiere nach oben und geben den Blick auf deren weiße Unterseite und einen weiteren Streifen zwischen den Beinen frei. Dieses Aufblitzen signalisiert den andern in der Gruppe, dass Gefahr droht, und sagt: „Mir nach!" Wenn Impalas flüchten, folgen die hinteren so den vorderen Tieren auf dem Fuß. Wenn die Herde auseinanderbräche, würden die einzelnen Mitglieder die Sicherheit verlieren, die eine größere Zahl von Tieren bietet, und wären in größerer Gefahr, angegriffen zu werden.

Giraffe

GRÖSSE IST KEIN HINDERNIS

Kann es wirklich sein, dass ein so großes Tier wie die Giraffe – fünf Meter hoch und eine Tonne schwer – mit dem Hintergrund verschmilzt? Die Antwort lautet: in einer bestimmten Umgebung ja. Giraffen verbringen die meiste Zeit in Bereichen, wo es Bäume gibt, insbesondere Akazien, aber auch Hanza-Sträucher (*Boscia*), Ana- (*Faidherbia*) und Leberwurstbäume (*Kigelia*). Verräterisches Zeichen ihrer Anwesenheit ist eine in etwa 5 Metern Höhe erkennbare Linie, über der die Bäume und Sträucher wieder Blüten, Früchte, Blätter und Zweige tragen.

Jede Giraffe besitzt eine einzigartige Fellzeichnung, einmalig wie ein Fingerabdruck. Die Flecken variieren von einem hellen gelblichen Braun, über Kastanie, sogar Orange, bis hin zu Dunkelbraun oder richtiggehend Schwarz. Die Linien dazwischen können fast weiß, cremefarben oder blassgelb sein. Das äußere Erscheinungsbild ist von Region zu Region unterschiedlich.

LICHT UND DUNKEL

In offenen Bereichen mit relativ wenigen Bäumen kommt die dunkle Fleckzeichnung der Giraffe mit den netzartig über Kreuz laufenden hellen Linien voll zur Geltung. Wenn es kein geschlossenes Blätterdach gibt, können Bündel von Sonnenstrahlen durch die Lücken in den Baumkronen fallen und auf dem Boden, im Unterwuchs, auf kleineren Bäumen und Sträuchern stark kontrastierende Licht- und Schatteneffekte erzeugen. Die ganze Szenerie wirkt lebhaft gefleckt, genau wie das Fell der Giraffe. Die Ränder der vieleckigen Flecken passen zu den sich kreuzenden Ästen und Zweigen von Büschen und Sträuchern. Dazu kommen in der Vertikalen die langen Beine und der lange Hals der Giraffe, die an dünne Baumstämme erinnern. Diese Art der Tarnung ist vor allem deshalb sinnvoll, weil sich die Beutegreifer, die Giraffen in solchen Lebensräumen mit lockerem Baumbestand auflauern – Löwen, Leoparden, Hyänen und sogar Wildhunde –, hauptsächlich visuell orientieren.

ICH WEISS, WOHER DU KOMMST

Anhand der regionalen Unterschiede in der Fellzeichnung und auch daran, wie weit sich das Muster die Beine hinabzieht, lassen sich bis zu neun Unterarten oder Subspezies der wichtigsten afrikanischen Giraffen-Art unterscheiden. An ihrem Äußeren erkennt der Fachmann, woher eine einzelne Giraffe stammt. Neuere genetische Untersuchungen legen allerdings nahe, dass es nicht nur eine, sondern drei Giraffen-Arten (Spezies) gibt, wobei noch offen ist, wie viele Unterarten jeder Art zugeordnet werden können.

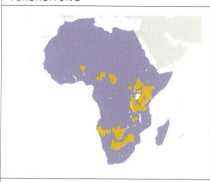

VERBREITUNG

- **TRIVIALNAMEN**
  Giraffe; giraffe (Englisch); twiga (Swahili); nduida (Kikuyu); kameelperd (Afrikaans); ndhlulamithi (Zulu)

- **WISSENSCHAFTLICHER NAME**
  Giraffa camelopardis

- **GRÖSSE**
  Höhe: 4,50–5,50 m
  Gewicht: 1,0–1,5 t

- **LEBENSRÄUME**
  lichte Wälder, Savannen mit einzelnen Bäumen, Sträuchern und Gehölzen

- **ERNÄHRUNG**
  Blätter (vor allem von Akazien), Zweige, Triebe, Früchte

- **GEFÄHRDUNG LT. ROTER LISTE**
  gefährdet

▶ Im grellen Sonnenlicht entstehen in lockeren Wäldern kontrastreiche Licht- und Schatteneffekte. Hier kann eine Giraffe sogar dann unbemerkt bleiben, wenn sie nur wenige Meter entfernt ist. Ihre im Vergleich zu anderen bekannten großen Pflanzenfressern hohe, schmale Körperkontur fügt sich problemlos ein.

Tüpfelhyäne

EINE GETUPFTE ERFOLGSGESCHICHTE

Die Tüpfel- oder Fleckenhyäne ist die größte der drei Hyänenarten und der zweithäufigste große Fleischfresser (Carnivore) nach dem ebenfalls gefleckten Leoparden (siehe S. 132–133). Neben dieser Hyäne und dem Leoparden gibt es noch einen weiteren ansehnlichen Jäger mit geflecktem Fell: den Geparden. Tupfen und Flecken scheinen also erfolgreich zur optischen Tarnung dieser großen Beutegreifer beizutragen. Und trotzdem nehmen die Populationen dieser und anderer Top-Prädatoren, etwa der Afrikanischen Wildhunde, bedauerlicherweise alle ab.

VERBREITUNG

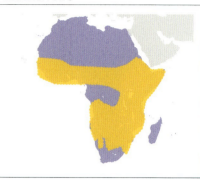

- **TRIVIALNAMEN**
  Tüpfelhyäne, Fleckenhyäne; spotted hyena, laughing hyena (Englisch); bere (Shona); mpisi (Zulu); gevlekte hiëna (Afrikaans); phele (Venda); fisi (Swahili)

- **WISSENSCHAFTLICHER NAME**
  Crocuta crocuta

- **GRÖSSE**
  Länge (von der Schnauzen- bis zur Schwanzspitze): 0,90–1,70 m
  Gewicht: 40–75 kg (Weibchen sind größer als Männchen)

- **LEBENSRÄUME**
  meist trockene, offene Landschaften, wie Savannen, Halbwüsten, lockere Wälder; selten dichte Wälder

- **ERNÄHRUNG**
  sehr vielseitig, von Würmern und Insekten bis zu Zebras, Antilopen, Gazellen, sogar Büffel, Giraffen und Elefanten; Aas spielt durchaus eine Rolle, trägt aber sehr viel weniger zur Ernährung bei als gemeinhin angenommen

- **GEFÄHRDUNG LT. ROTER LISTE**
  nicht gefährdet

DEZENTE ZEICHNUNG

Im Vergleich zu den anderen getupften oder gefleckten Jägern ist das Fell der Tüpfelhyäne sehr dezent gemustert, mit einem relativ geringen Kontrast zwischen der Grundfarbe und den Markierungen. Die Grundfarbe ist normalerweise graubraun, mit einem Hauch von mattem Gelb oder einem gelblichen Braun, wobei es eine beträchtliche Variationsbreite gibt. Die Tupfen, manchmal auch unterbrochene Linien oder Streifen, sind meist braun, sie können aber auch ins Rötliche gehen oder fast schwarz erscheinen. Am klarsten treten die Tupfen am Rücken, an Schultern, Flanken und am Hinterteil hervor. Zum Kopf, zum Bauch und zu den Beinen hin werden sie heller, das Gleiche gilt für das Alter: Mit den Jahren scheint das Hyänenfell auszubleichen. Die etwas längeren Haare im Nacken („Mähne") sind rötlich bis rostrot.

Wenn Tüpfelhyänen, wie ihre großen Katzenverwandten, im Gras oder in niedrigem Gestrüpp kauern, scheint die Tarnfärbung ihre Konturen so zu verwischen, dass selbst äußerst vorsichtige Beutetiere wie Zebras oder Gazellen sie nicht bemerken. Hyänen haben den Ruf, ausgesprochene Aasfresser zu sein, doch Feldstudien zeigen, dass ihre Nahrung zu mindestens zwei Dritteln aus Fleisch von Tieren besteht, die sie selbst gejagt und getötet haben. Das Rudel oder der Clan jagt sehr organisiert und koordiniert, indem er ein mögliches Opfer auswählt und ihm über Kilometer folgt, ehe er zuschlägt.

▶ Tüpfelhyänen verbringen viel Zeit damit, mögliche Beutetiere zu beobachten, bis sie ein altes, ein junges oder ein krankes Individuum ausgemacht haben, das sie dann jagen. Mit ihrer enormen Beißkraft können sie fast jedes Gewebe zerreißen und zermahlen, von Haut und Sehnen bis Horn und Knochen.

FRAUEN AN DER MACHT

Bei den Tüpfelhyänen sind Weibchen größer als Männchen, das ist ungewöhnlich für Säugetiere. Die Weibchen haben auch das Sagen, wenn es um die Organisation der (komplexen) Clanstruktur, die sozialen Interaktionen und die Fortpflanzung geht. Selbst in ihren Genitalien spiegelt sich ihre Dominanz wieder: Die vergrößerte Klitoris der Weibchen ähnelt dem männlichen Penis und kann wie dieser erigiert werden.

Karakal

EIN MEISTERHAFTER HOCHSPRINGER

Wüstenluchs, ein anderer Name für den Karakal, ist zwar wissenschaftlich nicht korrekt, gibt aber einen Hinweis auf seinen Lebensraum: Man findet ihn vornehmlich in den Halbwüsten Afrikas und Westasiens. Seine Ohrpinsel erinnern an die von Luchsen, jedoch ist der Karakal enger mit dem Serval, einer afrikanischen Kleinkatze, verwandt. Das fast einfarbige, sandfarbene, rötliche oder gelblich braune Fell des Karakals verrät, dass es als Tarnung für ein Leben in überwiegend trockenen Lebensräumen dient. Es gibt auch einzelne Individuen in dunklerem Rotbraun, hellerem Grau- oder Silberton. Wenn das Körperfell nicht fein glatt gestrichen ist, kann es aussehen, als sei es ganz leicht gesprenkelt oder gefleckt.

Die Unterseite der Karakals ist normalerweise sehr hell, und es gibt nur wenige andere Markierungen, im Gesicht z. B. dunkle Streifen, die von den inneren Augenwinkeln zur Nase verlaufen, oder die dunklen Rückseiten der großen, spitzen Ohren mit den langen Pinseln. Alles zusammengenommen ist dieses Äußere ideal, um unbemerkt tagsüber zwischen Felsen, auf steinigen Ebenen, zwischen verdorrten Sträuchern und in lichten Wäldern zu ruhen, ehe man sich in der Dämmerung auf Jagd begibt.

SPORTLICH, SPORTLICH!

Der Karakal gehört zu den größten Kleinkatzen (Felinae), er hat einen kräftigen, aber trotzdem recht schlanken Körperbau, lange Beine und einen kurzen Schwanz. Für sein athletisches Können ist er selbst innerhalb der ganzen Katzen-Familie (Felidae) berühmt, vor allem für seine enorme Sprungkraft. Er kann aus dem Stand 3 Meter hoch oder sogar 4 Meter weit springen, um einen niedrig fliegenden Vogel aus der Luft zu holen.

VERBREITUNG

- **TRIVIALNAMEN**
  Karakal, Wüstenluchs; persian lynx, desert lynx (Englisch); ch'ok anb'esa (Tigrinya); klossie oor (Afrikaans); simbamangu (Swahili); karakulak (Türkisch)

- **WISSENSCHAFTLICHER NAME**
  Caracal caracal

- **GRÖSSE**
  Kopf-Rumpf-Länge: 0,70–1,00 m
  Schulterhöhe: 40–50 cm
  Gewicht: 9–17 kg (Männchen sind größer als Weibchen)

- **LEBENSRÄUME**
  trockene Gras- und Buschlandschaften, Trockenwälder, Halbwüsten

- **ERNÄHRUNG**
  Nagetiere wie Ratten, Hasen, Schliefer, aber auch Vögel, Schlangen und Eidechsen, gelegentlich eine junge Gazelle oder eine andere kleine bis mittelgroße Antilope

- **GEFÄHRDUNG LT. ROTER LISTE**
  nicht gefährdet

WETTEN, DASS?

Ähnlich wie Geparden wurden früher auch Karakals halbzahm gehalten, oft von hochgestellten Personen, und zusammen mit anderen Tieren für die Jagd eingesetzt. Ihr allgemein bewundertes Talent für spektakuläre Luftsprünge wurde besonders trainiert – auch um Wetten darauf abzuschließen. Beispielsweise ließ man neben Karakals eine Schar Tauben vom Boden aus frei, und manche der Katzen brachten in rascher Folge mehrere Vögel nieder. Die Zuschauer wetteten, welcher Karakal die meisten Vögel schlägt.

▶ Die natürliche Umgebung des Karakals ist rotbraun und trocken. Manchmal muss er kilometerweit wandern, um einen geeigneten Ort zum Beutemachen zu finden, etwa hinter einem Felsvorsprung oder an einem Wasserloch.

◀ Die Luftsprünge des Karakals sind selbst innerhalb der Katzen-Familie unerreicht. Dieses Tier hat ein Flughuhn mit seinen Tatzen gepackt.

Leopard

EINE KATZE, DIE ÜBERALL ZURECHTKOMMT

Dieser von allen Mitgliedern der Katzen-Familie am stärksten getupfte Vertreter ist – abgesehen von den als Haustier gehaltenen Katzen – auch der mit der größten Verbreitung. Das Fell des Leoparden erfüllt die gleichen Tarnzwecke wie das seiner anderen getupften und gefleckten Verwandten. Es ahmt das Mosaik aus Licht und Schatten nach, das sich unter Bäumen sowie unter Sträuchern und anderem Unterwuchs findet. Das Muster trägt dazu bei, die sonst gut erkennbare Umrisslinie des Körpers zu verwischen. All diese Effekte kommen bei schwachem Licht noch stärker zur Geltung, dann wenn die meisten Katzen auf die Jagd gehen.

Genau genommen hat das Leopardenfell keine Tupfen, sondern Rosetten. So werden dunkle Markierungen genannt, die so angeordnet sind, dass sie vage an die Blütenblätter einer Rose erinnern.

GENE UND FELLZEICHNUNG

Die Genetik der Fellfarben wurde und wird intensiv erforscht, vor allem bei den Haustierrassen. Dabei spielen mehrere Gene eine Rolle, insbesondere die mit den Namen *Tabby und Dkk4*. Von jedem dieser Gene gibt es mehrere Varianten, und je nachdem wie diese zusammenwirken, werden unterschiedliche Mengen von Farbstoffen oder Pigmenten produziert, vor allem das dunkle, braunschwarze Melanin.

Auf mikroskopischer Ebene werden Melanin und die anderen Pigmente von bestimmten Zellen hergestellt, den Melanozyten. Bestimmte Genkombinationen sorgen dafür, dass manche Melanozytengruppen aktiver sind und mehr Pigment produzieren, was dann zu dunkleren Stellen in der Haut und im Fell führt. Das geschieht in einem frühen Entwicklungsstadium, wenn das Tier noch ein winzig kleiner Embryo ist. Wenn die Katze größer wird, wachsen mit ihr auch die Tupfen und andere farbige Stellen. Der ganze Vorgang ist noch nicht voll verstanden, aber er scheint bei allen Katzen ähnlich abzulaufen, seien es nun Leoparden, Stuben- oder Sibirische Tiger.

VERBREITUNG

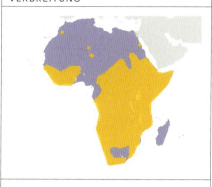

- **TRIVIALNAMEN**
  Leopard; leopard, panther (Englisch); fahad (Arabisch); chui (Swahili); ngwe (Zulu); mbada (Shona); daneben weitere regionale Bezeichnungen für bis zu 10 Unterarten, z.B. Afrikanischer, Arabischer, Persischer Leopard

- **WISSENSCHAFTLICHER NAME**
  Panthera pardus

- **GRÖSSE**
  Kopf-Rumpf-Länge: 1,00–1,80 m
  Schulterhöhe: 55–70 cm
  Gewicht: 30–80 kg (Männchen sind größer als Weibchen, auch die Unterarten sind verschieden groß)

- **LEBENSRÄUME**
  sehr verschieden, von felsigen Gebirgen über alle möglichen Arten von Wäldern, Busch- und Strauchlandschaften, Savannen, Wüsten, menschliche Siedlungen bis hin zu Innenstädten

- **ERNÄHRUNG**
  sehr variabel, von Insekten bis zu großen Antilopen und Hirschen, gelegentlich auch Haustiere

- **GEFÄHRDUNG LT. ROTER LISTE**
  gefährdet

GEWANDT UND VIELSEITIG

Das erstaunliche Masse-Leistungs-Verhältnis des Leoparden, seine Geschicklichkeit beim Anschleichen und Töten sowie seine Fähigkeit, sich an so viele Lebensräume anzupassen – die vom Menschen veränderten eingeschlossen –, werden seit Jahrtausenden ebenso bewundert wie gefürchtet. Urplötzlich tauchen diese großen Katzen in Vorstädten und sogar in großen Städten auf. Doch das darf nicht darüber hinwegtäuschen, dass ihr Verbreitungsgebiet und ihre Bestandszahlen ständig kleiner werden.

▶ Innerhalb der dunklen Markierungen einer einzelnen Rosette ist das Leopardenfell gelblich bis gelblichbraun, der Hintergrund zwischen den Rosetten dagegen heller gefärbt. In manchen Bereichen, wie dem Kopf und den unteren Beinabschnitten, werden die Rosetten kleiner und verschmelzen zu einheitlichen Tupfen oder Flecken. Insgesamt ist die Fellfarbe von Leoparden, die in trockenen Regionen, z.B. Halbwüsten, leben, heller als die von Artgenossen in feuchteren Gebieten, etwa tropischen Regenwäldern.

5
Asien

Der „gewöhnliche Baron"

GESCHMÜCKT MIT GRÜNEN FEDERN

Die Schmetterlinge mit dem englischen Namen „common baron" gehören zur noblen Familie der Edelfalter und zeichnen sich durch ein dezentes äußeres Erscheinungsbild aus. Das Männchen ist mittelbraun mit weißen Tupfen und trägt dunkel geränderte Ovale auf Vorder- und Hinterflügeln. Das Weibchen ist blasser, und ihm fehlen die weißen Tupfen. Wie Hunderte brauner Schmetterlingsarten bleiben sie mit dieser unscheinbaren Tarntracht meist unbemerkt zwischen Ästen, Zweigen und Blattwerk verborgen.

In seinem Jugendstadium, als Raupe, tarnt sich der „Baron" jedoch auf eine völlig andere und sehr spezielle Weise. Man hat diese außergewöhnliche Raupe mit einer wandelnden Feder, einem lebenden Tannenzapfen und einer kriechenden Fernsehantenne verglichen. Sie ist ausgesprochen flach, mit zehn Paar langen, dornähnlichen Fortsätzen auf jeder Körperseite, von denen wiederum zarte, fransenartige Verzweigungen abgehen, wie bei einem Kamm oder einer Vogelfeder. Das ganze Tier ist sattgrün gefärbt, bis auf einen blassgelben Strich entlang der Rückenlinie.

DER VERSCHWINDETRICK

Man möchte meinen, mit ihrem extravaganten Äußeren müsste die Raupe des „Barons" eigentlich in jeder Umgebung Aufmerksamkeit erregen. Doch wenn sie sich flach auf eine ebenfalls sattgrüne Blattoberfläche drückt, dann verschwindet der fedrige, pflanzenähnliche Aufputz fast völlig im feinmaschigen Netzwerk der gelbgrünen Äderchen, und der gelbe Rückenstreif sieht aus wie eine der stärkeren Blattadern. Platziert sich die Raupe genau so, dass ihr Rückenstreif über der Mittelrippe des Blattes liegt, funktioniert der Verschwindetrick perfekt. Die Raupe ist so gut wie nicht mehr zu erkennen.

VERBREITUNG

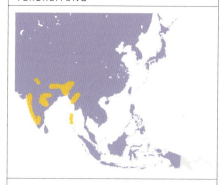

- TRIVIALNAMEN
  Common baron (Englisch)

- WISSENSCHAFTLICHER NAME
  Euthalia aconthea, Unterfamilie Limenitidinae (Eisvögel), Familie Nymphalidae (Edelfalter)

- GRÖSSE
  ausgewachsene Raupe: 3,0–3,5 cm
  Flügelspannweite des Falters: 6–7 cm

- LEBENSRÄUME
  Wälder, Parks, Gärten, Plantagen

- ERNÄHRUNG
  Raupe: Blätter von Mango- und Cashewbäumen, Misteln und anderen Pflanzen

  Falter: reife Blüten und Früchte, z.B. Rhododendron und Guave

- GEFÄHRDUNG LT. ROTER LISTE
  nicht beurteilt

VON BARONEN UND GROSSHERZOGINNEN

Die Tarnung des jugendlichen „gewöhnlichen Barons" funktioniert am besten auf frischgrünen Blättern, besonders denen des Mangobaums (*Mangifera indica*) oder des Cashewbaums (*Anacardium occidentale*). In Plantagen können die Raupen beträchtliche Schäden anrichten, und mit der Ausweitung des Anbaus von Mango- und Cashewfrüchten erhielt auch der „Baron" Gelegenheit zur Ausbreitung. Neben dem „common baron" gehört u.a. die „grand duchesse" zur Gattung *Euthalia*, die leider ebenfalls eines deutschen Namens entbehrt.

▶ Damit ihre Tarnung optimal zur Geltung kommt, muss die Raupe des „Barons" Blätter im passenden Grünton finden (die sie auch frisst) und sich entlang der Mittelrippe eines Blattes niederlassen.

◀ Wenn die Raupe nicht auf einem Blatt sitzt, kann man die komplexen, federähnlichen und hauchfeinen Körperanhänge erkennen.

Orchideenmantis

FLOWER-POWER DER BESONDEREN ART

Die eng mit Schaben verwandten Fangschrecken oder Gottesanbeterinnen (Mantodea) sind berühmt dafür, dass sie ihre Beute, meist kleine Insekten, mit einem blitzschnellen Zupacken ihrer dornenbewehrten, faltbaren Vorderbeine erlegen. Die etwa 2500 Arten nehmen in ihrer Tarnung häufig das Aussehen anderer, in der Natur vorkommender Dinge an: von Blättern und Ästchen über Pilze bis zu anderen Insekten, z. B. Wespen. Eine ganz besondere Gruppe innerhalb dieser Ordnung sind die Arten, die Blüten nachahmen (Hymenopodidae). Sie tarnen sich als Blumen oder Blüten und lauern so Opfern auf, die kommen, um Nektar zu schlürfen oder Pollen zu sammeln oder die sich womöglich vor einem anderen Verfolger zwischen den Blütenblättern verstecken wollen.

VERBREITUNG

● Orchideenmantis

- **TRIVIALNAMEN**
  Orchideenmantis; flower mantis (Englisch); belalang bunga, belalang sembah bunga anggrek (Malaysisch/Indonesisch)

- **WISSENSCHAFTLICHER NAME**
  Hymenopus coronatus aus der Familie Hymenopodidae innerhalb der Ordnung Mantodea (Fangschrecken und Gottesanbeterinnen)

- **GRÖSSE**
  Kopf-Rumpf-Länge: 6–7 cm (Weibchen), 2,0–2,5 cm (Männchen)

- **LEBENSRÄUME**
  tropische Regenwälder, gelegentlich Parks und Gärten

- **ERNÄHRUNG**
  kleinere Insekten, auch andere Fangschrecken

- **GEFÄHRDUNG LT. ROTER LISTE**
  nicht beurteilt

Eine der bekanntesten Blütennachahmerinnen unter den Fangschrecken ist die Orchideenmantis. Sie kommt in verschiedenen Farbstellungen vor, von fast weiß bis pink, purpur, gelb oder schon fast goldfarben. Man ging lange Zeit davon aus, dass die Orchideenmantis in Orchideenblüten sitzt und wartet, bis eine Biene, ein Schmetterling oder ein anderer Leckerbissen vorbeikommt.

ALLGEMEINE ÄHNLICHKEIT

In neueren Studien wurde diese Vorstellung zum Teil widerlegt. In der Natur ist die Orchideenmantis nur selten in Orchideen und ähnlichen Blüten zu beobachten. Sie hält sich vielmehr zwischen Blättern und Zweigen auf, obwohl es Orchideen und vergleichbare Blüten in der Nähe geben kann. Anscheinend stellt die Mantis einfach ganz allgemein eine Blüte dar. Es könnte sich um eine Orchidee oder etwas Ähnliches handeln, um Feinheiten geht es gar nicht. Offenbar nehmen die winzigen Insektenaugen und -gehirne schlicht und ergreifend ein Objekt wahr, das in Form und Farbe einer Blüte ähnelt, und das steuern sie dann an, um Nahrung oder Schutz zu suchen.

◀ Vielleicht bewundert diese auf einem Seerosenblatt sitzende Orchideenmantis ihr Spiegelbild. Mit trickreichen biologischen Studien ließ sich zeigen, dass sie es nicht nötig hat, sich zwischen passenden Blüten zu verstecken: Sie allein ist als „Blüte" attraktiv genug, um Beute anzulocken.

BEWEIS IN PLASTIK

In Beobachtungsstudien und -experimenten platzierten Forschungsteams Mantis-Plastikmodelle in verschiedenen Farben an verschiedenen Stellen, etwa zwischen Blüten, zwischen Blättern und Zweigen in der Nähe oder an offenen, exponierten Orten. Dann zeichneten sie auf, wie sich mögliche Beutetiere, z. B. Bienen, verhielten. Ergebnis: Am erfolgreichsten war die (Plastik-)Orchideenmantis nicht als Teil einer Blüte oder teilweise in einer Blüte verborgen, sondern wenn sie sich selbst in voller Pracht und Größe als Blüte präsentierte und potenziellen Besuchern reichlich Nektar versprach.

Das Große Wandelnde Blatt
EIN BLATT BIS INS LETZTE DETAIL

Die Tarnung als Blatt ist ein beliebter Trick im Tierreich, unter anderem von Schmetterlingen, Käfern und Fangschrecken. Die etwa 40–50 Arten von Wandelnden Blättern haben diese Form der Nachahmung wohl am weitesten getrieben. Sie sind eng verwandt mit den Stabschrecken und bilden mit diesen zusammen die Ordnung der Gespenstschrecken (Phasmatodea).

VERBREITUNG

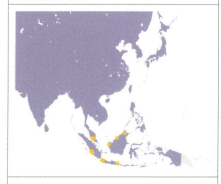

Das Große Wandelnde Blatt gehört, wie sein Name nahelegt, zu den größten Phasmiden. Das Weibchen bringt es auf 10 cm Körperlänge (und mehr), während das Männchen ... – nun Männchen waren der Wissenschaft bis in die 1990er Jahre unbekannt. In der Natur scheinen sich die Weibchen fast immer ohne Zutun von Männchen zu reproduzieren, eine Form der asexuellen Vermehrung, die man als Parthogenese oder Jungfernzeugung bezeichnet.

BIS IN ALLE EINZELHEITEN
Fast jedes Merkmal dieses Insekts, von der Größe über Form, Farbe und Zeichnung bis zum Verhalten, dient der perfekten Tarnung in seiner tropischen Umgebung mit den Unmengen großer, sattgrüner Blätter. Sein komplex gebauter Körper hat überhaupt nichts Insektenartiges an sich, er ist abgeflacht und in allen Teilen blattartig und blattähnlich verbreitert. Farbe, Zeichnung sowie die sich verzweigende Äderung der Flügel sehen der von Blättern zum Verwechseln ähnlich. Das geht so weit, dass sogar Abnutzungserscheinungen imitiert werden. Kleine braune Stellen am äußeren Rand des Wandelnden Blattes suggerieren die ersten Alterungszeichen. Halbrunde Ausschnitte könnten Fraßspuren von Käfern oder Raupen sein. Dunkle Flecken auf der Oberseite spiegeln Pilzbefall oder Blattalterung vor.

Die Bewegungen machen die Imitation perfekt. Wenn ein leises Lüftchen durchs Geäst weht, schwingt das Wandelnde Blatt mit den es umgebenden Blättern hin und her. Und wenn es sich zum Fressen an einen anderen Ort begibt, macht es das sehr langsam und bedächtig, einen Schritt nach dem anderen, nicht mit der sonst bei Insekten häufig zu beobachtenden hektischen Betriebsamkeit.

- TRIVIALNAMEN
  Großes Wandelndes Blatt; giant Malaysian leaf insect (Englisch); pepijat daun, bergerak daun (Malaysisch/Indonesisch)
- WISSENSCHAFTLICHER NAME
  Phyllium giganteum
- GRÖSSE
  Kopf-Rumpf-Länge: 10 cm
- LEBENSRÄUME
  tropische Wälder
- ERNÄHRUNG
  Blätter vieler verschiedener Bäume und Sträucher
- GEFÄHRDUNG LT. ROTER LISTE
  nicht beurteilt

UNBEMANNT ... FAST
Fast alle bislang bekannten Großen Wandelnden Blätter sind weiblich. Sie pflanzen sich asexuell fort, durch Parthogenese, ein Vorgang, für den kein Männchen gebraucht wird. Bekannt ist diese Art der Vermehrung z. B. von Blattläusen. Die so entstehenden Nachkommen sind Klone, das heißt, sie sind genetisch mit ihrer Mutter und ihren Geschwistern identisch. Im Jahr 1994 entdeckte man zwei Museumsexemplare, die sich deutlich von weiblichen Tieren unterschieden, sie konnten als Männchen identifiziert werden. In den darauf folgenden Jahren tauchten bei in Gefangenschaft gehaltenen Wandelnden Blättern mehrfach männliche Tiere auf. Vermutlich müssen immer mal wieder Männchen entstehen, damit die genetische Variabilität der Art erhalten bleibt.

▶ Jedes Große Wandelnde Blatt unterscheidet sich im Farbton, in der Äderung, in den Pseudo-Fraßspuren oder -Schimmelpilzflecken und ähnlichen Feinheiten von anderen Individuen. Der Kopf ist hier zwischen den ausgestreckten Vorderbeinen verborgen.

„Flechtenjäger"

MIT LANGEN BEINEN UND GIFTIGEM BISS

„Flechtenjäger" ist die Übersetzung des englischen Trivialnamens dieser Spinne, da es für die Art keinen eigenen deutschen Namen gibt. Sie gehört zur Familie der Jagdspinnen (Sparassidae), die wegen ihrer oberflächlichen Ähnlichkeit mit Krabben und Krabbenspinnen auch Riesenkrabbenspinnen genannt werden. Für manche Menschen sind sie der Inbegriff eines Albtraums: zumeist groß, mit langen, haarigen Beinen und einem im Verhältnis dazu relativ kleinen Körper.

VERBREITUNG

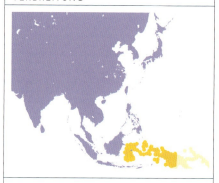

- TRIVIALNAMEN
  lichen huntsman (Englisch); pemburu (Indonesisch)
- WISSENSCHAFTLICHER NAME
  Panderectes gracilis
- GRÖSSE
  Kopf-Rumpf-Länge: 0,8–1,5 cm
  Beinspannweite: 3,5–7,5 cm (Weibchen sind größer als Männchen)
- LEBENSRÄUME
  tropische Feuchtwälder
- ERNÄHRUNG
  Insekten und ähnlich kleine Tiere
- GEFÄHRDUNG LT. ROTER LISTE
  nicht beurteilt

Der „Flechtenjäger" ist ein relativ kleiner Vertreter seiner Familie, doch er kann problemlos Beutetiere überwältigen, die genauso groß oder größer sind als er selbst. Als Jagdspinne lauert er ihnen auf oder verfolgt sie, anstatt Netze zu weben. Seinen Namen verdankt er seiner speziellen Tarntracht, durch die er zwischen Moosen, Flechten und anderen niedrigen Gewächsen, die es in warmen, feuchten Lebensräumen massenhaft gibt, kaum zu erkennen ist.

BEHAART UND TIEFER GELEGT

In der Färbung variieren „Flechtenjäger" von hellgrau, oliv oder grün bis zu dunkleren Schattierungen dieser Farben, je nach Lebensraum, Nahrung und genetischer Ausstattung. Zum Teil hängt das von ihrem Lebensraum und ihrer Nahrung ab, zum Teil von ihrer Genetik. Die meisten Individuen tragen an ihren stark behaarten Beinen eine Bänderung in kontrastierenden Farben; beides dient dazu, die geraden Linien, die sie als Spinnen verraten würden, zu verwischen. Außerdem weist der vergleichsweise kleine Körper eine fleckige Zeichnung auf. Die ganze Spinne ist flach gebaut, so dass sie, wenn sie sich auf einen mit Moosen und Flechten bewachsenen Untergrund presst, praktisch Teil dieser Oberfläche wird. Diese Art der Tarnung hilft dem „Flechtenjäger", wenn er auf Beute lauert, sie schützt ihn aber auch vor Fressfeinden wie Eidechsen und Vögeln.

SUPPE ALS HAUPTGERICHT

Der „Flechtenjäger" ernährt sich ganz nach Spinnenart: Mit seinen Kieferklauen injiziert er dem Beutetier ein lähmendes Gift. Danach erbricht er einen Verdauungssaft auf sein Opfer, das anfängt, sich aufzulösen. Die Spinne beginnt nun, ihre Mahlzeit zu zerkauen und sondert dabei wiederholt weiteren Verdauungssaft ab, bis sich ihre Beute in eine „Suppe" verwandelt hat, die sie aufschlürfen kann.

▶ Wo ist die Spinne, und wo ist oben und unten? Hier sitzt sie mit dem Kopf nach unten und den beiden Vorderbeinpaaren nach vorne gerichtet. Das mittlere Beinpaar geht im rechten Winkel vom Körper ab, wobei die unteren Beinabschnitte ebenfalls nach vorne gerichtet sind. Das vierte Beinpaar bildet ein nach oben offenes V.

◀ Die Anordnung der Augen – zwei große, nach außen gerichtete Augen, dazwischen zwei kleinere und vier nach vorne blickende Augen – garantiert einen guten Rundumblick.

Vietnamesischer Moosfrosch
EIN HÜPFENDER MOOSKLUMPEN

Schattige Fluss- und Bachufer mit Moosen, Farnen, großen Steinen und altem Holz sind der ideale Lebensraum für den Vietnamesischen Moosfrosch, der in den hügeligen subtropischen und tropischen Regenwäldern Vietnams zu Hause ist. Wenn er reglos dort hockt, fällt er zwischen all den kleinen Erdhügelchen nicht auf, schon gar nicht wenn diese mit den winzigen Blättchen von Laubmoosen, Wasserlinsen und anderen gern als „Entengrütze" bezeichneten Wasserpflanzen überzogen sind.

VERBREITUNG

- **TRIVIALNAMEN**
Vietnamesischer Moosfrosch; Vietnamese mossy frog (Englisch); ếch rêu (Vietnamesisch)

- **WISSENSCHAFTLICHER NAME**
Theloderma corticale

- **GRÖSSE**
Kopf-Rumpf-Länge: 5–9 cm
Gewicht: 10–20 g (Weibchen sind größer als Männchen)

- **LEBENSRÄUME**
Bergregenwälder mit schnellströmenden Bächen und Flüssen, in denen sich Steine sowie reichlich Wasserpflanzen und Uferbewuchs befinden

- **ERNÄHRUNG**
kleine Tiere wie Würmer und wasserlebende Insekten

- **GEFÄHRDUNG LT. ROTER LISTE**
nicht gefährdet

GRÜNES DURCHEINANDER

Am liebsten hält sich der Vietnamesische Moosfrosch in steinigen Uferböschungen, in Höhlen und unter Überhängen an Gebirgsbächen auf. Tagsüber verbirgt er sich und wartet auf die Dämmerung, um sich dann auf die Jagd nach allen möglichen kleinen Beutetieren zu begeben. Der Moosfrosch schmückt sich mit einer Vielzahl von Grüntönen, von weißlichem Limettengrün über Flaschengrün und Oliv hin zu schwerem Braungrün, darüber verteilen sich auf fast der gesamten Körperoberseite dunkelgrüne, braune oder schwarze Tupfen, spitze Vorsprünge, fleischige Falten und warzenähnliche Knubbel sowie hie und da ein Klecks in Rot oder Orange. Die Unterseite von Körper und Beinen ist heller und glatter. Der Frosch, der zum Teil im Wasser, zum Teil an Land lebt, kann flott klettern, schnell schwimmen – und das sowohl über wie unter Wasser und selbst bei starker Strömung – und außerdem weit springen; er schafft bis zu 2 Meter in einem einzigen Satz.

Der in der Region Tonkin in Nordvietnam sowie angrenzenden Landstrichen in China und Laos heimische Vietnamesische Moosfrosch ist eine von etwa 25 Spezies der Gattung *Theloderma*. Andere *Theloderma*-Arten tarnen sich als alte Blätter, Rinde, Steine, manchmal auch als Vogel- oder Säugetierkot.

TEMPORÄRE HEIMAT, UNSICHERE ZUKUNFT

Der Vietnamesische Moosfrosch hat sich in einigen Bereichen angesiedelt, die auf menschliche Aktivitäten zurückgehen. Hier findet er nur vorübergehend eine Heimat, denn diese Stellen verschwinden schnell wieder, weil sie von den starken Niederschlägen in dieser Region zerstört und weggespült werden. Die Art wird außerdem wild gesammelt und in den Zoohandel gebracht. Entsprechend unsicher ist ihre Zukunft.

◀ Selbst die langen, gespreizten Zehen des Moosfroschs mit den klebrigen Haftscheiben sind in die raffinierte Tarntracht des Lurchs eingebunden.

▶ Die Nahaufnahme zeigt die unzähligen warzenähnlichen Knubbel (Tuberkel) auf der Haut des Moosfroschs, jeder davon in einem anderen merkwürdigen Farbton.

Komodowaran

IN DER RUHE LIEGT DIE KRAFT

Wenn ein ausgewachsener, satter Komodowaran über eine sonnenbeschienene Lichtung watschelt, wirkt er nicht unbedingt besonders gut getarnt. Ganz anders ein hungriger Komodowaran, der etwas zusammengerollt, absolut regungslos, geduldig im Spiel von Licht und Schatten an einer Stelle im Unterholz unter Bäumen oder im hohen Gras ausharrt. Seine schuppige, gesprenkelte Haut ist im Wesentlichen erdfarben, in verschiedenen Gelb-, Braun- und Grautönen, was ihn mit seiner Umgebung verschmelzen lässt.

VERBREITUNG

- **TRIVIALNAMEN**
  Komodowaran; Komodo dragon (Englisch); buaya darat (Malaysisch); ora (Mangarrai); biscobra (Hindi)

- **WISSENSCHAFTLICHER NAME**
  Varanus komodoensis

- **GRÖSSE**
  Gesamtlänge: 2,30–3,00 m
  Gewicht: 60–120 kg

- **LEBENSRÄUME**
  nicht zu dichte Wälder, Gras- und Buschland

- **ERNÄHRUNG**
  jedes Tier, das er überwältigen kann, von kleinen Säugern, Vögeln und Eidechsen bis zu Hirschen, Schweinen und Büffeln; auch Aas

- **GEFÄHRDUNG LT. ROTER LISTE**
  gefährdet

BLITZARTIG AKTIV

Der Komodowaran ist die größte heute lebende Echse und ein wahrhaft furchterregender Jäger. Er kann Tage, Wochen, ja sogar ein oder zwei Monate hungern und schlägt dann ein Tier, das um Vieles größer ist als er selbst, etwa einen Hirsch oder einen Wasserbüffel. Wenn er sich nähert, kann der Waran eine bemerkenswerte Geschwindigkeit (über 20 Stundenkilometer) erreichen, im vollen Lauf wirft er sich seinem Beutetier an die Kehle und lässt seine Kiefer mit den über 60 scharfen, 2,5 Zentimeter langen Sägezähnen zuschnappen. Danach macht er heftige Dreh- und Kaubewegungen und setzt außerdem seine kräftigen, spitzen Klauen ein, von denen jede so lang ist wie ein menschlicher Mittelfinger, um sein Opfer aufzureißen. In diesem Moment zeigt der Waran einen kurzen Ausbruch wilder Aktivität.

Die meisten Beutetiere sterben an Ort und Stelle an einer Kombination aus Schock, Erstickung (aufgrund der zusammengedrückten Luftröhre), Fleischwunden und Blutungen. Selbst wenn es dem Opfer gelingen sollte sich loszureißen, überlebt es nicht, denn der Speichel des Komodowarans enthält einen tödlichen Cocktail aus Gift und toxischen Bakterien. Der Waran folgt seinem Opfer, bis die Gifte und der Blutverlust ihre Wirkung getan haben. Dann reißt er große Stücke aus dem Kadaver und verschlingt sie im Ganzen. Die Echse kann bei einer Mahlzeit fast ihr eigenes Körpergewicht verzehren. Danach sucht sie sich ein schattiges Plätzchen, wo sie gut getarnt ruhen und verdauen kann.

SICHER IST SICHER

Junge Komodowarane sind heller gefärbt als die Alttiere: dunkelgrün mit orange-roten Flecken am Körper und den Hinterbeinen und dunklen Streifen am Hals und den Vorderbeinen. Sobald sie aus dem Ei schlüpfen, klettern sie in die Bäume, um sich vor den kannibalischen Erwachsenen in Sicherheit zu bringen. Hier oben sind sie gut getarnt und fressen Insekten und kleinere Eidechsen. Erst nach einigen Jahren, wenn sie groß genug sind, sich ihrer Haut zu wehren, kommen sie herunter auf den Erdboden.

▶ Trotz seiner beeindruckenden Größe ist der Komodowaran erstaunlich schwer zu entdecken, wenn er im lichtdurchbrochenen Schatten unter einem Baum liegt; Grund dafür ist die Kombination aus Farbe, Zeichnung und Verhalten. Mit dem Alter wird die Echse immer dunkler.

Dunkler Tigerpython

ALTER UND NEUER SCHRECKEN IN DEN SÜMPFEN

Der in fast ganz Südostasien sowie auf der Insel Java heimische Dunkle Tigerpython ist aus mehreren Gründen berühmt und berüchtigt. Er gehört zu den größten Schlangen der Welt: Weibchen werden über 5 Meter lang und schwerer als ein Mensch. Berichten zufolge soll er Lämmer, Ziegen und Haustiere ähnlicher Größe angreifen, sogar kleine Kinder, doch normalerweise ernährt er sich von den verschiedensten Tieren, z. B. Fischen, Fröschen, Eidechsen, kleineren Krokodilen und Alligatoren oder auch Vögeln.

Der Dunkle Tigerpython ist sehr anpassungsfähig, er fühlt sich im Wasser genauso zu Hause wie an Land oder auf Bäumen (vorausgesetzt er ist nicht zu schwer) – und er ist in den Sümpfen Floridas zur invasiven Art geworden. Trotz enormer Anstrengungen, die Schlangen dort wieder zu entfernen, geht ihre Zahl mittlerweile in die Zehntausende. Einer der Hauptgründe für die Schwierigkeit, das Problem in den Griff zu bekommen, ist die hervorragende Tarnung der Tiere.

Unregelmäßig geformte dunkle Flecken, getrennt durch schmalere Streifen in hellem Gelblichbraun, Oliv oder Cremeweiß, ziehen sich in zufälliger Anordnung die Flanken entlang. Die dunklen Flecken werden zu ihrer Mitte hin heller im Ton. Wegen dieser völlig unregelmäßigen Zeichnung gelingt es uns anscheinend nicht, ein sich wiederholendes regelmäßiges Muster auszumachen, was für das Erkennen und Identifizieren vieler Tierarten von zentraler Bedeutung ist. Wenn sich die Schlange zusammenrollt, was sie häufig tut, wenn sie ruht oder auf Beute wartet, wird dieser Effekt noch verstärkt. Selbst erfahrene Ranger, die in Florida auf Python-Patrouille gehen und deren Augen bereits darauf trainiert sind, die Invasoren zu entdecken, sagen, dass sie die Schlange oft erst sehen, wenn sie schon fast auf sie treten.

VERBREITUNG

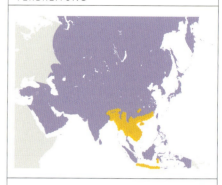

- **TRIVIALNAMEN**
  Dunkler Tigerpython; Burmese python (Englisch); Barmee ajagar (Hindi)
- **WISSENSCHAFTLICHER NAME**
  Python bivittatus
- **GRÖSSE**
  Länge: bis zu 6 m
  Gewicht: 100 kg (Männchen sind deutlich kleiner als Weibchen)
- **LEBENSRÄUME**
  subtropisch, ansonsten sehr unterschiedlich, von Wäldern im Hochland bis zu Weiden im Tiefland, Sümpfe und andere Feuchtgebiete
- **ERNÄHRUNG**
  Tiere aller Art bis zur Größe von Schweinen und jungen Hirschen
- **GEFÄHRDUNG LT. ROTER LISTE**
  gefährdet

INVASION DER RIESENSCHLANGEN

In ihrer Heimat Südostasien stehen Dunkle Tigerpythons in Nahrungskonkurrenz mit Netzpythons und anderen Schlangen, manchmal fallen sie diesen auch zum Opfer oder werden von Tigern oder Leoparden gefressen. In Florida haben sie weniger natürliche Feinde. Vermutlich wurden die ersten Exemplare in den 1970er Jahren von unverantwortlichen Terrarienbesitzern dort ausgesetzt, mittlerweile haben sie sich etabliert und vermehren sich prächtig – mit verheerenden Folgen für die Ökosysteme der Everglades und ähnliche Lebensräume.

Der Dunkle Tigerpython mit seiner zufälligen Musterung fügt sich in viele verschiedene Umgebungen ein, sei es ein Waldboden mit Laub und Ästen in Laos (oben) oder ein Wasserlauf mit Spiegelungen und steinigem Ufer in den Everglades von Florida (gegenüber).

Bindenflughuhn

RUND UND LECKER

Für Beutegreifer wie Adler, Warane oder Leoparden stellt ein Vogel von der Größe eines Flughuhns ein willkommenes Festmahl dar. Aus diesem Grund verfügen diese Vögel immer über eine hervorragende Tarnung. Andererseits müssen die Männchen dieser Art den Weibchen ins Auge fallen und sich als potenzielle Partner präsentieren. Sie müssen also eine Balance finden, zwischen unauffällig genug, um zu überleben, und auffallend genug, um attraktiv zu sein. Evolutionär ausgedrückt handelt es sich bei diesen mit einander in Konflikt stehenden Bedürfnissen um Selektionsdruck. Beutegreifer erwischen die weniger geeigneten Männchen, die am besten angepassten überleben und pflanzen sich fort.

MÄNNER MIT (BAUCH-)BINDEN

Das Gefieder des männlichen Bindenflughuhns trägt auf dem Rücken und an den Seiten eine Zeichnung aus breiten Streifen in kontrastierenden Farben von Cremeweiß und Gelblichbraun bis Dunkelbraun und fast Schwarz, der Oberkopf ist weiß mit einem breiten schwarzen Querstreif zwischen Augen und Schnabel, der Hals dagegen einfarbig gelblichbraun gefärbt. Am markantesten ist die breite creme- bis gelblichweiße „Bauchbinde", die nach oben rot- bis schokoladenbraun und nach unten dunkelbraun bis schwarz eingefasst ist. Wenn sich das Männchen im offenen Gelände zeigt, fällt es damit natürlich auf, doch wenn es seine Verbergehaltung einnimmt und reglos auf dem sandig-steinigen Boden zwischen den fahlen Felsen, den Grasbüscheln und kleinen dornigen Sträuchern in seiner natürlichen Umgebung hockt, dann ist es nur noch schwer zu entdecken.

Das Gefieder des Weibchens ist in wesentlich gedeckteren Braun- und Grautönen gehalten, doch auch hier finden sich die charakteristischen Streifen in Cremeweiß und Gelblichbraun bis Dunkel- oder Schokoladenbraun und fast Schwarz. Damit sind die Weibchen in der überwiegend bleichen, sandigbraunen trockenen Landschaft sogar noch schwerer auszumachen als die Männchen.

ELTERN ALS WASSERTRÄGER

Flughühner sind bekannt dafür, dass sie sehr weit fliegen, um sich an den wenigen Wasserstellen in ihrer trockenen Umgebung zu sammeln und möglichst schnell zu trinken. Während der Brutsaison tauchen sie ihr Brustgefieder ins Wasser, so dass es sich vollsaugt wie ein Schwamm. Die Elterntiere kehren dann zu ihren noch flugunfähigen Küken zurück, die das Wasser aus ihrem Gefieder trinken.

VERBREITUNG

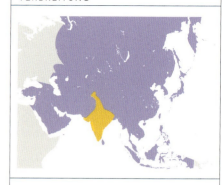

- **TRIVIALNAMEN**
  Bindenflughuhn; painted sandgrouse (Englisch); bhat teetar (Marathi); chitrit teetar (Hindi)

- **WISSENSCHAFTLICHER NAME**
  Pterocles indicus

- **GRÖSSE**
  Länge (von der Schnabel- bis zur Schwanzspitze): 25–30 cm
  Gewicht: 150–350 g

- **LEBENSRÄUME**
  trockene Wälder, steiniges Grasland, Felslandschaften mit vereinzelten Büschen und Sträuchern

- **ERNÄHRUNG**
  Samen und andere Pflanzenbestandteile, gelegentlich kleine Wirbellose wie Insekten, Schnecken und Würmer

- **GEFÄHRDUNG LT. ROTER LISTE**
  nicht gefährdet

▶ Weibliche Flughühner imitieren mit ihrem Gefieder die leichten trockenen Böden und die dürre Vegetation ihrer Lebensräume. Wenn sie sich niederducken, werfen sie fast keinen Schatten und sind dadurch noch schwerer zu entdecken.

Rohrdommel

LEBEN IN EINER VERTIKALEN WELT

Die Große Rohrdommel, meist einfach nur Rohrdommel genannt, ist ein mittelgroßer Vogel aus der Familie der Reiher, der ein sehr zurückgezogenes Leben führt und nur selten in offenem Gelände zu sehen ist. Feuchtgebiete wie Moore und Sümpfe, Uferzonen von Seen und Flüssen, Gräben und Kanäle, aber auch Reisfelder haben in der Regel eine hohe, dichte, üppige Vegetation aus Schilf, Binsen und anderen feuchtigkeitsliebenden Pflanzen. Hier fühlt sich die Rohrdommel zu Hause, hier sucht sie unbemerkt nach allen möglichen kleinen Beutetieren wie Libellenlarven, Krebsen, Wasserschnecken, Fischen, Fröschen, kleinen Eidechsen und Schlangen, Vögeln und Säugetieren wie Mäusen und Wühlmäusen.

Fast alles in der direkten Umgebung der Rohrdommel ist vertikal ausgerichtet, so wie die hohen, dünnen Stängel des Schilfs oder anderer Gräser. Das ist der stärkste Einfluss auf die der Tarnung dienenden Anpassungen dieses Vogels: Sein Gefieder ist hauptsächlich beige oder gelblichweiß gefärbt, mit dunklen Streifen und Linien auf Hals, Körper und Flügeln. Auf dem Kopf trägt er eine dunkle Kappe, und ein dunkler „Schnurrbart"-Streif verläuft vom Schnabel unter dem Auge entlang zum Hals. Brust und Bauchseite sind heller, creme- oder gelblichweiß, mit langen, unterbrochenen dunkleren Streifen. Mit dieser vertikalen Hell-Dunkel-Musterung imitiert die Tarntracht der Rohrdommel das Schilfrohr in ihrer unmittelbaren Umgebung. Die einzigen horizontalen oder abgewinkelten Elemente sind Schnabel, Kopf und Hals, wenn die Rohrdommel auf der Jagd ist. Doch sobald sie Gefahr vermutet, insbesondere von Beutegreifern wie größeren Katzen, Füchsen, Amerikanischen Nerzen, Schlangen und Greifvögeln, nimmt sie die sogenannte Pfahlstellung ein: Sie reckt Kopf und Hals senkrecht nach oben und steht völlig bewegungslos. Damit geht sie endgültig in ihrer Umgebung auf und wird quasi unsichtbar. Und wenn sich das Schilfrohr im Wind hin und her bewegt, tut es die Rohrdommel auch.

ZU HÖREN, ABER NICHT ZU SEHEN

Rohrdommeln sind zwar leicht zu übersehen, aber auf keinen Fall zu überhören. Während der Balz und in der Brutzeit stößt das Männchen unerwartet laute Rufe aus. Manche klingen wie ein Nebelhorn, andere wie ein Grunzen, besonders typisch jedoch sind kurze Abfolgen tiefer, wummernder Töne, die dem Vogel unter anderem die volkstümlichen Namen „Riedochse" und „Mooskuh" eingetragen haben. Die Rufe sind wirklich laut, aber sie sind auch tief, sodass sie weithin zu hören sind, und man den Eindruck hat, sie kämen von allen Seiten. Dadurch ist ihr Ursprung schwer zu orten, und die männliche Rohrdommel bleibt unentdeckt.

VERBREITUNG

- **TRIVIALNAMEN**
Große Rohrdommel; Eurasian bittern (Englisch); rördrom (Schwedisch); butor étoilé (Französisch); avetoro común (Spanisch); boerdomp (Niederländisch); bukač velký (Tschechisch); built (Russisch); sangkano-goi (Japanisch); da may'an (Chinesisch)

- **WISSENSCHAFTLICHER NAME**
Botaurus stellaris

- **GRÖSSE**
Länge (von der Schnabel- bis zur Schwanzspitze): 65–80 cm
Flügelspannweite: 1,20–1,40 m
Gewicht: 0,8–1,8 kg (Männchen sind größer als Weibchen)

- **LEBENSRÄUME**
Feuchtgebiete mit ausgedehnten Schilf- und Röhrichtbeständen, Binsen und Sauergräsern

- **ERNÄHRUNG**
alle möglichen kleinen Tiere, vor allem Fische, aber auch Schnecken, Insekten, Würmer, Frösche, Reptilien, kleinere Vögel und Säugetiere

- **GEFÄHRDUNG LT. ROTER LISTE**
nicht gefährdet

▶ Zur typischen Tarnung der Rohrdommel gehört die sogenannte Pfahlstellung, für die sie Körper, Hals, Kopf und Schnabel kerzengerade nach oben reckt und sich möglichst nicht bewegt. So imitiert sie die hohen, geraden Stängel des Schilfrohrs in ihrer Umgebung.

Schabrackentapir

SCHWARZ-WEISS-MALEREI

Für die disruptive Färbung oder Tarnung gibt es kaum ein besseres Beispiel als den Schabrackentapir. Sein typisches Schwarz-weiß-Muster fällt sofort ins Auge. Kopf, Hals, Schultern und Vorderbeine sind völlig schwarz, genau wie die Hinterbeine und der untere Teil der Hüfte. Der Bereich dazwischen ist fast weiß und wirkt wie eine Satteldecke oder Schabracke, die dem Tier über den Rücken geworfen wurde.

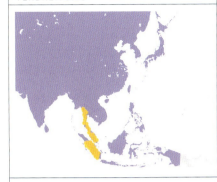

VERBREITUNG

- **TRIVIALNAMEN**
  Schabrackentapir; malay tapir (Englisch); badak tampung, cipan, tenuk (Malaysisch, Indonesisch)
- **WISSENSCHAFTLICHER NAME**
  Tapirus indicus
- **GRÖSSE**
  Kopf-Rumpf-Länge: 1,80–2,40 m
  Schulterhöhe: 0,90–1,00 m
  Gewicht: 250–350 kg
- **LEBENSRÄUME**
  feuchte tropische Wälder, Regenwälder, Feuchtgebiete
- **ERNÄHRUNG**
  Pflanzen, vor allem weiche Triebe, Blätter und Knospen, auch kleine Zweige, Früchte und Wasserpflanzen
- **GEFÄHRDUNG LT. ROTER LISTE**
  stark gefährdet

Auf den ersten Blick erscheint die disruptive Färbung paradox oder kontraintuitiv: Keine feinen Schattierungen, die dem Tier helfen, mit dem Hintergrund zu verschmelzen. Statt dessen massive, kontrastierende Farben und Formen, die einfach gesehen werden müssen. Allerdings entsprechen die Formen nicht der Form des Tieres, seinem Körperumriss oder seiner dreidimensionalen Gestalt. Ziel ist es, das Auge des Betrachters auf die Formen selbst zu lenken, weg vom Körperprofil, in diesem Fall dem Säugetierprofil des Tapirs (siehe auch Delacour-Schwarzlangur, S. 160–161)

IM DUNKEL DES WALDES

In offenem Gelände ist der Schabrackentapir nicht zu übersehen und völlig bloß gestellt, mit seiner auf maximalen Kontrast angelegten Pigmentierung. Doch dieses große, schwere Tier aus der Ordnung der Unpaarhufer (Perissodactyla), zu der auch Pferde und Nashörner gehören, fühlt sich im offenen Gelände nicht wohl. Es ist ein zurückhaltender Bewohner dichter Wälder und anderer Dickichte, wo kaum ein Sonnenstrahl bis zum Boden durchdringt. Dort ist es dämmrig am Tag und stockfinster bei Nacht, wenn der Tapir munter wird und auf Futtersuche geht. Unter solchen Lichtverhältnissen sind die dunklen Partien des Tieres quasi unsichtbar. Nur die weiße Schabracke mit ihrer nicht gerade tapirähnlichen Form ist zu erkennen. Bis ein möglicher Fressfeind, z. B. ein Tiger, ein zweites Mal hingeschaut hat, hat der Tapir die Gefahr gewittert und gehört (sein Sehvermögen ist schlecht) und sich überraschend geräuschlos davongestohlen.

◀ Der Rüssel des Tapirs ist evolutionär aus Nase und Oberlippe entstanden und sehr beweglich. Der Tapir erschnüffelt und ergreift damit die Pflanzen, von denen er sich ernährt. Im offenen Sonnenlicht kann man ihn nur selten antreffen, er bevorzugt den tiefen Schatten und ist hauptsächlich nachtaktiv.

DIE IM DUNKELN SIEHT MAN NICHT

Die nächtliche Lebensweise und die dafür hervorragende Tarnung des Schabrackentapirs tragen leider auch zu einer seiner häufigsten Todesursachen bei: Tod im Straßenverkehr. Die Tiere kommen nachts heraus auf die Straßen, weil sie dort besser vorankommen als im dichten Unterholz oder wenn sie auf der Suche nach neuen Futterplätzen in einem Wald oder einer Plantage sind. Autofahrer sehen oft nur die weiße Markierung und erkennen den Tapir nicht – was ja genau das Ziel der Tarnung ist – oder erst wenn es zu spät ist.

Die „bemalte" Wollfledermaus

ZUM ÜBERSEHEN SCHÖN

Die Wollfledermäuse gehören zur Familie der Glattnasen (Vespertilionidae). Das lateinische Wort „picta" im wissenschaftlichen Namen dieser kleinen Fledermaus bedeutet „bemalt" und bezieht sich auf die fast unnatürlich grellen Farben auf ihren Flügeln, die aussehen, als hätte sie ein ungeschickter Mensch mit dem Pinsel aufgetragen.

VERBREITUNG

Auf den ersten Blick, wenn sie mit ausgebreiteten Flügeln durch die Luft gleitet, scheint die Färbung dieser Wollfledermaus kaum als Tarnung zu taugen. Auf der Bauchseite ist das Fell orange, gelb oder sogar feuerrot gefärbt, ebenso die Haut auf dem Schwanz und auf den Fingerknochen, während die Haut zwischen den Fingern mit Dunkelblau, Dunkelbraun oder Schwarz in starkem Kontrast dazu steht.

BRAUNE SCHLUMMERROLLEN

Anders sieht die Sache aus, wenn die „bemalten" Fledermäuse tagsüber, mit dem Kopf nach unten, in kleinen Gruppen schlafen. Dann sind die Flügel zusammengefaltet, und die kleinen Tiere präsentieren nur ihre rostroten oder braunen Rückseiten. So kann man sie leicht übersehen, denn sie ähneln alten, verbräunenden Blättern oder verwelkenden Blüten.

Am liebsten suchen sie sich Schlafplätze in den großen Blättern von Bananenstauden oder Zuckerrohr. Die Fledermäuse kriechen in die Blätter hinein, wenn sich deren Ränder alterungsbedingt aufzurollen beginnen, und sind dann kaum noch zu entdecken. Andere beliebte Schlafplätze sind die hängenden Nester von Weber- und Nektarvögeln.

Sobald die Fledermaus ihre Flügel ausbreitet, werden die kontrastierenden Farben sichtbar und lenken die Aufmerksamkeit eines möglichen Fressfeinds um, so dass er die typischen Umrisse der Fledermausflügel nicht mehr erkennt. Das nennt man disruptive Färbung.

- TRIVIALNAMEN
  painted bat (Englisch); komola-badami chamchika (Bengali); do'i mũi nhan dom vàng (Vietnamesisch)

- WISSENSCHAFTLICHER NAME
  Kerivoula picta

- GRÖSSE
  Länge (von der Schnauzen- bis zur Schwanzspitze): 6–10 cm
  Flügelspannweite: 15–20 cm
  Gewicht: 4–6 g

- LEBENSRÄUME
  lichte Wälder, auch Bananen- und andere Plantagen, landwirtschaftlich genutzte Flächen, Parks, Gärten, menschliche Behausungen

- ERNÄHRUNG
  kleine Insekten, Spinnen und Ähnliches, das von Blättern gefischt oder aus der Luft gefangen wird

- GEFÄHRDUNG LT. ROTER LISTE
  potenziell gefährdet

NACHTFLUG

Zur Familie der Glattnasen (Vespertilionidae) gehören über 300 Fledermaus-Spezies rund um den Globus. Wie das lateinische Wort „vesper" in ihrem zoologischen Namen verrät, sind sie in der Regel erst am Abend und in der Nacht aktiv. Wegen ihrer schönen Farben werden „bemalte" Wollfledermäuse oft wild gefangen, getötet und präpariert, um sie als Souvenirs an gedankenlose Touristen zu verkaufen. Leider ist das Präparieren immer noch ein gutes Geschäft.

▶ Riesige, alternde Blätter von Bananenstauden und Zuckerrohr sind als Schlafplätze bei „bemalten" Wollfledermäusen sehr beliebt. Hier haben sich zwei in ein stark verbräuntes Blatt verkrochen.

◀ Die Farbkontraste zwischen dem Fell auf den Fingerknochen der Fledermaus und der dazwischen aufgespannten Flughaut sind eine faszinierende Anpassung.

Delacour-Schwarzlangur

LEBEN AM RANDE DES ABGRUNDS

Der Delacour-Schwarzlangur gehört zu den Haubenlanguren, einer Gattung aus der Gruppe der Schlank- und Stummelaffen (Colobinae). Deren über 60 Arten (Spezies) leben in Asien und Afrika, fast alle sind Baumbewohner, die sich hauptsächlich von Blättern, Blüten, Früchten und Knospen ernähren. Viele Arten haben ein braunes, graues oder ähnlich undefinierbar gefärbtes Fell. Der extrem seltene Delacour-Schwarzlangur dagegen ist überwiegend schwarz, mit weiß-grauen Backen und Ohren sowie einem breiten weißen Band um Hüften und Oberschenkel.

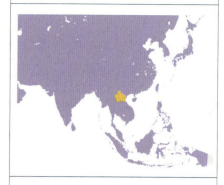

VERBREITUNG

- **TRIVIALNAMEN**
  Delacour-Schwarzlangur; Delacour's langur (Englisch); vooc mong trang (vietnamischer Dialekt)

- **WISSENSCHAFTLICHER NAME**
  Trachypithecus delacouri

- **GRÖSSE**
  Kopf-Rumpf-Länge: 57–62 cm
  Schwanzlänge: 82–88 cm
  Gewicht: 6–10 kg (Männchen sind etwas größer als Weibchen)

- **LEBENSRÄUME**
  mit lichten tropischen Wäldern bedeckte Bergregionen mit Steilwänden, Felsnadeln und Geröllhalden

- **ERNÄHRUNG**
  meist junge Blätter und Knospen, aber auch Blüten und Früchte

- **GEFÄHRDUNG LT. ROTER LISTE**
  vom Aussterben bedroht

ABLENKUNGSMANÖVER

Der Delacour-Schwarzlangur demonstriert quasi die Affenvariante eines Phänomens, das wir bei einem anderen asiatischen, Pflanzen fressenden Säugetier kennengelernt haben, wenn auch der Schabrackentapir (siehe S. 156–157) um einiges schwerer und massiger daherkommt. Gemeint ist die disruptive Färbung. Die schwarzen oder weißen Flächen ziehen den Blick so sehr auf sich, dass sie den Betrachter von der eigentlichen Körperkontur oder der Gestalt des betreffenden Lebewesens ablenken – im Falle des Langurs von Kopf, Körper, Gliedmaßen und Schwanz.

Doch diese Interpretation der äußeren Erscheinung und der Tarnung des Delacour-Schwarzlangurs ist umstritten. Wie hilfreich sind sie in seinem Lebensraum? Die Karst-Landschaft in seinem winzigen Restverbreitungsgebiet ist zumeist offen, mit kleinen Waldgebieten hie und da eingestreut zwischen Felsen, Geröllhalden, Steilhängen und hochaufragenden Zinnen. Eine Vermutung ist, dass diese Lemuren, wenn sie von einem Futter- oder Schlafplatz zum anderen gelangen wollen, exponierte Felsen und Schuttflächen überqueren müssen. Im offenen Gelände sollen sie von der disruptiven Färbung profitieren. Die Meinungen der Experten zu dieser Vorstellung gehen auseinander.

KRITISCHE SITUATION

Der Delacour-Schwarzlangur ist nach Jean Delacour benannt, einem französisch-amerikanischen Zoologen und frühen Verfechter des Natur- und Artenschutzes, der sicher zutiefst betrübt wäre, wenn er wüsste, wie schlecht es seinem „Patenkind" heute geht. Vermutlich leben nur noch 200 Exemplare in freier Wildbahn, vor allem im erst 2001 eingerichteten Van Long Nature Reserve in Vietnam.

◀ Auf nacktem Fels, zwischen hellen und dunklen Gesteinsflächen, könnte sich die disruptive Färbung des Schwarzlangurs harmonisch einfügen und verhindern, dass er als Affe erkannt wird, etwa von Greifvögeln wie Adlern und Bussarden.

▶ Das breite weiße Band um die Hüften des Delacour-Schwarzlangurs erinnert stark an die Farbverteilung beim Schabrackentapir.

Bänderroller

KATZENARTIG, ABER KEINE KATZE

Der Bänderroller ist etwa so groß wie eine Hauskatze und hat noch mehr katzenähnliche Eigenschaften. So springt, klettert und verfolgt er seine Beute mit großem Geschick. Die spitzen Krallen lassen sich teilweise einziehen. Der lange Schwanz hilft ihm beim Balancieren. Die scharfen Zähne zerkleinern mühelos kleinere Fleischmahlzeiten. Er sieht nachts gut und ist überwiegend nachtaktiv. Tagsüber rollt er sich wie eine Katze zusammen und schläft in einem hohlen Baum oder einem vergleichbaren Unterschlupf.

VERBREITUNG

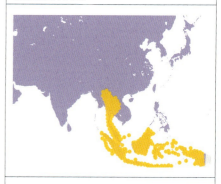

- TRIVIALNAMEN
  Bänderroller; banded palm civet (Englisch); hemigalo franjeado (Spanisch); musang berjalur (Malaysisch)
- WISSENSCHAFTLICHER NAME
  Hemigalus derbyanus
- GRÖSSE
  Länge (von der Schnauzen- bis zur Schwanzspitze): 45–65 cm
  Gewicht: 1,5–4,0 kg
- LEBENSRÄUME
  Wälder, Plantagen, in der Nähe menschlicher Ansiedlungen
- ERNÄHRUNG
  vor allem kleine Tiere wie Würmer, Insekten, Frösche, Eidechsen, Mäuse und Ratten, gelegentlich auch Pflanzliches
- GEFÄHRDUNG LT. ROTER LISTE
  potenziell gefährdet

Wenn sich der Bänderroller in der Dämmerung auf die Jagd macht, bewegt er sich zumeist am Boden, wo seine Tarnung bei schwachem Licht besonders effektiv ist. Die Grundfarbe des Fells ist von Tier zu Tier verschieden und variiert von Dunkelbraun über hellere Schattierungen dieser Farben bis Gelblichbraun oder Cremeweiß. Charakteristisch sind die dunklen, oft schwarzen Markierungen: drei auffällige Streifen im Gesicht und 6–8 Bänder um Körper und Schwanz, die am Rücken am breitesten sind und über die Flanken nach unten schmaler und blasser werden. Die Bauchseite ist heller gefärbt, der Schwanz wird zur Schwanzspitze hin dunkler. Alles zusammen macht den Bänderroller im Unterholz quasi unsichtbar, wenn er seine nächtlichen Aktivitäten aufnimmt.

KATZEN UND SCHLEICHKATZEN

Der Bänderroller gehört zwar nicht zur Familie der „richtigen" Katzen (Felidae), doch wegen der vielen Ähnlichkeiten erhielt seine Familie den deutschen Namen „Schleichkatzen" (Viverridae). Diese Familie stellt – zusammen mit den ebenfalls katzenähnlichen Ginsterkatzen und Linsangs – innerhalb der Systematik der fleischfressenden Säugetiere (Carnivora) eine Schwestergruppe zu den Katzen dar. Anders als die meisten Katzen ernähren sich die Schleichkatzen gelegentlich auch von Pflanzenkost.

KATZENKAFFEE

Kopi Luwak ist ein sehr teures Getränk, er wird aus Kaffeefrüchten hergestellt, die von Schleichkatzen der Art *Paradoxurus hermaphroditus* (Fleckenmusang) gefressen wurden. Das die Kaffeebohnen umhüllende Fruchtfleisch wird im Darm der Tiere verdaut, die Bohnen selbst werden (leicht verändert) wieder ausgeschieden. Menschen sammeln diese Bohnen, reinigen und rösten sie, um daraus Kaffee herzustellen. Der Geschmack dieses Getränks wird von manchen hochgeschätzt, seine Produktion kann jedoch mit großer Grausamkeit gegenüber den Tieren verbunden sein. Die Schleichkatzen werden zum Teil unter fürchterlichen Bedingungen in Käfigen gehalten und absolut nicht artgerecht gefüttert.

▶ Die dunklen Streifen sorgen für eine gute Tarnung im Geäst. Das Streifenmuster bedeckt fast den gesamten Körper des Bänderrollers. Seine großen Augen verraten, dass das Tier nachtaktiv ist.

164 MEISTER DER TARNUNG

Schneeleopard

WIE EIN GEIST IN DEN HÖHEN DES HIMALAYAS

Der Schneeleopard ist die kleinste der großen Katzen aus der Gattung *Panthera*, und auch die, die – heimisch in den unendlichen Weiten der zentralasiatischen Hochgebirge – am zurückgezogensten lebt. Sein dicker Pelz dient nicht nur der Tarnung, sondern schützt ihn auch vor Schneestürmen, beißenden Winden und eisiger Kälte. Während der kalten Jahreszeit sorgen die dicht stehenden, kräftigen, wolligeren Deckhaare, die mehr als 10 Zentimeter lang werden können, zusammen mit dem kompakten Unterfell, das die Körperwärme zurückhält, für hervorragende Isolation. Außerdem kann die Katze ihren langen, noch buschiger behaarten Schwanz, der fast so lang ist wie sie selbst, um den Körper herumlegen und den Effekt so verdoppeln. Zu dieser Zeit ist die Grundfarbe des Fells cremeweiß, blassgelb oder zartgrau, mit leicht verwaschenen grauen Flecken auf Kopf und Beinen und weniger kontrastreichen Rosetten am Körper. Das erhöht die Tarnung, wenn der Lebensraum zum größten Teil unter einer verwehten Schneedecke liegt.

VERBREITUNG

- **TRIVIALNAMEN**
  Schneeleopard; snow leopard (Englisch); irbis (Russisch, Mongolisch); sah, shen (Tibetisch); barjani/barfani chita (Hindi, Urdu); heung chituwa (Nepali)

- **WISSENSCHAFTLICHER NAME**
  Panthera uncia

- **GRÖSSE**
  Kopf-Rumpf-Länge: 1,20 m
  Schwanzlänge: 90 cm
  Gewicht: 30–60 kg

- **LEBENSRÄUME**
  Gebirge von 500–6000 m Höhe, Wälder, Gras- und Strauchlandschaften, Schluchten, Felswände

- **ERNÄHRUNG**
  Tiere von großen Schafen, Ziegen, Hirschen bis zu kleinen Nagern, Hasen und Vögeln

- **GEFÄHRDUNG LT. ROTER LISTE**
  gefährdet

EIN NEUER PELZ FÜR DEN SOMMER

Während des Haarwechsels im Frühjahr wachsen die neuen Haare etwas weniger dicht und wollig nach, aber sie halten immer noch sehr gut warm, die Flecken und die Rosetten sind dunkler und heben sich deutlicher vom ebenfalls etwas dunkleren, rauchgrauen Hintergrund ab. Das passt zu der optisch jetzt stärker strukturierten, schneefreien Umgebung mit Felsen, Geröllhalden, alpinen Pflanzen und vereinzelten Bäumen und Sträuchern.

Trotz des riesigen Verbreitungsgebiets ist die Schneeleoparden-Population mit circa 3000–3500 Individuen (eher weniger) relativ klein. In dieser harten, ungewöhnlich kalten Landschaft gibt es nur wenige Beutetiere, und diese sind weit verstreut. Das Jagdrevier des Schneeleoparden umfasst daher in manchen Regionen bis zu 200 Quadratkilometer.

◀ Wenn das Tauwetter im Frühling den Schnee verschwinden lässt, kommt eine Landschaft zum Vorschein, die aus einer Vielzahl kleiner heller und dunkler Flächen besteht. Der Leopard kann sich einem möglichen Opfer unbemerkt bis auf wenige Meter nähern, dann schnellt er los und verfolgt es mit außerordentlicher Gewandtheit.

ABWÄRTSTREND

Wie bei anderen Großkatzen auch gehen die Bestandszahlen des Schneeleoparden ständig zurück. Bergbau und Überweidung durch Haustiere zerstören seine Lebensräume, Bauern töten ihn, weil er ihr Vieh angreift, und der Klimawandel bedroht ihn u.a. dadurch, dass seine Lebenswelt immer weniger weiß ist. Obwohl der Schneeleopard seit 1975 streng geschützt ist, wird er tragischerweise noch immer wegen seines Fells, seiner Knochen und anderer Körperteile für den illegalen Wildtierhandel getötet.

Tiger

GESTREIFTE LEGENDE

Überall auf der Welt gleichermaßen hoch verehrt wie verhasst und gefürchtet gilt der Tiger unter anderem als Symbol für Macht und Stärke, Heimlichkeit und Hinterlist, für die bedrohte Wildnis und als Pelzträger mit dem wohl höchsten Wiedererkennungswert im ganzen Tierreich.

VERBREITUNG

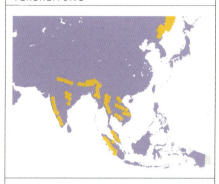

Es gibt etwa 41 Arten (Spezies) von Katzen. Das Fell der meisten Arten trägt eine Zeichnung aus Tupfen, Rosetten oder unterbrochenen Streifen bzw. Linien. Nur der Tiger besitzt derart klare, unzweideutige Streifen. Diese sind normalerweise sehr dunkel oder schwarz und setzen sich als Ringe um den Schwanz und die oberen Beinabschnitte fort. Die Grundfarbe variiert von Blassgelb über Gelborange oder helles Rostrot bis hin zu einem rotgoldenen Braunton. Im Gesicht ist das Fell zwischen den Streifen weiß, ebenso auf der Unterseite. Jedes Individuum hat sein eigenes, charakteristisches Streifenmuster.

ROT UND GRÜN

Wie genau dienen Streifen der Tarnung? Die gängigste Erklärung lautet: Der Tiger jagt vor allem in der Dämmerung und bei Nacht. Als Lauerjäger liegt er irgendwo halbverborgen und wartet auf Beute oder er schleicht sich nahe genug an ein potenzielles Opfer an, um dann vorzupreschen und ihm einen tödlichen Biss zu versetzen. Bei schwachem Licht fügen sich die hellen und dunklen Streifen nahtlos in vertikal ausgerichtete Vegetation wie Gräser oder Stämme von jungen Bäumen oder Sträuchern im Unterholz ein.

Kann das stimmen? Orange scheint nicht gerade eine typische Holzfarbe zu sein. Allerdings sehen viele Beutetiere des Tigers Farben anders als wir, z.B. Hirsche und wilde Ziegen, aber auch viele andere Säugetiere. Ihre Augen besitzen nur zwei verschiedene Farbrezeptoren (blau und grün), Menschen, Affen und andere Primaten dagegen verfügen über drei verschiedene (rot, blau und grün). Das hat zur Folge, dass die Beutetiere effektiv rotgrün-blind sind und Rottöne nur sehr beschränkt von Grüntönen unterscheiden können. Daher gehen die orangefarbenen Tigerstreifen für sie in der weitgehend grünbraunen Vegetation auf.

- **TRIVIALNAMEN**
Für die 9 verschiedenen Unterarten gibt es Trivialnamen, die in der Regel nach ihrem Verbreitungsgebiet benannt sind, z.B. Sibirischer Tiger, Bengal- oder Königstiger, Sumatratiger. Lokale Namen sind z.B. vyāghrah (Sanskrit); baagh, sher (Hindi-Dialekte); con hổ (Vietnamesisch)

- **WISSENSCHAFTLICHER NAME**
Panthera tigris

- **GRÖSSE**
Länge (von der Schnauzen- bis zur Schwanzspitze): 2,00–4,00 m
Schulterhöhe: 0,80–1,00 m
Gewicht: 70–300 kg (Männchen sind größer als Weibchen; die Unterarten unterscheiden sich in der Größe)

- **LEBENSRÄUME**
Wälder, Gras- und Buschland, Feuchtgebiete, landwirtschaftlich genutzte Gebiete

- **ERNÄHRUNG**
meist mittelgroße bis große Säugetiere, aber auch viele andere Tiere, von Fischen und Vögeln, Ratten und Hasen bis hin zu den größten Büffeln und Nashörnern

- **GEFÄHRDUNG LT. ROTER LISTE**
stark gefährdet

TIGER IN GEFAHR

Der Tiger ist ein Top-Prädator, das heißt, er bildet die Spitze der Nahrungspyramide. Jedes einzelne Individuum steht für die Gesundheit und das Wohlergehen eines Ökosystems von oft riesigen Ausmaßen. Schändlicherweise ist die Wilderei selbst heute noch die größte Gefahr für den Tiger, er wird getötet wegen seines Fells und seiner Körperteile, denen ohne irgendeinen wissenschaftlichen Beleg Heilkräfte nachgesagt werden. Der illegale Handel hat so immense Bedeutung, dass sogar die Bestandszahlen von korrupten Beamten nach oben oder unten manipuliert werden. Heutige Schätzungen reichen von weniger als 3000 bis über 5000 Exemplare.

▶ Dass Streifen in einer Umgebung mit aufrecht stehenden Gräsern hilfreich sind, leuchtet unmittelbar ein. Doch was ist mit der Farbe? Beutetiere des Tigers nehmen Farben anders wahr als wir Menschen, für sie ist orange weniger rotgelb als vielmehr grünbraun.

6
Australasien

Spitzkopfzikade

NYMPHEN MIT WACHSPUTZ

Schwarze und grüne Blattläuse, Buckelzikaden, Schaumzikaden und ähnliche Tiere kennt man vor allem als saugende Pflanzenschädlinge. Zikaden gehören ebenso wie Pflanzenläuse und Pflanzenwanzen zur Insektenordnung der Schnabelkerfe oder Hemiptera. Viele davon besitzen eine gute Tarnung, z. B. Buckelzikaden, die wie der Dorn einer Rose aussehen. Andere stellen sich eine Art Schutzhülle her, wie die als Kuckucksspeichel bezeichneten blasigen Gebilde, die die Larven der Schaumzikaden umgeben.

DIE WACHSVERKLEIDUNG

Die vielleicht merkwürdigsten Tarn-und-Schutzverkleidungen der Schnabelkerfe findet man in einigen Spitzkopfzikaden-Familien. Aus den Eiern schlüpfen als Nymphen bezeichnete Jungstadien, die schon aussehen wie die erwachsenen Tiere, nur kleiner und noch ohne Flügel. Mit ihren Mundwerkzeugen stechen sie Pflanzen an und saugen begierig deren Säfte. Von Häutung zu Häutung werden sie größer und den Erwachsenen immer ähnlicher. Während ihres Nymphenstadiums scheiden viele dieser Zikaden an ihrem Hinterleib, aus speziellen Wachsdrüsen, ungewöhnliche, fast wie Plastik aussehende, längliche Fäden, Fasern oder Haare aus.

Manchmal bedecken diese Wachsgebilde die ganze Nymphe. Sie können einem Pilz, einer Flechte, einem Moos ähneln oder auch einem Löwenzahnschirmchen, einer Wollfluse aus einem Säugetierfell oder der Daunenfeder eines Vogels. Bei manchen Arten scheint dem Hinterleib der Nymphe ein ganzes Büschel von Filamenten zu entspringen; diese biegen sich über den Körper des Tieres, so dass man meint, es sei tot und würde von einem Pilz zersetzt, dessen Sporenträger in die Luft ragen. Die so verkleideten Nymphen sehen für Fressfeinde wirklich unappetitlich aus, sie würden lediglich ein wenig schmackhaftes, klebriges Etwas in den Schnabel bekommen.

VERBREITUNG

● Scolypopa-Arten

- **TRIVIALNAMEN**
Schmetterlingszikaden, Breitflügelzikaden; wax-tailed planthoppers (Englisch)

- **WISSENSCHAFTLICHER NAME**
Familien Flatidae (Schmetterlingszikaden) und Ricaniidae (Breitflügelzikaden) aus der Unterordnung Fulguromorpha (Spitzkopfzikaden)

- **GRÖSSE**
meist kleiner als 7 mm

- **LEBENSRÄUME**
tropische Wälder

- **ERNÄHRUNG**
Pflanzensäfte, Nektar

- **GEFÄHRDUNG LT. ROTER LISTE**
nicht beurteilt

◀ Sehr zum Verdruss vieler Gärtner befallen Zikaden der Art *Scolypopa australis*, Spitzname „Fusselhintern", Passionsblumen- oder auch – wie hier – Jasmin-Arten.

▶ Sie sind sperrig und schwer verdaulich, darum schrecken die „Schwanzanhänge" der Spitzkopfzikaden-Nymphen viele kleinere Fressfeinde wie Vögel und Eidechsen ab.

ANGENEHMER NEBENEFFEKT

Die Wachsgebilde dienen den Zikadennymphen nicht nur als Tarnung und Fraßschutz. Da das Wachs auch wasserabstoßend und -ableitend wirkt, geht die Nymphe bei starkem Regen nicht unter. Wenn sie das Erwachsenenalter erreicht (was nur sehr wenigen gelingt), arbeiten die Wachsdrüsen weiter und sorgen für einen wasserabweisenden Überzug für den gesamten Körper.

„Childrens Stabschrecke"
EIN STÖCKCHEN MIT BLATTKOSTÜM

Stabschrecken gibt es fast in allen Weltregionen in Wäldern und Gehölzen, genau genommen überall da, wo es Bäume, Sträucher und Gebüsch gibt. Zu ihrer Ordnung Phasmatodea (Gespenstschrecken) gehören auch die Wandelnden Blätter, zusammen zählen sie über 3000 Arten. Die überwiegende Mehrheit dieser Gruppe gibt sich optisch als Pflanzenmaterial aus, als Ast, Zweig, Stöckchen, Blatt, Knospe usw., sei es nun frisch und gesund oder verwelkt und vermodert.

VERBREITUNG

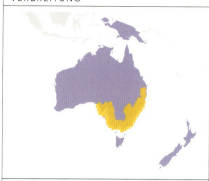

- TRIVIALNAMEN
  Children's stick insect (Englisch)
- WISSENSCHAFTLICHER NAME
  Tropidoderus childrenii
- GRÖSSE
  Körperlänge: 10–15 cm
  Flügelspannweite: 7–10 cm
- LEBENSRÄUME
  Wälder, vor allem Eukalyptuswälder
- ERNÄHRUNG
  Blätter, vor allem die von Eukalyptusbäumen
- GEFÄHRDUNG LT. ROTER LISTE
  nicht gefährdet

IM EUKALYPTUS ZU HAUSE

Die große, nach dem Zoologen John George Children (1777–1852) benannte Stabschrecke bedient sich zur Tarnung verschiedener Aspekte ihrer aus Eukalyptusbäumen (und deren Verwandten) bestehenden Umwelt. Die hellen Grüntöne ihres Körpers passen farblich zu den Eukalyptusblättern, in denen sie sitzt und die sie verzehrt. Die Vorderbeine und die unteren Abschnitte der beiden hinteren Beinpaare ähneln langen, dünnen Stielen. Die oberen Abschnitte der Hinterbeine sind etwas verbreitert und sehen aus wie junge oder zusammengerollte Eukalyptusblätter. Die beiden Flügelpaare imitieren – wenn sie am Körper angelegt sind – ebenfalls Blätter, und zwar bis in die Details, etwa den Unterschied im Farbton von Ober- und Unterseite des Blattes und die hervortretenden gelblichen Verstärkungen, die an Blattrippen erinnern und sich über Flügel und Körper ziehen.

Aber es gibt auch Unterschiede in der Färbung. So findet man „Childrens Stabschrecken" etwa in Schattierungen, die nach Rosa, Rot, Braun oder sogar Cremeweiß tendieren. Die Farben hängen unter anderem von Alter und Geschlecht des Insekts und den Baumarten ab, auf denen es lebt.

TOLLE SHOW!

Wenn sich ein Vogel nähert, um das „merkwürdige Ding" zu untersuchen, hat das Insekt ein paar Überraschungen auf Lager. Es kann mit seinen langen, Klauen bewehrten Beinen austreten, die Hinterbeine zusammenschlagen, mit seinem ganzen Körper wild hin und her schaukeln, so dass die Blätter und Zweige in der Nähe durchgeschüttelt werden, und schließlich seine großen fächerartigen Hinterflügel zu ihrer vollen Größe ausfalten; dabei werden blauviolette Flecken an den Ansatzstellen der Flügel sichtbar. Viele mögliche Fressfeinde lassen sich von einer solchen Abwehraktion einschüchtern.

▶ Der Name Phasmatodea leitet sich vom griechischen Wort „phasma", „Gespenst" ab. Vermutlich weil sich die Insekten plötzlich bewegen, nachdem sie vorher unbemerkt in den sie umgebenden Blättern gesessen hatten.

◀ „Childrens Stabschrecke" ist vor allem an Eukalyptusbäume angepasst, aber auch zwischen anderen Laubblättern ist sie nur schwer auszumachen.

Blattschwanzgecko

WOZU EIN GROSSER SCHWANZ GUT SEIN KANN

Im Osten des australischen Kontinents sind mehrere Arten Blattschwanzgeckos (Gattung *Saltuarius*) zu Hause, die sich in Größe, Aussehen und Lebensgewohnheiten nur wenig unterscheiden. Wer bei „Blattschwanz" jedoch an einen leuchtend grünen Schwanz denkt, der breit und flach ist wie ein Laubblatt, wird enttäuscht. Der Schwanz hat zwar Blattform, doch die Farbe ist ganz anders. Die Färbung dieser Geckos ähnelt mehr der Rinde von Bäumen oder Felsen, die mit Flechten, Moosen oder Pilzen bewachsen sind oder andere ähnliche Oberflächenstrukturen haben.

Jede der bisher bekannten Blattschwanzgecko-Arten kommt nur in einem kleinen Areal vor, *Saltuarius wyberba* z. B. nur im Granite Belt, einer Bergregion im Südwesten von Queensland und im Nordosten von New South Wales. Die Färbung der kleinen Eidechse passt zu den namensgebenden Felsen der Gegend. *Saltuarius kateae* dagegen lebt weiter südlich in einem Bereich der zu den Bergen und Hügeln der Richmond Range gehört; seine Tarnung ähnelt mehr den moosbewachsenen Bäumen und Felsen seines feuchteren Lebensraums.

KOPF ODER SCHWANZ?

Blattschwanzgeckos sind relativ groß, bis 20 Zentimeter lang. Sie sitzen gerne flach gegen den passenden Untergrund gedrückt und warten darauf, dass Insekten oder andere Beutetiere vorbeikommen. Bei einigen Arten ist der Schwanz des Geckos bedeutend größer als der Kopf, dann kann es passieren, dass Beutegreifer wie Beutelmarder, Warane und Schlangen oder Greifvögel irrtümlich nach diesem Ende schnappen, um den Gecko zu töten. Doch der Schwanz hat – wie der vieler Eidechsen – eine „Sollbruchstelle" und fällt ab, ohne dass das Tier großen Schaden nimmt. Er wächst wieder nach, aber die Tarnfärbung passt dann nicht immer so gut zum Rest des Körpers wie bei seinem Vorgänger.

VERBREITUNG

● *Saltuarius swainii*

- **TRIVIALNAMEN**
  Blattschwanzgecko; leaf-tailed gecko (Englisch)
- **WISSENSCHAFTLICHER NAME**
  Gattung *Saltuarius* mit etwa 7 Arten
- **GRÖSSE**
  Länge: bis 20 cm
  Gewicht: bis 30 g
- **LEBENSRÄUME**
  vor allem Wälder, insbesondere solche mit Felsen, Steilwänden, Schluchten und Canyons
- **ERNÄHRUNG**
  Insekten, Spinnen, Hundertfüßer und ähnliches kleine Getier
- **GEFÄHRDUNG LT. ROTER LISTE**
  je nach Art von „nicht gefährdet" bis „stark gefährdet" (*S. eximius*)

NEUZUGANG AUF DER LISTE

Im Jahr 2013 berichteten Biologen über eine neu entdeckte *Saltuarius*-Art. Sie wurde in einigen wenigen Exemplaren auf Cape Melville gefunden, einer Landzunge der Cape-York-Halbinsel ganz im Norden von Queensland. *Saltuarius eximius* ähnelt anderen Blattschwanzgeckos zwar in seiner Tarnfärbung, doch in einigen körperlichen Merkmalen und in seiner Genetik unterscheidet er sich so deutlich, dass es gerechtfertigt war, ihn zu einer neuen Art zu erklären. Die Spezies, die ihm räumlich am nächsten liegt, ist *Saltuarius cornutus*, der 200 Kilometer weiter südlich lebt.

▶ Hier, im Südwesten von Queensland und im Nordosten von New South Wales und auf der Rinde seiner Wirtsbäume mit Kletterpflanzen, Würgefeigen und Flechten, fühlt sich *Saltuarius swainii* dank seiner Tarnfärbung ganz und gar zu Hause. Er gehört zu den Arten, bei denen der flache, blattartige Schwanz größer ist als der Kopf.

Die „Wickelspinne"

WENN RINDE PLÖTZLICH ZUBEISST

Wenn sich ein harmlos aussehendes Stück unbeweglicher flacher Rinde plötzlich in eine quicklebendige, haarige Spinne verwandelt, könnte es manchen Menschen mulmig werden. Allerdings spielen die Spinnen der Arten *Dolophenes conifera* bzw. *turrigera* (aus der Familie der Echten Radnetzspinnen) nicht in derselben Liga wie die Vogelspinnen: Sie sind kaum einen Zentimeter lang und hätten bequem auf einem Daumennagel Platz. Wie die meisten Spinnen haben sie einen giftigen Biss, zumindest für kleine Beuteinsekten, für Menschen sind sie wegen ihrer kleinen Kieferklauen und des relativ schwachen Gifts aber ungefährlich.

VERBREITUNG

- **TRIVIALNAMEN**
  wrap-around spider (Englisch)
- **WISSENSCHAFTLICHER NAME**
  Gattung *Dolphones*, mit den Arten *D. conifera*, *D. turrigera* und 15 weiteren Spezies
- **GRÖSSE**
  Länge (Körper): Weibchen bis 10 mm, Männchen bis 6 mm
- **LEBENSRÄUME**
  Wälder, Gehölze, Sträucher
- **ERNÄHRUNG**
  kleine Insekten und ähnliche wirbellose Tiere
- **GEFÄHRDUNG LT. ROTER LISTE**
  nicht beurteilt

VERLUST DER DRITTEN DIMENSION

Tagsüber macht sich die Spinne flach und „wickelt" sich um einen Ast herum (daher ihr englischer Name „wrap-around spider"), der in der Regel höchstens so dick ist wie ein menschlicher Arm. Sie sucht sich Äste, die in der Farbe zu ihrer eigenen Färbung passen, die individuell sehr verschieden sein kann: von dunkelbraun gerieft über mittel- und hellerbraun geschuppt bis zu ausgebleichtem moosigen Graugrün. Die Beine haben eine große Spannbreite, doch sie sind über die gesamte Länge sehr dünn, sodass man sie auf der Rindenoberfläche fast nicht erkennt, wenn die Spinne sie am Körper anlegt.

Der Hinterleib der Spinne hat eine leicht konkave Form, das heißt, die Unterseite ist gewölbt und von vorne nach hinten gebogen, sodass sie glatt auf dem Ast aufliegt. Die Oberseite weist eine Reihe scheibenförmiger Stellen auf, mit deren Hilfe die Spinne ihren Körper mehr oder weniger stark biegen kann. Die Haare an Körper und Beinen sind relativ lang und schmiegen sich an die Rinde. All dies trägt dazu bei, die typische Spinnenform zu verschleiern, und dem Tier quasi die dritte Dimension zu nehmen.

◀ Weil die Spinne so flach ist, kann man auf der Rinde kaum eine Erhebung erkennen. Selbst wenn die Sonne schon tief steht, wirft sie keinen Schatten. Mit ihren acht Augen hält sie Ausschau nach möglichen Gefahren. Doch sie hütet sich davor wegzurennen und in irgendeiner Ritze oder Spalte Schutz zu suchen, denn solche Orte sind häufig von ihren Fressfeinden besetzt, Hundertfüßern oder größeren Spinnen.

TODESNETZ

Wenn die Dunkelheit hereinbricht, erhebt sich die Spinne und wird aktiv. Sie spinnt ein erstaunlich großes Netz in der Vegetation. Im Netz oder ganz in seiner Nähe lässt sie sich nieder und wartet auf Beute. Irgendwann verfängt sich eine Stechmücke, ein kleiner Nachtfalter oder etwas Ähnliches darin. Dann eilt die Spinne herbei und lähmt ihr Opfer mit einem Biss, anschließend wickelt sie es in Spinnenseide und schleppt es in ein Versteck, um sich daran gütlich zu tun.

Die „Silber-Galaxie"

EIN FISCH VOM ANDEREN STERN

Eine Tarntracht kann sehr unterschiedlich ausgestaltet sein, z. B. mit Streifen, Sprenkeln, Schwaden, Rosetten, Bändern oder Tupfen. Doch nur sehr wenige Tiere haben eine kosmische Zeichnung aufzuweisen: schwache, vagabundierende Kleckse, Striche und Pünktchen, die an Sterne und Sternhaufen am nächtlichen Himmel erinnern. Der Fisch mit dem wissenschaftlichen Namen *Galaxias argenteus* aus der Gattung der Hechtlinge oder Galaxien ist so ein Kandidat. Sein Muster passt bestens zum Wechselspiel von Licht und Schatten im Dickicht der Wasserpflanzen in den langsam fließenden Gewässern nahe der neuseeländischen Küste, wo der „kōkopu", wie ihn die Maori nennen, zu Hause ist.

VERBREITUNG

- **TRIVIALNAMEN**
  Hechtling, Galaxie; giant galaxia, giant kōkopu (Englisch, Maori)
- **WISSENSCHAFTLICHER NAME**
  Galaxias argenteus
- **GRÖSSE**
  Länge: bis 40 cm, selten mehr als 50 cm
  Gewicht: 0,5–2,5 kg
- **LEBENSRÄUME**
  stehende oder langsam fließende Gewässer, wie Seen oder Flüsse, Feuchtgebiete, meist in Küstennähe, immer mit viel Pflanzenwuchs im Wasser und am Gewässerrand.
- **ERNÄHRUNG**
  wasserlebende Tiere und landlebende, die ins Wasser gefallen sind, wie Insekten, Spinnen und andere kleine Wirbellose, kleine Fische
- **GEFÄHRDUNG LT. ROTER LISTE**
  gefährdet

Bei ausgewachsenen Tieren ist die Grundfarbe braungrün, grau oder oliv, wobei manche Individuen dunkler ausfallen als andere. Die Zeichnung schimmert normalerweise hellgelb, weißlichgelb, golden oder silbern (darauf bezieht sich auch der wissenschaftliche Namensbestandteil „argenteus". Bei Jungtieren erscheint sie zunächst in Form von Streifen, die sich jedoch im Laufe der Jahre ausdehnen und in kleinere Teile zerfallen.

DER KLEINE RIESE
In Neuseeland sind drei Kōkopu-Arten heimisch, die nur hier vorkommen: *Galaxias argenteus*, *G. fasciatus* und *G. postvectis*. Verglichen mit den wahren Riesen unter den Süßwasserfischen, dem Wels oder dem Arapaima, die zehnmal länger und hundertmal schwerer werden, ist der „giant kōkopu", wie *G. argenteus* in seiner Heimat heißt, von sehr bescheidener Größe.

Die Kōkopus gehören zu den diadromen Fischen. Das bedeutet, sie leben als Erwachsene in Süßwasser, wo sie sich im Herbst paaren und ihre Eier in der Ufervegetation in Küstennähe ablaichen. Die geschlüpften Larven werden flussabwärts getrieben und mit der Ebbe ins Meer hinaus gezogen. Dort ernähren sie sich von Plankton und im nächsten Frühling und Sommer kehren sie flussaufwärts schwimmend wieder ins Süßwasser zurück.

WHITEBAIT – EINE FRAGWÜRDIGE DELIKATESSE
In Neuseeland gibt es fünf Fischarten mit einem ähnlichen Lebenszyklus, bei dem die Larven ins Meer hinausgespült werden: die drei Kōkopu-Arten sowie *Galaxias maculatus* und *G. brevipennis*. Wenn die Jungfische im nächsten Jahr in gemischten Schulen ins Süßwasser zurückkehren, sind sie etwa 5 Zentimeter lang. So werden sie massenhaft für das neuseeländische Nationalgericht „Whitebait" gefangen und im Ganzen frittiert. In neuerer Zeit hat man schärfere Gesetze erlassen, um Tradition und Artenschutz besser miteinander in Einklang zu bringen.

▶ Die Tarnung des Kōkopu wirkt noch besser, weil der Fisch keine glitzernden Schuppen hat. Seine Haut ist lederartig, fest und mit einer Schleimschicht überzogen, ähnlich wie die des Welses. Tagsüber versteckt er sich zwischen Wasserpflanzen und alten Baumstämmen, unter überhängenden Uferböschungen oder irgendwelchen Ablagerungen.

Neuguinea-Riesenlaubfrosch

EIN GROSSER, GRÜNER BROCKEN

Der Neuguinea-Riesenlaubfrosch gehört zu den größten Laubfröschen der Welt. Wie andere Laubfrösche auch trägt er an seinen Zehenspitzen Haftscheiben, mit denen er selbst an den schlüpfrigsten Blättern Halt findet. Seine hell- bis mittelgrün gefärbte Oberseite glänzt sogar, wenn die Haut nicht besonders feucht ist, eine hervorragende Tarnung in einem Blattwerk voller lebhafter Grüntöne. Je nach Luftfeuchtigkeit, Temperatur, Ernährung und Hintergrund kann seine Hautfarbe auch mehr in Richtung Oliv oder Braun gehen.

Auf der Oberseite wirkt die Haut leicht körnig, dadurch wird das darauf fallende Licht gestreut und lässt sie im Hellen noch mehr glitzern. Ein charakteristisches Merkmal des Neuguinea-Riesenlaubfroschs ist die deutlich abgesetzte, weiße oder cremefarbene Linie entlang seiner Unterlippe, die bis zum Kiefergelenk weiterläuft. Wegen seiner Größe und seines Gewichts hält er sich bevorzugt auf großen Blättern oder Blattbüscheln auf.

EIN WILLKOMMENER GAST?

Der Neuguinea-Riesenlaubfrosch hat sich aus seinen ursprünglichen, sattgrünen Lebensräumen herausgewagt und gut an neue Umgebungen angepasst, denen diese Farben abgehen. Heute sind die Frösche auf Farmland zu finden, in Gärten, Schuppen und Häusern, wo auch immer sie etwas Fressbares für sich finden. Zum Teil könnte diese Erfolgsgeschichte damit zu tun haben, dass ihre natürlichen Fressfeinde, vor allem Baumschlangen und Eidechsen, in diesen veränderten Lebensräumen weniger häufig vorkommen. Und die meisten Menschen schätzen den Appetit der Frösche auf Fliegen, Kakerlaken und sonstige Schädlinge, während sie selbst kaum ein Problem darstellen.

VERBREITUNG

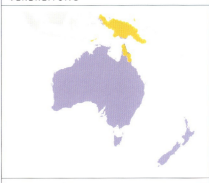

- **TRIVIALNAMEN**
  Neuguinea-Riesenlaubfrosch; white-lipped tree frog (Englisch)

- **WISSENSCHAFTLICHER NAME**
  Nyctimystes infrafrenatus (früher *Litoria infrafrenata*)

- **GRÖSSE**
  Kopf-Rumpf-Länge: 10–15 cm
  Gewicht: 30–60 g (Weibchen sind größer als Männchen)

- **LEBENSRÄUME**
  sehr unterschiedlich, tropische Regenwälder, Feuchtwälder, auch Farmland, Plantagen, Parks, Vorstädte, Gärten und Gebäude, wenn Wasser zum Laichen in der Nähe ist

- **ERNÄHRUNG**
  alle möglichen Wirbellosen, wie Würmer, Insekten, Spinnen, Hundertfüßer, Schnecken, gelegentlich sehr kleine Reptilien, Vögel und Säugetiere

- **GEFÄHRDUNG LT. ROTER LISTE**
  nicht gefährdet

WIE HUND UND KATZ

Manchmal sieht man die Neuguinea-Riesenfrösche nicht, hört aber ihre verschiedenen Rufe. Einer, den sie ausstoßen, wenn sie überrascht oder gestresst sind, klingt wie das Miauen einer Katze. Der Balzruf der Männchen dagegen wurde schon mit dem Bellen von Hunden verglichen. In warmen, feuchten Nächten kann man diese Rufe hören: aus Gartenteichen, Abwasserrohren, Wasserbehältern, manchmal sogar aus Waschbecken oder Kloschlüsseln.

◀ Trotz seiner Größe bewegt sich der Neuguinea-Riesenlaubfrosch geschickt durch das Geäst. Seine Beine ähneln Zweigen oder den Stielen von Blättern und Blüten.

▶ Ein Männchen bläst seinen Kehlsack auf und stößt einen bellenden Balzruf aus, mit dem es versucht, Weibchen anzulocken.

Dornteufel

AUSTRALIENS AMEISEN FRESSENDER MOLOCH

Der Dornteufel oder Moloch ist wirklich eine der merkwürdigsten Eidechsen auf diesem Planeten. Er besitzt tatsächlich Dorne, kegelförmige Schuppen mit scharfen Spitzen, die fast über seinen ganzen Körper verteilt sind. Er lebt in der Wüste, ist nachtaktiv und bewegt sich langsam über den Erdboden, den er nach Ameisen absucht. Wenn er eine Gefahr vermutet, friert er abrupt in der Bewegung ein. Die seltsame, wenig tierähnliche Gestalt und Umrisslinie, die vielfarbige und vielfältige Körperzeichnung in Weiß, Creme, Ocker, Orange, Braun und fast Schwarz, die starre Körperhaltung, all das zusammen macht den Dornteufel so gut wie unsichtbar zwischen Kies und Geröll, trockenen Sträuchern und Gräsern.

VERBREITUNG

- **TRIVIALNAMEN**
  Dornteufel, Moloch; thorny devil (Englisch); arnkerrth, ngiyari (australische Sprachen)
- **WISSENSCHAFTLICHER NAME**
  Moloch horridus
- **GRÖSSE**
  Länge (von der Schnauzen- bis zur Schwanzspitze) 17–20 cm
  Gewicht: 30–80 g
- **LEBENSRÄUME**
  Wüsten und Halbwüsten mit weichem Boden, Sand oder Geröll, Büschen und Sträuchern
- **ERNÄHRUNG**
  vor allem Ameisen, aber auch Termiten und ähnliche kleine Insekten
- **GEFÄHRDUNG LT. ROTER LISTE**
  nicht gefährdet

ZWEI KÖPFE SIND BESSER ALS EINER

Doch der Dornteufel hat noch mehr Verteidigungsstrategien, falls er von einem Fressfeind, etwa einem Greifvogel, einem Dingo oder einem „goanna", einer der australischen Waranarten, entdeckt wird. Zunächst natürlich seine zahlreichen Dorne und Stacheln. Wenn die Eidechse ihren echten Kopf nach unten zwischen die Vorderbeine sinken lässt, präsentiert sie dem Störenfried einen merkwürdigen stachligen Buckel, der auf ihrem Nacken sitzt und wie ihr Kopf aussieht. Dieser „Zweitkopf" besteht überwiegend aus festem Fleisch, und wenn er attackiert wird, hält sich der Schaden in Grenzen. Der richtige Kopf ist zusätzlich durch scharfe und besonders lange Dorne über den Augen geschützt, das macht ihn zu einem schwer zu packenden Happen. Außerdem kann der Dornteufel, wie viele andere Eidechsenverwandte auch, Luft schlucken, um sich aufzublähen, so dass er für einen Angreifer noch unangenehmer wird.

CLEVERER WASSERSAMMLER

Der Dornteufel kann selbst in Australiens trockenster Wüste überleben – dank seines raffinierten körpereigenen Wassersammelsystems. Der morgendliche Tau, der auf dem Körper kondensiert, Regen, Bodenstellen mit höherer Luftfeuchte, Tau oder Regentropfen auf Steinen oder Pflanzen, jede nur erdenkliche Wasserquelle wird ausgenutzt. Das Wasser wird durch ein Netz von Gruben und Kanälchen zwischen den Schuppen bis zum Kopf und zum Maul des Dornteufels geleitet.

◀ (Gegenüberliegende Seite) An sonnigen, heißen Tagen ist die Körperfärbung des Dornteufels blasser, so wie auf diesem Foto, damit sie zu ihrer blendend hellen Umgebung passt. Bei trübem, kälterem Wetter zeigt sich die Eidechse matter und dunkler. (Links) Die Stacheln und Dornen am Körper schrecken die meisten Beutegreifer ab, die im Dornteufel sonst eine leckere Mahlzeit sähen.

Gewöhnliche Todesotter

VORSICHT VOR DEM „WACKELSCHWANZ"!

Australien ist berühmt für seine hochgiftigen Kreaturen. Ganz oben auf der Liste steht mit der Todesotter in der Tat eine der giftigsten Schlangen der Welt. Genau genommen gibt es in Australien etwa sieben Arten von Todesottern, die alle für den Menschen tödlich sein können. Die Gewöhnliche Todesotter ist die zahlenmäßig häufigste Spezies und auch die, der man am ehesten begegnet. Sie kommt im Nordosten, Osten und im Südosten des Kontinents vor, den am dichtesten besiedelten Regionen Australiens, außerdem an der Südküste.

Gewöhnliche Todesottern tragen fast alle eine ringförmige Bänderung, mit feinen Abstufungen in den Farbtönen und den Übergängen zwischen den Bändern, die auf die leicht unterschiedlichen Farben der einzelnen Hautschuppen zurückzuführen sind. Merkliche Unterschiede kann es bei den Grundfarben geben und den Kontrasten zwischen helleren und dunkleren Bändern, das hängt häufig mit ihrem Lebensraum zusammen. In trockeneren Regionen sind die Tiere blasser gefärbt, in Schwarz-, Braun-, Ocker- und Weißtönen, in feuchteren Regionen sind sie meist dunkler, mit mehr Grau, Oliv und Grün. Gelegentlich findet man auch Exemplare in leuchtenderen Farben wie Rot, Orange oder sogar Gelb oder solche mit deutlichen Längs- statt Querstreifen.

SCHWANZ ALS KÖDER

Todesottern sind Meister der Tarnung, wenn sie reglos aufgerollt, drapiert oder versteckt zwischen Steinen, Geröll, Ästen, Zweigen, Falllaub und Ähnlichem herumliegen. Doch sie müssen nicht warten, bis zufällig eine Maus, ein Skink oder ein Vogel vorbeikommt. Das Schwanzende der Schlangen verjüngt sich auf den letzten Zentimetern abrupt und sieht eher wie ein Rattenschwanz oder ein Wurm aus. Dieses Schwänzchen kann die Schlange gezielt bewegen, um das Interesse von kleinen Tieren in ihrer Nähe zu erregen. Sogar wenn der Kopf und der Körper der Schlange direkt neben ihnen liegen, bemerken die Opfer sie meist erst, wenn ihre todbringenden Fangzähne zuschlagen.

VERBREITUNG

- **TRIVIALNAMEN**
  Gewöhnliche Todesotter; common death adder (Englisch)

- **WISSENSCHAFTLICHER NAME**
  Acanthrophis antarcticus

- **GRÖSSE**
  Länge: bis 1,00 m
  Gewicht: 1–4 kg

- **LEBENSRÄUME**
  unterschiedlich, Wald und Buschland, Grasland, Heiden und Dünen, auch menschliche Behausungen

- **ERNÄHRUNG**
  kleine Säugetiere, Vögel, Reptilien, wie Eidechsen und ähnliches Getier

- **GEFÄHRDUNG LT. ROTER LISTE**
  nicht gefährdet

TÖDLICHE MAHLZEIT

In den 1930er Jahren wurden in Australien südamerikanische Aga-Kröten (*Rhinella marina*) ausgesetzt, um in den Plantagen von Queensland die Käfer kleinzuhalten, deren Larven, wie bei uns die Maikäfer-Engerlinge, die Wurzeln der Zuckerrohrpflanzen abfressen. Die Kröten begannen sich schon bald auszubreiten und das gesamte Tierleben in der Umgebung zu dezimieren. Sie breiten sich immer noch weiter nach Westen und nach Süden aus und richten immer noch großen Schaden an. Wenn sie von einheimischen Schlangen, z. B. der Todesotter, von Waranen, Vögeln oder Säugetieren wie dem Beutelmarder gefressen werden, sterben diese Tiere an dem starken Gift, das die Aga-Kröte aus am Kopf und auf dem Rücken befindlichen Drüsen ausscheidet. Der „Wackelschwanz"-Köder der Todesotter funktioniert bei dieser Kröte besonders gut, was dazu geführt hat, dass die Bestandszahlen der Todesotter in manchen Regionen extrem zurückgegangen sind.

▶ (Oben) Zusammengerollt und bereit zum Zuschlagen beobachtet die Gewöhnliche Todesotter ihre Umgebung; dabei nimmt sie auch Schwingungen wahr, die durch den Boden übertragen werden. (Unten) Regelmäßig inspiziert die Schlange ihren wurmartigen Köder-Schwanz, den sie hin und her bewegen kann, um hungrige kleine Fleischfresser, z. B. Vögel und Eidechsen, anzulocken.

Rotkopf-Regenpfeifer

NESTFREIES NISTEN

Tarnung ist eine verbreitete Überlebensstrategie – keineswegs nur für Erwachsene. Auch viele Jungtiere und Larvenstadien tragen eine Tarntracht, und einige sehen ganz anders aus als ihre Eltern. Aus grünen Raupen werden braune Schmetterlinge, getupfte Kitze wachsen zu braunen Rehen heran und gestreifte Frischlinge entwickeln sich zu einfarbigen „Schwarzkitteln" (Wildschweinen).

Vögel nutzen diese Strategie ebenfalls, insbesondere für Eier und Nestlinge. Gerade im offenen Gelände kann die Tarnung überlebenswichtig sein. Der Rotkopf-Regenpfeifer bewohnt, wie andere Watvögel auch, offene, baumlose Flächen. Er hält sich auf steinigen, sandigen Stränden auf, im Watt, in Ästuaren (Flussmündungen mit Gezeiten) und Salzwiesen. Er fliegt weite Strecken und nutzt Salzwiesen und Salzseen sowie andere Feuchtgebiete für Zwischenstopps, insbesondere nach starken Regenfällen.

MINIMALISTISCHES NEST

Auf solchen weitläufigen freien Flächen gibt es weder Baumhöhlen noch große Sträucher, darum legt der Regenpfeifer seine zwei Eier in die Minimalversion eines Nests: eine flache Mulde mit ein paar Grashalmen und etwas Moos oder sonstigem Polstermaterial. Doch die blassgraubraunen bis gelblichen Eier mit den wie zufällig darüber gestreuten dunklen Tüpfeln und Sprenkeln fügen sich hervorragend in diese kleinteilige, mit Strandgut übersäte Landschaft ein. Wenn das erwachsene Tier auf dem Nest sitzt, passen seine grau und hellbraun gefärbte Oberseite, die rostrote Kappe (die beim Männchen auffälliger ist) und das gestreifte Gesicht ebenfalls dahin. Die Jungen haben nach dem Schlüpfen eine ähnliche Farbe wie die Eier. Auf diese Weise besitzen Rotkopf-Regenpfeifer in allen Lebensstadien eine effektive Tarnung, die sie vor Beutegreifern wie Krähen, Möwen, Echsen und Schlangen oder dem Rotfuchs schützen.

VERBREITUNG

- **TRIVIALNAMEN**
  Rotkopf-Regenpfeifer; red-capped plover (Englisch); dirundirr (Eier), bungbittah, malunna (Nest, australische Sprachen)

- **WISSENSCHAFTLICHER NAME**
  Chadrarius ruficapillus

- **GRÖSSE**
  Länge (von der Schnabel- bis zur Schwanzspitze): 13–16 cm
  Flügelspannweite: 28–33 cm
  Gewicht: 30–60 g

- **LEBENSRÄUME**
  offene Flächen an Küsten, Ästuaren, Feuchtgebieten im Landesinneren

- **ERNÄHRUNG**
  kleine wirbellose Tiere wie Würmer, Muscheln, Schnecken, gelegentlich auch Pflanzenteile

- **GEFÄHRDUNG LT. ROTER LISTE**
  nicht gefährdet

SCHAU, ICH BIN VERLETZT!

Überall auf der Welt legen Regenpfeifer und verwandte Vogelarten ein Verhalten an den Tag, das als Verleiten bezeichnet wird. Wenn ein Beutegreifer oder eine andere Gefahr auftaucht (vor allem wenn dies in der Nähe des Nests geschieht), täuscht der Altvogel eine Verletzung, etwa einen gebrochenen Flügel vor. Der Fressfeind ist angetan von dieser scheinbar leichten Mahlzeit, folgt dem Altvogel – und wird vom Nest abgelenkt. Sobald sie weit genug entfernt sind, erholt sich der Regenpfeifer schlagartig und fliegt weg.

◀ Das Weibchen eines Rotkopf-Regenpfeifers steht über seinem Nest mit einem Küken und einem Ei darin. Alle drei sind für ihren sandigen, mit Gras bestandenen Lebensraum gut getarnt.

▶ Zum Ablenkeverhalten gehört das Vortäuschen einer Verletzung, etwa eines gebrochenen Flügels, um einen möglichen Fressfeind vom Nest wegzulocken.

Eulenschwalm

VERZWEIGT

Der Eulenschwalm sieht – wie der Name verrät – ein bisschen wie eine Eule aus, gehört aber nicht in diese Gruppe. Und anders als die meisten Eulen versteckt er sich tagsüber nicht, sondern sitzt im Freien und tut so, als sei er Teil eines Baums, ein Stumpf oder ein abgebrochener Ast. Sein gestreiftes und gesprenkeltes Gefieder ist in Braun, Grau, Weiß, Silber und Schwarz gehalten, mit unterschiedlich großen Markierungen. Die Gefiederzeichnung geht fließend in die Rinde der Bäume über, auf denen der Eulenschwalm ruht, so dass es schwierig ist zu erkennen, wo das Holz aufhört und der Vogel beginnt.

VERBREITUNG

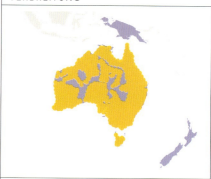

- **TRIVIALNAMEN**
  Eulenschwalm; tawny frogmouth (Englisch)
- **WISSENSCHAFTLICHER NAME**
  Podargus strigoides
- **GRÖSSE**
  Länge (von der Schnabel- bis zur Schwanzspitze): 55–75 cm
  Flügelspannweite: 70–90 cm
  Gewicht: 200–400 g
- **LEBENSRÄUME**
  Wälder, Strauch- und Heidelandschaften, Grasland mit einzelnen Gehölzen, Farmland, Parks und Gärten; selten im Regenwald oder in der Wüste
- **ERNÄHRUNG**
  alle möglichen Tiere in geeigneter Größe, von Würmern und Insekten bis zu kleinen Fröschen, Vögeln und Säugetieren
- **GEFÄHRDUNG LT. ROTER LISTE**
  nicht gefährdet

Der Eulenschwalm bringt seinen Körper samt dem abgeflachten Schnabel in eine Haltung, die einen ähnlichen Winkel zum Baumstamm hat wie die ihn umgebenden Äste. Falls nötig, kann er für Stunden reglos so dasitzen, was die Tarnung noch effektiver macht. Nur wenn eine mögliche Gefahr näher kommt als ein oder zwei Meter, wird der Eulenschwalm plötzlich quicklebendig und flattert schnell davon.

IM STURZFLUG ZUPACKEN

Eulenschwalme sind mit den Tagschläfern Nord- und Südamerikas verwandt (siehe S. 60–61) und auch mit den Nachtschwalben, die es in fast allen Weltregionen gibt. Wie diese gehen sie des Nachts auf Futtersuche. Dabei fangen sie ihre Beute manchmal im Flug, Nachtfalter beispielsweise, doch in der Regel stoßen sie von ihrem Ansitz hinab zum Boden und schnappen sich dort ihre Mahlzeit. Ihre Nahrung besteht aus Tieren aller Art, wenn sie nur die passende Größe haben: Käfer und Schaben, auch Spinnen, Skorpione, Hundert- und Tausendfüßer, Schnecken mit und ohne Haus, Würmer, Eidechsen, Frösche, kleine Vögel und kleine Säugetiere, z. B. Mäuse.

MÖGLICHE FRESSFEINDE

Eulenschwalme brauchen ihre Tarnung, um der Aufmerksamkeit von Beutegreifern zu entgehen, von denen es eine ganze Menge gibt. Zu ihren altbekannten Feinden gehören Pythons, Warane, Dingos, Krähenstare, Falken und Adler. Seit der Ankunft der Europäer haben sich mit Rotfüchsen, Hunden und Katzen neue Feinde dazugesellt. Eine weitere Gefahr ist der Straßenverkehr: Eulenschwalme werden überfahren, wenn sie Insekten im Scheinwerferlicht der Autos verfolgen.

▶ Das Gefieder des Eulenschwalms weist eine zur rauen Oberfläche der Baumrinde passende Färbung auf. Durch die kaum merklich geöffneten Augen beobachtet der Vogel aufmerksam die Umgebung.

◀ Der Eulenschwarm sucht sich immer einen Schlafplatz, der farblich mit seinem Gefieder harmoniert.

Grüner Katzenvogel
ODER EIN LAUBENVOGEL OHNE LAUBE

Das saftig grüne Federkleid lässt es vermuten: Dieser Vertreter der Gattung Katzenvögel ist in Feucht- und Regenwäldern zu Hause, vor allem in den Eukalyptuswäldern entlang der tropischen und gemäßigten Ostküste Australiens. Das meist smaragdgrüne, unterseits etwas hellere Gefieder ist auf der Brust mit kleinen weißen und cremefarbenen Tupfen übersät; Rücken und Kopf sind dunkler, und Linien aus ähnlichen kleinen hellen Tupfen zieren Flügel und Schwanz. Mit dieser Tarntracht kann sich der Vogel gut im Laub verschiedenster Bäume verbergen.

VERBREITUNG

- **TRIVIALNAMEN**
  Grünlaubenvogel, Grüner Katzenvogel; green catbird (Englisch)

- **WISSENSCHAFTLICHER NAME**
  Ailuroedus crassirostris

- **GRÖSSE**
  Länge (von der Schnabel- bis zur Schwanzspitze): 26–33 cm
  Flügelspannweite: 45–50 cm
  Gewicht: 180–200 g

- **LEBENSRÄUME**
  Wälder mit hohem bis mittlerem Jahresniederschlag

- **ERNÄHRUNG**
  Blüten, Früchte, Knospen und andere Pflanzenteile, gelegentlich Insekten und andere kleine Tiere

- **GEFÄHRDUNG LT. ROTER LISTE**
  nicht gefährdet

EIN BUND FÜRS LEBEN

Die in Neuguinea und Australien heimischen etwa 20 Laubenvogel-Arten erhielten ihren Namen wegen des Balzverhaltens ihrer Männchen. Diese bauen eine Laube oder einen Balzplatz, um Weibchen anzulocken. Die Bandbreite der Laubenarchitektur reicht von einigen wenigen, aufeinandergeschichteten Zweigen und Blättern bis zu raffiniert konstruierten Bögen und Tunneln, die aufs Sorgfältigste mit farbigen Blütenblättern und anderen kleinen Dingen ausgeschmückt werden.

Der Grüne Katzenvogel gehört zwar in die Familie der Laubenvögel, doch seine Männchen bilden eine Ausnahme, sie bauen keine Lauben. Dennoch machen sie den Weibchen mit Gesang und Tanz den Hof und versuchen, sich von ihrer schönsten Seite zu präsentieren. Außerdem überreicht das Männchen dem Weibchen kleine Geschenke, z. B. farbige Blütenblätter oder Beeren. Wenn sie erst einmal ein Paar geworden sind, bleiben sie ein Leben lang zusammen. Wie bei vielen Vogelarten baut das Weibchen alleine ein tassenförmiges Nest und brütet die Eier aus, das Männchen hilft ihr später, die Jungen mit Futter zu versorgen.

Der Grüne Katzenvogel ernährt sich vorwiegend pflanzlich, er frisst Blüten, Früchte und andere Pflanzenteile. Aber er ist mutig und kräftig genug, um Insekten, kleine Reptilien und Amphibien sowie Jungvögel zu erbeuten, meist um seine eigenen Jungen damit zu füttern.

KATZENMUSIK

Katzenvögel erhielten ihren Namen nach ihren Rufen, die dem Miauen von Katzen ähneln. Manchmal werden die Laute auch mit dem gedrückten, jammernden Klagen von Babys verglichen. Das Paar nutzt die Laute, um in seinem Revier auf Tuchfühlung zu bleiben und immer zu wissen, wo der andere ist. Wenn sie sich im Duett austauschen, kann sich das schon mal nach zwei liebeskranken Katern anhören.

▶ Das Gefieder des Grünen Katzenvogels schimmert so grün wie das Laub, das ihn umgibt, nur der Kopf ist etwas dunkler und seine Brust mit hellen Sprenkeln übersät. Der kräftige Schnabel eignet sich für viele Arten von Nahrung, von Samen und Nüssen bis zu weichen Früchten.

Felskänguru

KLEIN, ABER OHO!

Felskängurus, von denen es 18 verschiedene Arten (Spezies) gibt, ähneln ihren Vettern, den Wallabys und den Riesenkängurus im Aussehen, sind aber bedeutend kleiner als diese; sie haben etwa die Größe einer Hauskatze oder eines Cockerspaniels. Tagsüber verstecken sie sich in Höhlen und Felsspalten oder unter Felsüberhängen und Gebüsch, sie tauchen erst nach Sonnenuntergang und dann noch einmal vor Sonnenaufgang für kurze Zeit auf, um in der Nähe nach Gräsern und anderen Pflanzen zu suchen.

VERBREITUNG

- Gelbfuß-Felskänguru
- Rothschild-Felskänguru

ORTSANPASSUNG

Die meisten Felskänguru-Arten findet man nur in relativ geringer Individuenzahl, isoliert in kleinen Arealen, die manchmal lediglich aus ein paar zusammenhängenden felsigen Hügeln bestehen; die jeweilige Art ist extrem gut an die örtlichen Gegebenheiten angepasst. Es wird vermutet, dass sich die heutigen Arten im Lauf der letzten paar Millionen Jahre aus einer einzigen Vorgängerart entwickelt haben, als diese sich in neue Lebensräume ausbreitete. Das dicke Fell der einzelnen Arten passte sich allmählich an die Farben und Farbschattierungen der unterschiedlichen Gesteinstypen an. Die Palette der Fell-und-Felsfarben reicht von Schokoladen- und Dunkelbraun, über Grau und Silber bis Hellbraun, Golden, Rot und sogar Orange. Das westaustralische Rothschild-Felskänguru ist gelblichbraun gefärbt, während das Mareeba-Felskänguru aus Queensland nach dem Haarwechsel ein gesprenkeltes Grau trägt, das in den folgenden Monaten immer stärker ins Bräunliche ausbleicht.

Ihre Tarnung hilft den kleinen Beuteltieren, zwischen ihren Felsen unbemerkt zu bleiben, wenn die einheimischen Beutegreifer, wie Dingos, Warane, Schlangen und Greifvögel, unterwegs sind. Tiere, die von den europäischen Siedlern mitgebracht wurden, z. B. Füchse und verwilderte Hauskatzen, haben die Zahl vieler Felskänguru-Arten dramatisch zurückgehen lassen Und nicht zuletzt stehen sie in Nahrungskonkurrenz mit Kaninchen, Schafen und Ziegen.

- **TRIVIALNAMEN**
z.B. Schwarzpfoten-, Kimberley-, Gelbfuß-, Rothschild-Känguru; black-flanked rock-wallaby, monjon, yellow-footed, Rothschild's wallaby (Englisch)

- **WISSENSCHAFTLICHER NAME**
Gattung *Petrogale* mit etwa 18 Arten, z.B. *P. lateralis, P. burbidgei, P. xanthopus, P. rothschildi*

- **GRÖSSE**
Länge (von der Schnauzen- bis zur Schwanzspitze): 1,00–1,20 m bei größeren Arten, bei kleineren 55–70 cm
Gewicht: 8,0–10,0 kg bei größeren Arten, bei kleineren 1,0–1,5 kg

- **LEBENSRÄUME**
Felslandschaften aller Art, wenn es in der Nähe geeignete Futterpflanzen gibt

- **ERNÄHRUNG**
Gras, Laub, junge Triebe, Farne, Moose, anderes pflanzliches Material

- **GEFÄHRDUNG LT. ROTER LISTE**
für die meisten Arten gilt „potenziell gefährdet", „gefährdet", „stark gefährdet"

◂ Das Gelbfuß-Felskänguru kommt nur in einigen wenigen, kleinen und isolierten Gebieten im Südosten Australiens vor. Die meisten dieser Populationen und ihre Lebensräume sind streng geschützt.

GESCHICKTE AKROBATEN

Felskängurus haben erstaunliche Fähigkeiten im Hüpfen, Klettern, Springen und Drehen-in-der-Luft entwickelt, und so sind sie in der Lage, sich unglaublich gewandt zwischen Felsblöcken und an schroffen Felswänden zu bewegen. Mit ihren relativ kurzen Füßen und Beinen, den kurzen Krallen, die das Abrutschen verhindern, den griffigen Fußsohlen und dem langen, als Steuerruder dienenden Schwanz können sie selbst fast senkrechte Felswände hinaufspringen und mit hohem Tempo zwischen Felsblöcken hin und her flitzen. Das hilft ihnen, Beutegreifern zu entkommen, die ihre steinerne Festung betreten haben.

Riesenbeutelmarder

UMGEKEHRT GETUPFT

Der Fleckschwanz- oder Riesenbeutelmarder ist eine von sechs Beutelmarder-Arten in Australien und Neuguinea. Auch wenn die Beutelmarder manchmal als die „einheimischen Katzen" bezeichnet werden, haben sie nicht das Geringste mit der Katzen-Familie der Felidae zu tun. Vielmehr gehören sie wie die Kängurus und die Koalas zur Gruppe der Marsupialia, der Beuteltiere, deren Weibchen meistens Bauchtaschen haben, in denen sie ihre Jungen nähren und herumtragen.

Nichtsdestoweniger pflegen Beutelmarder tatsächlich einen ziemlich katzenartigen Lebensstil: Des Nachts gehen sie am Boden und im Geäst von Bäumen und Sträuchern auf die Jagd nach kleineren Lebewesen. Als größte Art dieser Gattung kann der Riesenbeutelmarder Beutetiere bis zur Größe von Kaninchen, Wombats und kleinen Kängurus erlegen, doch er frisst eigentlich alles bis hinunter zur Größe von Schaben und Käfern. Für die Jagd kommt ihm sein geflecktes Fell zu Gute.

„KATZEN-NEGATIV"
Bei Katzen ist die Grundfarbe des Fells meistens hell, darauf befinden sich dunkle Markierungen. In gewisser Weise sind die Beutelmarder die Negativ-Version davon. Bei ihnen hat das Fell eine dunkle Grundfarbe – braun, lohfarben oder rotbraun, manchmal rostrot oder schokoladenbraun – mit einem Hauch von Orange oder Grau, während die unregelmäßig geformten Tupfen weiß oder cremefarben sind. Der Schwanz des Riesenbeutelmarders ist gefleckt, anders als der anderer Beutelmarder, sein Gesicht hat eine hellere, braungraue Farbe und keine Flecken. Im Dämmerlicht löst diese Fellzeichnung die Gestalt und die Konturlinie des Tiers auf. Ideal, um unentdeckt zu bleiben, wenn der Beutelmarder im Wald, seinem bevorzugten Lebensraum, durchs Unterholz schleicht oder auf Ästen herumlungert. Tagsüber hält er sich in einer Höhle auf oder sucht sich einen Unterschlupf unter Baumwurzeln, um seinen Fressfeinden zu entgehen, zu denen Schlangen, Warane und Greifvögel gehören.

VERBREITUNG

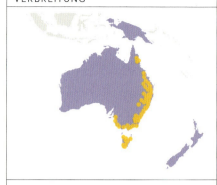

- **TRIVIALNAMEN**
  Fleckschwanz-Beutelmarder, Riesenbeutelmarder; tiger quoll, spotted-tail quoll (Englisch); kuull, tjilpa, kuninka (australische Sprachen)

- **WISSENSCHAFTLICHER NAME**
  Dasyurus maculatus

- **GRÖSSE**
  Kopf-Rumpf-Länge: 35–60 cm
  Schwanzlänge: 35–45 cm
  Gewicht: 1,5–5,0 kg (Männchen sind größer als Weibchen)

- **LEBENSRÄUME**
  vor allem Wälder in Regionen mit hohem Niederschlag, auch Strauchlandschaften, Küstendünen und Mangrovenwälder

- **ERNÄHRUNG**
  alle Tiere, die er überwältigen kann, von Insekten bis zu kleinen Kängurus, auch Hausgeflügel und Aas

- **GEFÄHRDUNG LT. ROTER LISTE**
  potenziell gefährdet

GETRENNTE POPULATIONEN
Riesenbeutelmarder kommen in zwei Regionen vor, die mehrere Hundert Kilometer von einander entfernt sind. Die Unterart im Nordosten (*D. m. gracilis*) ist kleiner und schlanker als die Unterart im Südosten (*D. m. maculatus*). Vor langer Zeit erstreckte sich das Verbreitungsgebiet vermutlich die gesamte australische Ostküste entlang bis nach Südaustralien. Die langfristigen natürlichen Veränderungen in den Lebensräumen, verstärkt durch die dramatischen Habitatverluste und andere Bedrohungen infolge der Besiedlung des Landes durch Europäer, haben dazu geführt, dass die Beutelmarder heute mit Nachdruck geschützt werden müssen.

▶ Das gefleckte Fell des Riesenbeutelmarders passt zu vielen Dingen in seiner Waldheimat, zu Pilzen, Flechten, rindenfreien Stellen am Holz, kleinen Blumen, die im Schatten des Blätterdachs blühen oder durchs Geäst fallenden Strahlen von Mond- oder Sonnenlicht.

Beutelteufel

MITTERNACHTSJÄGER

Australien ist der Mittelpunkt der Marsupialier-Welt. Marsupialia ist der wissenschaftliche Name für Säugetiere, die ihre Jungen in einem Beutel (Marsupium) säugen und herumtragen. Bekannte Beispiele sind Kängurus, Koalas und Wombats, alle drei gehören zu den Pflanzenfressern. Der Beutelteufel dagegen ist ein fleischfressender Vertreter seiner Gattung.

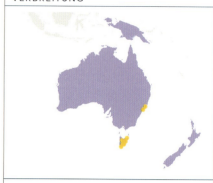

VERBREITUNG

- **TRIVIALNAMEN**
  Beutelteufel; Tasmanian devil (Englisch); tarrabah, purinina (australische Sprachen)

- **WISSENSCHAFTLICHER NAME**
  Sarcophilus harrisii

- **GRÖSSE**
  Länge (von der Schnauzen- bis zur Schwanzspitze): 0,75–1,00 m
  Schulterhöhe: 35–40 cm
  Gewicht: 5–10 kg (Männchen sind größer als Weibchen)

- **LEBENSRÄUME**
  Wälder, Strauch- und Buschlandschaften, Farmland, Randgebiete der Vorstädte

- **ERNÄHRUNG**
  Aas, aber auch Insekten, Frösche, Reptilien, Vögel, manchmal sogar Säugetiere, die größer sind als der Beutelteufel selbst

- **GEFÄHRDUNG LT. ROTER LISTE**
  stark gefährdet

Beutelteufel sind ausgesprochen fähige nächtliche Jäger und Aasfresser mit einem extrem kraftvollen Biss. Ihr braunschwarzes Fell ermöglicht es ihnen, unbemerkt durch das Dunkel ihrer Lebensräume – Wälder, Strauchlandschaften, Farmland und sogar Stadtränder – zu streifen. Die einzigen nichtschwarzen Körperteile sind weiße, eher zufällig verteilte Streifen auf Brust und Rumpf sowie die hautfarbene Schnauze und die Ohrinnenseiten. Es gibt auch völlig schwarze Beutelteufel, ohne weiße Abzeichen und mit einer sehr dunklen Haut, was für die nächtliche Jagd ideal ist.

SCHWARZ WIE DIE NACHT

Den Tag verbringt der Beutelteufel schlafend in einem Bau oder einem sonstigen Unterschlupf. Im Schutz der Nacht und seiner nachtschwarzen Tarnung pirscht er sich dann an seine Beute, Eidechsen, Schlangen, Vögel und Säugetiere bis zur Größe von Wombats, heran. Ein Großteil seiner Nahrung besteht allerdings aus Aas, das der Beutelteufel mit seinen enorm starken Kiefern zermahlen und durchkauen kann.

Heutzutage hat der Beutelteufel kaum natürliche Feinde, allenfalls Greifvögel. In der Vergangenheit könnte er durchaus dem Beutelwolf zum Opfer gefallen sein. Seine nachtschwarze Tarnung könnte dem Beutelteufel geholfen haben, sich vor dem noch größeren, fleischfressenden Beuteltier zu verbergen. Der Beutelwolf wurde jedoch von den Menschen gejagt und in den 1930er Jahren ausgerottet.

ZWISCHEN HOFFEN UND BANGEN

Auf dem australischen Festland starb der Beutelteufel bereits vor etwa 3000 Jahren aus, Grund waren vermutlich Dingos und Einflüsse des Menschen. Als die Population in Tasmanien wegen der Verfolgung durch den Menschen immer stärker schrumpfte, wurde der Beutelteufel 1941 unter Schutz gestellt und sein Bestand erholte sich wieder. Seit den 1990er Jahre gehen die Zahlen jedoch erneut dramatisch zurück, dieses Mal wegen einer übertragbaren Tumorerkrankung (*devil facial tumor disease*). Kleine Gruppen gesunder Beutelteufel wurden im Jahr 2020 – als Teil eines Arterhaltungsprogramms – wieder auf dem australischen Festland angesiedelt.

▶ Wenn die Schatten länger werden, bereitet sich der junge Beutelteufel auf die Futtersuche vor.

◀ Tagsüber schlafen Beutelteufel in hohlen Baumstämmen oder in einem Unterschlupf zwischen Felsen oder unter großen Wurzeln.

7
Meere und Ozeane

„Dekorateurkrabbe"
MIT LEBENDEM DECKMANTEL

Krabben sind überaus erfolgreiche Tiere. Mit mehr als 6500 Spezies bevölkern sie alle Arten von Meereslebensräumen, die meisten Küsten, viele Süßgewässer und sogar das Land. Ihre Vielfalt und ihre Anpassungen sind wirklich erstaunlich, und die Mehrzahl hat Farben und Muster entwickelt, die sie mit dem Hintergrund ihrer Lebenswelt verschmelzen lassen. Die unbestrittenen Meister der Tarnung sind die „Dekorateurkrabben", eine zusammenfassende Bezeichnung für eine Reihe von Arten aus verschiedenen Krabbenfamilien. Sie alle verkleiden sich mit großem Geschick mit Dingen aus ihrer Umgebung; deshalb spricht man auch von „maskieren".

Die meisten „Dekorateurkrabben" sind relativ klein und würden locker in eine menschliche Hand passen. Typischerweise suchen sie sich aus ihrer Umgebung Dinge aus, die sie mit ihren Scheren ablösen und sich auf ihren Rückenpanzer setzen. Dieser besitzt winzige gebogene Borsten, die wie Klettverschlüsse funktionieren und die Objekte an Ort und Stelle halten.

Für die Maskerade können die unterschiedlichsten Dinge herangezogen werden: Steinchen, Stücke von Korallen, aber auch lebende kleine Organismen wie Seetang, Seefächer, Bryozoen (Moostierchen), Meeresschnecken, Seeigel und Korallenpolypen (die kleinen, anemonenähnlichen Lebewesen, die die Korallenriffe erbauen). Manche „Dekorateurkrabben"-Arten bevorzugen bestimmte Dinge wie Schwämme oder Seeanemonen, andere haben eine größere Bandbreite. Einige „Dekorateurkrabben" schmücken auch ihre Beine und ihre Scheren auf diese Weise. Mit diesem lebenden Deckmäntelchen werden sie Teil ihrer Umgebung.

Für so kleine Tiere ist die schmückende Maskerade eine hervorragende Tarnung vor möglichen Fressfeinden. Sobald sie einen Fisch, einen Tintenfisch oder einen größeren Krebs wahrnimmt, der ihr gefährlich werden könnte, hält die Krabbe in der Bewegung inne und verwandelt sich in einen Teil der sie umgebenden Meereslandschaft.

VERBREITUNG

- *Oregonia gracilis*
- *Naxia tumida*

- **TRIVIALNAMEN**
  decorator crab (Englisch); rein beschreibender Name für Krabben, die sich mit unterschiedlichen Dingen maskieren

- **WISSENSCHAFTLICHER NAME**
  Mehrere Gattungen aus der Familie der Dreieckskrabben oder Seespinnen (Majidae), z.B. *Camposcia retusa*, *Loxorhynchus crispatus*, *Cyclocoeloma tuberculata*

- **GRÖSSE**
  Rückenpanzer: Durchmesser meist kleiner als 5 cm
  Spannweite der Beine: weniger als 12 cm
  Einige Arten sind nur erbsengroß, andere haben einen Durchmesser von 30 cm.

- **LEBENSRÄUME**
  viele marine Lebensräume, von Gezeitentümpeln am Strand bis in große Tiefen

- **ERNÄHRUNG**
  alles Essbare, das sie aufsammeln können

- **GEFÄHRDUNG LT. ROTER LISTE**
  nicht beurteilt

DEMASKIERUNG
Krabben werden größer, indem sie ihren alten Panzer abwerfen und wachsen, während der darunterliegende neue noch weich und flexibel ist, bis er aushärtet. In dieser Zeit müssen die „Dekorateurkrabben" vorübergehend auf ihre Verkleidung verzichten. Doch wenn der neue Panzer ausgehärtet ist, suchen sie sich schnell wieder neues Dekorationsmaterial, oft recyceln sie Dinge von ihrem alten Panzer.

▶ Diese „Dekorateurkrabbe" der Gattung *Cyclocoeloma* hat sich auf eine Verkleidung mit Seeanemonen spezialisiert. Deren Nesselgift schreckt Fressfeinde ab, wovon auch die Krabbe profitiert, die Anemonen wiederum bedienen sich an dem, was die Krabbe unordentlich an Fressbarem herumliegen lässt. Eine solche Gemeinschaft zu beiderseitigem Nutzen nennt man Mutualismus.

204 MEISTER DER TARNUNG

Asselspinne
FAST NUR BEINE

Asselspinnen, wissenschaftlicher Name Pantapoda (auf Deutsch etwa „alles Beine"), gehören zu den am wenigsten beachteten Meerestieren – was viel mit ihrer hervorragenden Tarnung zu tun hat, die sie in ihrem jeweiligen Lebensraum zwischen Korallen, Steinen, Geröll, Sand oder Schlamm verschwinden lässt. Verglichen mit Krebsen, Tintenfischen oder Haien wurde die gesamte Gruppe bislang nicht intensiver untersucht. Es ist noch nicht einmal geklärt, wie genau die Asselspinnen in die zoologische Systematik einzuordnen sind. Sie sind ganz sicher keine echten Spinnen, aber sie weisen gewisse Ähnlichkeiten mit den Arachniden auf, der Gruppe also, zu der sowohl Spinnen als auch Skorpione gehören. In der Regel betrachtet man sie als entfernte Verwandte der Arachniden und der Pfeilschwanzkrebse.

VERBREITUNG

- *Pseudopallene brevicollis*
- *Pycnogonum stearnsi*

- **TRIVIALNAMEN**
  Asselspinnen; sea spider (Englisch)
- **WISSENSCHAFTLICHER NAME**
  Klasse Pycnogonida, Ordnung Pantopoda, z.B. *Pseudopallene harrisi*, *Pycnogonum litorale*, *Pentanymphon antarcticum*
- **GRÖSSE**
  Spannweite der Beine: zwischen 1 mm und 60 cm, meist 0,5–5,0 cm
- **LEBENSRÄUME**
  alle marinen Lebensräume vom flachen Strand bis zur Tiefsee
- **ERNÄHRUNG**
  festsitzende Tiere mit weichem Körper wie Korallenpolypen, Seeanemonen, Schwämme, Bryozoen (Moostierchen) oder Seescheiden
- **GEFÄHRDUNG LT. ROTER LISTE**
  nicht beurteilt

BEINE MIT SONDERAUFGABEN

Asselspinnen kommen in über 1400 Arten in allen Weltmeeren vor. Wie ihre Namensvettern an Land ernähren sie sich von kleineren Lebewesen, und viele von ihnen besitzen ebenfalls acht Beine. Doch ihr Körper ist im Verhältnis zu den Beinen ziemlich klein, manchmal kaum existent. Darum haben die Beine noch andere Aufgaben zu bewältigen als das Gehen, so fungieren sie als Kiemen und tragen in ihrem Inneren beutelähnliche Säckchen, bei denen es sich um Ausstülpungen des Magens handelt und in denen sie Nahrung verdauen.

Eine Vertreterin der Gattung *Hedgpethia* ist klein, blass, fast durchsichtig und fügt sich aufs Schönste in die farbigen Korallen in ihrer Umgebung ein. *Pseudopallene harrisi* wiederum ist lebhaft rot gefärbt, mit gelben Bändern um die Beingelenke, aber sie passt trotzdem gut zwischen die ebenso farbenprächtigen Korallen und Schwämme. Die Knotige Asselspinne (*Pycnogonum litorale*) verbirgt sich manchmal in Seeanemonen ähnlicher Farbe und auch *Pycnogonum stearnsi* hält sich gerne zwischen den Seeanemonen auf, von denen sie sich ernährt.

MEHR ODER WENIGER BEINE

Die meisten Asselspinnen haben acht Beine. Es können aber auch weniger sein, denn sie können ein Bein verlieren, so wie Eidechsen ihren Schwanz verlieren. Man nennt das Autotomie („Selbst-Schneiden"), und es geschieht in der Regel, wenn ein Beutegreifer versucht, das Tier zu packen. Je nachdem, an welcher Stelle das Bein abbricht, wächst es nach oder nicht – manchmal wachsen auch zwei Beine nach. In einem frühen Entwicklungsstadium kann es bei Asselspinnen zu einer Verdopplung von Körperabschnitten – komplett mit Beinen – kommen, darum wurden auch schon zwölfbeinige Individuen beobachtet.

◀ (Von oben im Uhrzeigersinn) Eine Asselspinne der Art *Endeis spinosa* spaziert über die Korallenpolypen, von denen sie sich ernährt und die dieselbe Farbe haben wie sie selbst. Die Knotige Asselspinne (*Pycnogonum litorale*) ist so groß wie ein Daumennagel, hier verspeist sie eine gelbe Seeanemone. Und *Endeis flaccida* verschwindet fast in einer Weichkoralle.

Eischnecke

DU BIST, WAS DU ISST

Die Eischnecken sind nah verwandt mit den Kauri- oder Porzellanschnecken, weshalb sie im englischen Sprachraum auch als „false cowries" bezeichnet werden. Die „echten" Kaurischnecken sind Meeresschnecken mit einem Gehäuse, das eher einer länglichen, gewölbten Muschelschale als einem gewundenen Schneckenhaus ähnelt. Die Eischnecken sind ebenfalls Meeresschnecken, unterscheiden sich jedoch in Form und Körperbau teilweise von ihren Vettern. Vermutlich gibt es mehr als 200 verschiedene Arten (Spezies), aber die Spezialisten für marine Mollusken (Meeresweichtiere) diskutieren noch über die genaue Zahl. Die meisten Arten leben in Riffen und am steinigen Grund von wärmeren Meeren.

VERBREITUNG

● *Diminouula punctata*

- **TRIVIALNAMEN**
  Eischnecken; false cowries (Englisch)
- **WISSENSCHAFTLICHER NAME**
  Familie Ovulidae (Eischnecken) mit vielen Arten, z.B. *Pseudosimnia punctata*, *Diminouula punctata*, *Diminouula culmen*, *Phenacovolva recurva*, *Volva volva*
- **GRÖSSE**
  Gehäuse: 1,0–10,0 cm, einige über 20 cm
- **LEBENSRÄUME**
  tropische und subtropische Korallenriffe
- **ERNÄHRUNG**
  Korallenpolypen
- **GEFÄHRDUNG LT. ROTER LISTE**
  nicht beurteilt, einige genießen in bestimmten Regionen Schutz vor Muschel- und Schneckensammlern

PARASITISCHE LEBENSWEISE

Eischnecken pflegen einen ungewöhnlichen Lebensstil, sie leben quasi auf ihrer Nahrung. Man bezeichnet sie als obligate Ektoparasiten, das heißt, sie hängen von einer einzigen Wirtsart ab, von der sie Schutz und Nahrung beziehen. Jede Eischnecken-Art hat als Wirt eine ganz bestimmte Koralle. Die Eischnecke frisst die Polypen ab, kleine blumenähnliche Tiere, die die Korallenstöcke aufbauen. Viele Eischnecken-Arten haben sich auf die Polypen von Weichkorallen spezialisiert, zu denen unter anderem die Seefächer und die Gorgonien gehören.

Mit der Nahrung nimmt die Eischnecke auch Farbstoffe und andere Substanzen aus den Polypen in ihren Körper auf. Die Pigmente lagert sie in ihren Mantel ein, eine weiche, muskulöse, farbige Gewebeschicht, die das darunter liegende, eigentliche harte Gehäuse überzieht (die Gehäuse vieler Arten sind einfarbig weiß). Damit passt der Mantel ganz genau zu den Farben der Korallen rundherum. Das Gehäuse der Eischnecke bildet als Ganzes die Äste und Konturen ihrer Wirtskoralle nach, während der Mantel Buckel, Grate, Falten und Vorsprünge hervorbringen kann, die die Oberflächenstrukturen imitieren.

WARNUNG STATT TARNUNG

Einige Eischnecken praktizieren das Gegenteil von Tarnung. Sie stellen sich mit leuchtenden Signalfarben zur Schau, die sich vom Hintergrund der Koralle deutlich abheben. Grund dafür sind toxische (giftige) Substanzen, die sie von ihrem Wirt in ihren eigenen Körper aufgenommen haben, der jedoch dagegen immun ist. Wenn potenzielle Fressfeinde, etwa Fische und Krabben, solche Eischnecken verspeisen wollen, merken sie sehr schnell, dass sie scheußlich schmecken oder sogar giftig sind, und machen in Zukunft einen Bogen um sie. Warnfärbungen, wissenschaftlich Aposematismus, sind in der Natur weit verbreitet und bedeuten: Verzieh dich!

▶ (Oben) Die Eischnecke *Diminovula culmen* hat Farbpigmente einer Bäumchen-Weichkoralle der Gattung *Dendronephthya* aufgenommen und verschmilzt nun optisch mit ihrer Futterquelle.
(Unten) *Phenacovolva recurva* besitzt ein viel schmaleres Gehäuse, ist aber ähnlich gut getarnt inmitten der winzigen Korallenpolypen mit ihren sternförmigen Tentakeln.

Breitarm-Sepia

VIRTUOSES FARBSPIEL

Manchmal werden Sepien als die Chamäleons der Meere bezeichnet, denn beide sind in der Lage, ihre Farbe zu ändern. Und doch dienen Farben bei beiden verschiedenen Zwecken, und die Tarnung spielt oft nur eine untergeordnete Rolle. Verglichen mit den Chamäleons (siehe S. 114–115) sind Sepien erstaunlich schnell mit ihren Farbwechseln, sie können ihr Aussehen innerhalb weniger Sekunden mehrfach wechseln.

VERBREITUNG

- **TRIVIALNAMEN**
  Breitarm-Sepia; broadclub cuttlefish (Englisch); milengoll (Palauisch); seiche à grandes mains (Französisch); sepia mazuda (Spanisch)

- **WISSENSCHAFTLICHER NAME**
  Sepia latimanus

- **GRÖSSE**
  Mantellänge (Kopf und Körper): 50 cm
  Länge mit ausgebreiteten Tentakeln: 1,00 m
  Gewicht: bis 7 kg und mehr

- **LEBENSRÄUME**
  tropische und subtropische Korallenriffe

- **ERNÄHRUNG**
  Krabben, Garnelen, Fische, Würmer und Ähnliches

- **GEFÄHRDUNG LT. ROTER LISTE**
  ungenügende Datengrundlage

Die räuberisch lebenden Sepien gehören zu den Decabrachia, den Zehnarmigen Tintenfischen; sie besitzen acht kürzere Arme plus zwei längere Fangarme und kommen in über hundert Arten in fast allen Weltmeeren vor. Die Breitarm-Sepia ist in den tropischen Korallenriffen von Südostasien und Nordaustralien weit verbreitet. Wie die meisten Sepien vermag sie nicht nur routiniert Farben und Muster zu ändern, sondern auch die Oberfläche der Haut: Diese kann glatt oder runzlig sein oder übersät mit Grübchen, Graten oder Ringen.

MÄNTEL IN VIELEN FARBEN

Die Breitarm-Sepia verfügt über eine abwechslungsreiche „Garderobe". Solange sie noch jung, klein und verletzlich ist, fügt sie sich farblich in die Felsen und die Korallen ihrer Umgebung ein. Hat sie das Erwachsenenalter und damit eine stattliche Größe erreicht, flackert das Männchen in mittel- bis dunkelbraunen Farbtönen, um sein Revier zu verteidigen und Weibchen anzulocken. Ihre wahren Fähigkeiten zur Tarnung kommen erst zur Geltung, wenn die Breitarm-Sepia auf Jagd geht: Dann kann sie jede nur erdenkliche Farbe ihrer Umgebung – Sand, Felsen, Korallen oder Seetang – annehmen, um sich zu tarnen und auf Beute zu lauern. Auf diese Weise versucht sie aber auch, Delfinen und Haien zu entgehen, die ihr nachstellen. Wenn sie sich einem Opfer nähert, kann sie an Körper und Armen farbige Bänder und Streifen aufblitzen lassen, ähnlich wie bei einem schnellen Videoclip. Man vermutet, dass sie ihr Opfer so in Bann ziehen will, damit sich seine Flucht verzögert. Diese Zeit nutzt die Sepie, um ihre langen Fangarme herauszuschleudern.

FARBZELLEN

In jedem Quadratzentimeter ihrer Haut besitzt die Sepie 100 und mehr Chromatophoren, das sind mikroskopisch kleine Zellen, in denen sich Körnchen mit verschiedenen Farbpigmenten befinden. Als Reaktion auf Nervensignale kann jede Zelle diese Körnchen zusammenballen oder flächig ausbreiten. Dies geschieht durch Muskelfasern, die die Zelle dehnen oder zusammenpressen, sie überdecken oder offenlegen. Außerdem gibt es in den Chromatophoren mehrlagige Strukturen, die das auftreffende Licht reflektieren und in seine Bestandteile aufbrechen, wie die Regentropfen, die einen Regenbogen entstehen lassen. Ein raffiniertes, buchstäblich blitzschnell arbeitendes System.

◀ Zwischen den langen, giftigen Stacheln eines Diademseeigels hat es sich eine Breitarm-Sepia gemütlich gemacht: Ihre Arme hat sie so gefärbt, dass sie zu den Seeigelstacheln passen. Außerdem präsentiert sie ihren kräftigen, schnabelartigen Mund als Zeichen ihrer Verteidigungsbereitschaft.

Mimik-Oktopus

GESTALTWANDLERISCH

Der Mimik-Oktopus wurde erst 1998 von Biologen entdeckt. Seinen wissenschaftlichen Namen *Thaumoctopus mimicus*, der seine besonderen Fähigkeiten würdigt, erhielt er offiziell im Jahr 2005: „thaum(a)" bedeutet „wunderbar", „außerordentlich". Viele Tiere beziehen auch ihre Körperform in ihre Tarnung ein, aber außer Veränderungen in der Haltung haben sie normalerweise wenig Möglichkeiten. Doch dieses relativ kleine, räuberisch lebende Tier verfügt über eine erstaunliche Flexibilität. Das ist eines der wesentlichen Kennzeichen der Weichtiere (Mollusken), denen unter anderem Schnecken, Muscheln und Kopffüßer wie Sepien, Tintenfische und Kraken angehören. Der Mimik-Oktopus hat außer seinem papageienähnlichen Schnabel keine harten Körperteile, aber Dutzende von Muskelsystemen, die jeden beliebigen Körperabschnitt dehnen, zusammenziehen oder verdrehen können.

VERBREITUNG

- **TRIVIALNAMEN**
  Mimik-Oktopus; mimic octopus (Englisch); pieuvre mimétique (Französisch); polvo maravilha (Portugiesisch); meniru gurita (Indonesisch)
- **WISSENSCHAFTLICHER NAME**
  Thaumoctopus mimicus
- **GRÖSSE**
  Länge (mit gestreckten Armen): 50–60 cm
  Gewicht: 500 g
- **LEBENSRÄUME**
  flache tropische Meere mit sandigem Grund bis 40 m Tiefe
- **ERNÄHRUNG**
  kleine Tiere wie Krabben, Garnelen, Fische
- **GEFÄHRDUNG LT. ROTER LISTE**
  nicht gefährdet

SCHNELLER FARB- UND FORMWECHSEL

Solange er ungestört ist, zeigt der Mimik-Oktopus die typische Oktopus-Gestalt und eine beige bis blassbraune Färbung mit Anflügen von Gelb oder Grau. Doch im Handumdrehen kann er Form und Farbe verändern und das Aussehen unterschiedlichster Tiere und unbelebter Dinge annehmen, etwa das von schlecht schmeckenden Plattfischen, Quallen, Korallenbäumchen oder Felsen. Die Farbveränderung kommt – wie bei Sepien, Reptilien und Amphibien – durch Gruppen mikroskopisch kleiner Zellen zustande, die winzige Pigmentkörnchen enthalten (siehe S. 209).

Wie man beobachten konnte, nutzt der Mimik-Oktopus seine Tarnung vor allem, um sich selbst zu schützen. Abhängig von der Art der Bedrohung kann er sich in ein regloses Etwas auf dem Meeresboden verwandeln oder in einen Feind des Tieres, das ihn bedroht, z. B. eine giftige Seeschlange. Doch er kann sich auch eine Tarnung als harmlose Krabbe zulegen, um sich einer Krabbe zu nähern – und diese dann attackieren.

CLEVER UND GUT GERÜSTET

Die aktuelle Forschung bestätigt den Ruf von Oktopussen als intelligenten Lebewesen, die über ein ausgezeichnetes Gedächtnis und die Fähigkeit verfügen, schnell zu lernen und sich rasch an neue Gegebenheiten anzupassen. Der Mimik-Oktopus scheint für jede Situation die am besten passende Verkleidung auszuwählen, indem er seine angeborenen und seine erworbenen Fertigkeiten gleichermaßen nutzt. Trifft er beispielsweise auf einen Riffbarsch, der zu seinen Fressfeinden gehört, dann nimmt er normalerweise das Aussehen einer Seeschlange an, da diese Riffbarsche jagt.

Wenn er nicht gerade eine Verkleidung braucht, sieht ein Mimik-Oktopus aus wie viele andere Oktopus-Spezies, nur mit einem schlankeren Körper, längeren, dünnen Armen und variablen Streifen. Doch wenn er mit angelegten Armen über den Meeresboden gleitet (gegenüberliegende Seite), dann hat er große Ähnlichkeit mit einem Plattfisch, wie einer Seezunge oder einer Scholle, die ihrerseits ebenfalls Meister des Farbwechsels sind.

Eis-Seestern

LANGSAM, ABER SICHER

Sie haben kein Gehirn, kein Herz, keine Ohren und in seltenen Fällen Augen. Nur wenige können schwimmen, meist kriechen sie im Schneckentempo vorwärts. Und doch sind die Seesterne, wissenschaftlich Asteroidea, eine höchst erfolgreiche Tiergruppe. Mit über 1500 verschiedenen Arten (Spezies) bewohnen sie alle Meere und Ozeane, von den eisigen Polregionen bis in die schwülwarmen Tropen, von Flachwasserzonen bis in die tiefsten Tiefen der Tiefsee. Zugegeben, sie verfügen über wirksame Mittel zur Selbstverteidigung, wie Dornen oder Stacheln, eine feste, zähe Haut und einen unangenehmen Geschmack bis hin zu giftigen Substanzen in ihrer Haut oder ihrem Fleisch. Aber sie haben trotzdem Feinde – und sie können nicht weglaufen oder wegschwimmen. Plattfische, Haie, Rochen, Delfine, große Krabben und räuberische Meeresschnecken sowie ihre Verwandten, die Seeigel, sie alle fressen Seesterne. Aus diesem Grund sind einige von ihnen ziemlich gut getarnt.

IN DIE UMGEBUNG EINGEBETTET

Der im östlichen Atlantik und im Mittelmeer vorkommende Eis-Seestern fühlt sich vor allem in mäßig warmem Wasser, auf Felsriffen und mit Steinen übersätem Grund wohl. Vor einem einfarbigen Hintergrund zeichnen sich die in Reihen angeordneten, hellen Dornen auf seinen Armen gegen die Farbe seiner Haut ab, die von Braun nach Grün oder Grau variieren kann und gelegentlich einen Hauch von Rot, Orange oder Gelb aufweist. Zwischen Steinen, Tang, Muscheln und anderen Dingen, die sich zufällig über den Meeresboden verteilen, ist er allerdings ziemlich schwer auszumachen.

In lichtdurchfluteten tropischen Korallenriffen jedoch müssen Seesterne, die sich tarnen wollen, Farbe zeigen. Der Blaue Seestern trägt ein so leuchtendes Blau, dass man meinen könnte, er würde von hinten angestrahlt; der Farbton kann individuell verschieden sein, von himmelblau bis fast nachtschwarz. In seinem natürlichen Lebensraum verschwindet er inmitten der anderen, ebenso farbstarken Bewohner, von denen viele ebenfalls blau sind, z. B. einige Korallen, Fische, Krabben oder Garnelen.

VERBREITUNG

● *Marthasterias glacialis*
● *Pycnopodia helianthoides*

- **TRIVIALNAMEN**
  Seesterne; sea stars, starfish (Englisch)

- **WISSENSCHAFTLICHER NAME**
  zu den sich tarnenden Arten gehören z.B. *Marthasterias glacialis* (Eis-Seestern) und *Echinaster callosus* (Knotiger Seestern); außerdem andere hier erwähnte Arten: *Pycnopodia helianthoides* (Sonnenblumen-Seestern), *Linckia laevigata* (Blauer Seestern)

- **GRÖSSE**
  Der Eis-Seestern kann einen Durchmesser von 50 cm erreichen (mit Armen) Gewicht: bis 2 kg

- **LEBENSRÄUME**
  die verschiedenen Arten besiedeln alle marinen Lebensräume

- **ERNÄHRUNG**
  fast alle Arten leben räuberisch, ihre Nahrung besteht aus Schwämmen, Korallenpolypen und Würmern, aber auch Muscheln und Meeresschnecken; manche Arten ernähren sich von Algen oder Aas

- **GEFÄHRDUNG LT. ROTER LISTE**
  Für die meisten Arten gilt „nicht beurteilt", der an der nordamerikanischen Pazifikküste heimische Sonnenblumen-Seestern (*Pycnopodia helianthoides*) allerdings ist „vom Aussterben bedroht".

LEBEWESEN MIT AUSSTRAHLUNG

Seesterne und andere Stachelhäuter (Echinodermen) – Schlangensterne, Seelilien, Haarsterne, Seeigel und Seegurken – gehören zu den wenigen Tiergruppen mit Radiärsymmetrie, das heißt, einem strahlenförmig angelegten Körperbauplan. Die meisten Seesterne besitzen fünf Arme oder ein Vielfaches davon, aber das ist keinesfalls die Regel. Berühmt sind diese Tiere für ihre Regenerationsfähigkeit: Körperteile, die von einem Fressfeind oder großen Steinen abgerissen wurden, können nachwachsen. Je nachdem, wo sich die Bruchstelle befindet, können auch zwei oder drei Arme nachwachsen, wo vorher nur einer war.

◀ (Von oben im Uhrzeigersinn) Ein Knotiger Seestern kriecht langsam über einen Korallenstock von ähnlicher Farbe. Ein Blauer Seestern bewegt sich an einer Seelilie vorbei über ein tropisches Korallenriff. In einem „Ohrenschwamm" liegt der Eis-Seestern ebenso geschützt wie verborgen.

Salpe

(FAST) SO KLAR WIE MEERWASSER

Eine der einfachsten Methoden in seiner Umwelt aufzugehen? Mache dich unsichtbar, werde durchsichtig! Es gibt nur wenige Organismen, die das so eindrücklich praktizieren wie die Salpen. Auch wenn man bei ihrem Anblick vielleicht zunächst an Quallen denkt, haben sie mit diesen nichts zu tun, vielmehr gehören sie zu den Manteltieren (Tunicatae) und damit in die Verwandtschaft der Seescheiden (Ascidiae).

VERBREITUNG

● *Salpa maxima*

- **TRIVIALNAMEN**
  Salpe; salp (Englisch)
- **WISSENSCHAFTLICHER NAME**
  Familie Salpidae, darunter die Gattungen *Salpa*, *Thalia*, *Pegea*, *Thetys*, *Ihlea*, *Soestia*
- **GRÖSSE**
  Höhe der meisten Arten: 0,6–35 cm
- **LEBENSRÄUME**
  alle Meere und Ozeane
- **ERNÄHRUNG**
  Plankton
- **GEFÄHRDUNG LT. ROTER LISTE**
  nicht beurteilt

Salpen sind praktisch farblos und durchsichtig, zumindest beinahe, außerdem weich und biegsam. Sie lassen Meerwasser durch ihren Körper strömen und filtern mit einem feinmaschigen Sieb winzige Schwebteilchen heraus, das Plankton, von dem sie sich ernähren. Bis zu 50 verschiedene Arten von Salpen kommen in unterschiedlichen Tiefen in allen Weltmeeren vor. Dafür, dass sie eigentlich weit verbreitet sind, bekommt man sie nur selten zu sehen, wenn sie passiv vorbeitreiben oder aktiv vorbeihuschen, indem sie ihren Körper pulsierend zusammenziehen.

VON KETTEN UND FÄCHERN

Zum Lebenszyklus der Salpen gehört eine Phase, in der sie Kolonien oder Aggregationen bilden. Dann lagern sich Dutzende, manchmal Hunderte von Individuen zu einer bis zu 20 Meter langen, fast kristallklaren Kette, einer ringförmigen oder einer fächerartigen Form zusammen. Die einzigen, im Inneren der Salpe erkennbaren Teile sind ihr orangebrauner Magen samt Inhalt, die Sexualorgane oder ihre Nachkommen, die wie Knospen aus dem Körper ihrer Eltern hervorbrechen. Ihre Transparenz wirkt wie ein Tarnmantel, der sie vor ihren Fressfeinden – Fischen, Meeresschildkröten, Pinguinen, Albatrossen und anderen Seevögeln, Robben und Walen – verbirgt.

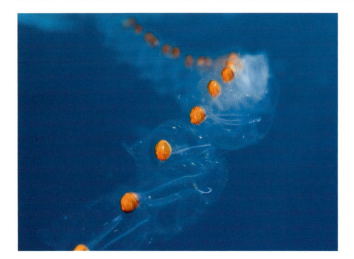

LEBENSZYKLUS

Der Lebenszyklus der Salpen besteht aus zwei Teilen. Die Solitärphase bestreitet jedes Individuum alleine als sogenannter Oozoid. Es kann sich asexuell fortpflanzen, indem es Ketten kleiner Nachkommen, die Blastozoiden, bildet und freisetzt. Diese lagern sich in der Aggregatphase zu Ketten und Ringen zusammen und entwickeln Geschlechtsorgane. Jedes Kettenglied, das jetzt Gonozoid heißt, wird zuerst männlich, dann weiblich. Das geschieht nicht gleichzeitig, so dass ins Wasser abgegebene Spermien männlicher Gonozoide die Eier von weiblichen befruchten können. Das befruchtete Ei wächst heran und wird als solitärer Oozoid freigesetzt.

▶ Eine Kolonie der Salpe *Pegea confoederata*.

◀ Der einzige sichtbare Teil einer Salpe ist der gelb, orange, rot oder braun gefärbte, ei- oder kugelförmige viszerale Nukleus, die Salpenversion von Magen und Eingeweiden.

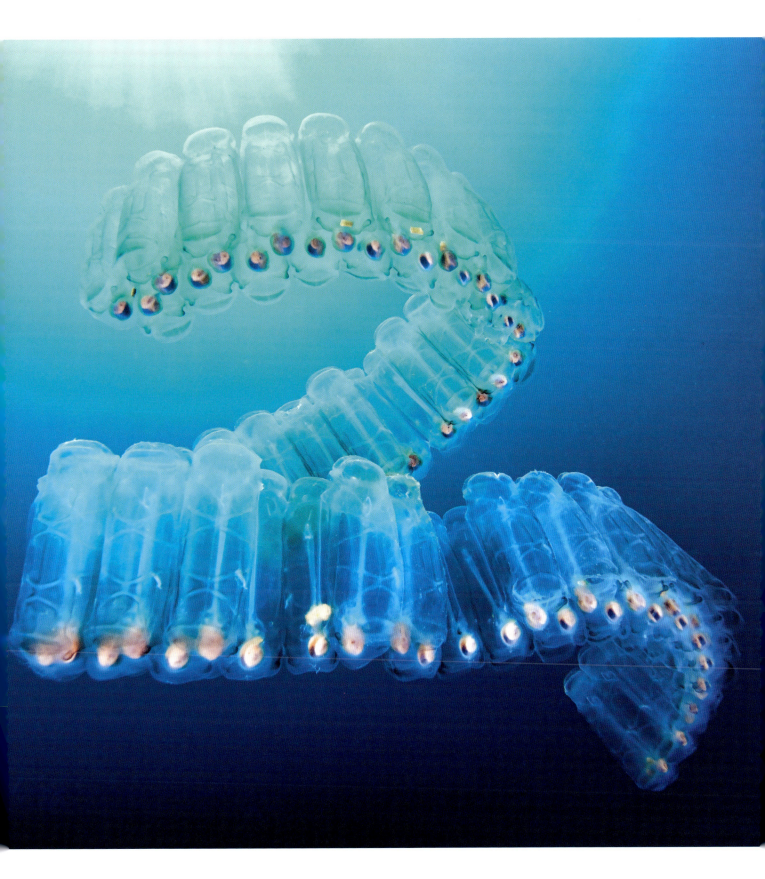

Fransenteppichhai

DER BÄRTIGE AUS DER HAI-FAMILIE

Die Familie der Teppichhaie oder Wobbegongs (Orectolobidae) umfasst ein Dutzend Arten (Spezies). Die Tiere sind zwar nicht ganz so flach wie ein Teppich, aber doch ziemlich platt und weit nach den Seiten ausgezogen. Mit den vielen fransenartigen Anhängen, die vor allem sein Maul und den vorderen Körperbereich bis hin zu den Brustflossen säumen, macht der Fransenteppichhai seinem Namen alle Ehre. Seine Brustflossen sind ebenso breit und abgeflacht wie der mittlere Teil des Körpers, die beiden Bauchflossen und der Schwanz mit den beiden sehr weit hinten liegenden Rückenflossen.

VERBREITUNG

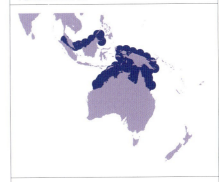

MEERESPFANNKUCHEN

Diese pfannkuchenflache Gestalt ist ideal, um am Meeresboden zu liegen, wo die mehrfach verzweigten Fransen den charakteristischen Umriss des Haikopfes weiter verbergen und verschleiern. Die hübsche, gedeckte Farbgebung verstärkt diesen Effekt noch. Es handelt sich um eine komplexe Zeichnung aus einer Mischung von Flecken, Tupfen und Rosetten auf einer Hintergrundfarbe in verschiedenen Braun-, Grau-, Gelb-, Creme- oder sonstigen Schlammtonvarianten, die fast wie Mosaiksteine angeordnet sind. Manchmal sind diese Flecken in wenig kontrastierenden Bändern, Zickzacklinien oder anderen geometrischen Formen angeordnet.

Der Fransenteppichhai fügt sich perfekt in seinen von sandigen, schlammigen oder steinigen Flächen durchsetzten Lebensraum aus Korallen- und Felsriffen ein. Hier liegt er tagsüber mit eingerolltem Schwanz, oft in einer Höhle oder unter einem Felsüberhang. Doch er ist jederzeit dazu in der Lage, mit erstaunlicher Geschwindigkeit auf kleine Fische, Krabben, Seeschlangen, Seevögel und ähnliches Getier loszugehen, das sich, ohne sein großes Maul zu bemerken, in seine Nähe begibt. Mit Einbruch der Dunkelheit wird der Hai zu einem aktiveren Jäger, aber dann kann er auch selbst zur Beute von größeren Haien, Zackenbarschen, Salzwasserkrokodilen und anderen stattlichen Beutegreifern werden.

- **TRIVIALNAMEN**
Fransenteppichhai; tasselled wobbegong (Englisch; „wobbegong" ist wahrscheinlich ein Aborigine-Wort für „buschiger Bart"); iga tao (Sprache der Solomon-Inseln); requin-tapis barbu (Französisch); tapicero barbudo (Spanisch)

- **WISSENSCHAFTLICHER NAME**
Eucrossorhinus dasypogon

- **GRÖSSE**
Länge: bis 2 m (unbestätigte Berichte sprechen von mehr als 3 m)
Gewicht: 40–80 kg

- **LEBENSRÄUME**
von Wäldern, felsigen Hügeln und Stranddünen bis zu menschlichen Behausungen

- **ERNÄHRUNG**
Riffe, Lagunen, Flachwasserbereiche, selten tiefer als 50 m

- **GEFÄHRDUNG LT. ROTER LISTE**
nicht gefährdet

WIE HAIE ATMEN

Man sagt, wenn ein Hai aufhört zu schwimmen, stirbt er. Dann strömt kein sauerstoffhaltiges Wasser mehr durch seine Kiemen, das heißt, er bekommt keine Luft mehr und erstickt. Für viele Haie, die ständig in Bewegung sind, mag das zumindest zum Teil zutreffen. Aber andere, wie die Teppichhaie, liegen stundenlang bewegungslos am Meeresgrund. Genau genommen sind sie nicht völlig bewegungslos. Sie atmen, indem sie – mithilfe von Muskelbewegungen von Kopf, Hals und Kehle – Wasser durch das Maul, bei Teppichhaien durch eine Öffnung (das Spiraculum) hinter jedem Auge, zu den Kiemen hin und wieder zurück pumpen.

◀ Diesen Fransenteppichhai sieht man kaum auf dem sandigen Meeresgrund mit den vielen Muschelschalen und Stücken von Korallen, Schwämmen, Seetang und anderen Rifffragmenten. Wo der mit Fransen verkleidete Kopf endet, ist die breite flache rechte Brustflosse zu erkennen.

Pfauenbutt

AM MEERESGRUND VERBORGEN

Über 800 Arten von Plattfischen leben in fast allen Meeren rund um den Globus. Die ganze Gruppe ist bekannt für ihre Fähigkeit zum Farbwechsel. Diese Fische sind seitlich abgeplattet, das heißt, sie liegen (dauerhaft) entweder auf ihrer rechten oder auf ihrer linken Seite. Wie fliegende Pfannkuchen bewegen sie sich knapp über dem Seeboden und verändern ihre Farben und Muster jeweils so, dass sie zu ihrer unmittelbaren Umgebung passen. Dadurch entgehen sie den Blicken möglicher Beutetiere und Fressfeinde gleichermaßen.

VERBREITUNG

● *Bothus lunatus*

- **TRIVIALNAMEN**
  Pfauenbutt, Fasanbutt; plate fish, peacock flounder (Englisch); lenguado (Spanisch); linguado ocelado (Portugiesisch); rambou lune (Französisch)

- **WISSENSCHAFTLICHER NAME**
  Botus lunatus (Pfauenbutt, atlantische Art, siehe gegenüberliegende Seite)
  Bothus mancus (Fasan- oder Pfauenaugenbutt, indo-pazifische Art, siehe unten links)

- **GRÖSSE**
  Länge: 30–45 cm
  Gewicht: 1,0–3,0 kg

- **LEBENSRÄUME**
  am Grund von Meeren flacher bis mittlerer Tiefe, sandiger bis steiniger Grund, zwischen Mangroven, Felsen und Riffen

- **ERNÄHRUNG**
  kleine Würmer, Muscheln, Fische

- **GEFÄHRDUNG LT. ROTER LISTE**
  nicht gefährdet

Der Pfauenbutt gehört zu den beeindruckendsten und am besten untersuchten Spezialisten für Farbwechsel. Während er von einem Substrat zum anderen über den Meeresgrund gleitet, sieht er in einem Moment wie ein feingesprenkelter Sandboden aus, im nächsten wie eine mit Steinen übersäte Fläche, wie Schwaden von Seetang oder wie ein Stück von einem Korallenstock.

GLEITENDER ÜBERGANG

Der Pfauenbutt liegt auf seiner rechten Seite, das heißt, die sichtbare Oberseite ist seine linke Seite. Die Ausgangsfarbe ist ein in Grau übergehendes Braun mit blauen Ringen, Tupfen und Flecken, vor allem an den Kanten, wo sich der Kopf, die Flossen und der Schwanz befinden. Doch die Farben und Muster verändern sich, während der Fisch weiterschwimmt. Ausgelöst werden die Veränderungen über die Augen. Diese nehmen die unmittelbare Umgebung schemenhaft wahr, anschließend gehen neuronale und hormonelle Botschaften an die Haut des Pfauenbutts. Die darin liegenden Pigmentzellen sorgen für die notwendige Anpassung. Sollte die Tarnung trotzdem einmal versagen, flattert die Flunder hektisch wedelnd davon und verdunkelt ihre Flucht durch das Aufwirbeln von Sand.

PLATT, SO ODER SO

„Plattfische" sind eine spezielle Tiergruppe, die Pleuronectiformes, die auf der Seite liegen und schwimmen. Wenn sie schlüpfen, liegen ihre Augen noch zu beiden Seiten des Kopfes, aber schon bald beginnt ein Auge, um den Kopf herum auf die andere Seite zu wandern. Diese Seite wird dann zur Oberseite, beim Pfauenbutt ist das die linke Seite. Die Heilbutte gehören zu den Flundern und sind die größten Plattfische – mit 3 Metern Länge und 200 und mehr Kilogramm Gewicht –; sie sind rechtsäugig.

▶ Die gefältelten Flossen tragen mit dazu bei, den Übergang zwischen dem Pfauenbutt und dem Meeresboden, auf dem er liegt, zu verwischen.

◀ An dem leicht geöffneten Maul kann man erkennen, dass der Fisch auf der Seite liegt. Das rechte Auge ist um den Kopf herum gewandert und befindet sich nun in der Nähe seines linken Gegenstücks.

Algen-Drachenkopf

EIN GEFÄHRLICHER GEGNER

Der Algen-Drachenkopf ist in vielerlei Hinsicht bemerkenswert. Er gehört zu einer der gefährlichsten Fischfamilien, der Familie der Skorpionfische, zu der auch die Feuer- und Rotfeuerfische zählen. Wie die Namen schon andeuten, sind fast alle Vertreter dieser Gruppe giftig. Das mächtige Gift wird Gegnern mit den Flossenstrahlen von Rücken-, After- und Bauchflossen beigebracht. Einige Skorpionfische, etwa die Steinfische (siehe Seite 224–225), sind außerordentlich gut getarnt, andere hingegen fallen mit ihrer üppigen Farbenpracht sofort ins Auge und warnen auf diese Weise mögliche Fressfeinde, sich lieber nicht mit ihnen anzulegen. Sollte es ein Beutegreifer, z. B. ein Hai oder ein Rochen, dennoch versuchen, wird er mit dem äußerst schmerzhaften Gift Bekanntschaft machen und lernt, ähnliche Warnfarben in Zukunft zu meiden.

VERBREITUNG

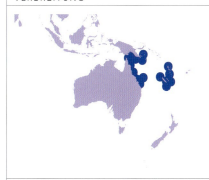

- **TRIVIALNAMEN**
Algen-Drachenkopf; lacy scorpionfish (Englisch)

- **WISSENSCHAFTLICHER NAME**
Rhinopias aphanes

- **GRÖSSE**
Länge: bis 25 cm
Gewicht: 2,0–4,0 kg

- **LEBENSRÄUME**
tropische und subtropische Riffe, Lagunen, Felsen, Flachwasserzonen, selten tiefer als 30 m

- **ERNÄHRUNG**
kleine Fische, Garnelen, Krabben

- **GEFÄHRDUNG LT. ROTER LISTE**
nicht gefährdet

SICH EINFÜGEN, SICH ABHEBEN

Der Algen-Drachenkopf beherrscht beide Strategien, sich einfügen und sich abheben. Sein Grundmuster besteht aus einer Hintergrundfarbe mit geschwungenen dunklen Linien, die um längliche, abgerundete „Inseln" herumlaufen, die mit einer dunkleren, manchmal auch helleren Version der Hintergrundfarbe gefüllt sind. Die Farben sind von Tier zu Tier unterschiedlich und variieren von Blassgrün, Gelb oder Pink bis Dunkeloliv, Grau und Braun.

Aber der schöne Farbplan wird mächtig durcheinandergewirbelt von den mit vielen Spitzen besetzten Flossen, verschiedenen fleischigen Fetzen und bäumchenartig verzweigten Anhängen, die über den ganzen Körper verteilt sind und die Gestalt des Fisches im Ganzen unkenntlich machen. Vor einer ähnlich lebhaft strukturierten Unterwasserlandschaft mit tangbewachsenen Felsen, bunten Korallen, extravaganten Seefächern und sonstigen leuchtenden Farben ist der Algen-Drachenkopf entweder hervorragend getarnt – oder er macht im Gegenteil mit seinen Warnfarben auf seine Giftigkeit aufmerksam.

◀ Fast nicht als Fisch zu erkennen, vor allem wegen des vorstehenden und nach oben gebogenen schnabelförmigen Mauls, driftet hier ein Algen-Drachenkopf an Korallen und anderen Riffbewohnern vorbei.

WEGGEHEN

Mit seiner rundlichen Gestalt, dem hochgebogenen Maul, den vorstehenden Augen und den filigranen, spitzigen Flossen ist der Algen-Drachenkopf nicht gerade zu sportlichen Höchstleistungen in der Lage. Üblicherweise hält er sich nachts im Riff oder am Meeresgrund auf und wartet, bis sich ein Beutetier nähert. Dann schießt er vor und öffnet sein relativ großes Maul, um es einzusaugen.

Steinfisch

TÖDLICHE STEINE

Zur Familie der Steinfische gehören fünf Vertreter der Gattung *Synanceia*, neben dem Echten Steinfisch (*S. verrucosa*) und dem Warzen-Steinfisch (*S. horrida*) noch *S. alula* und *S. nana*. Steinfische haben den Ruf, die tödlichsten Fische der Welt zu sein. Ihr Gift gelangt über die harten Stachelstrahlen der Rückenflosse in den Körper anderer Lebewesen. Bei Menschen meist dann, wenn sie versehentlich auf das Tier treten. Dessen Tarnung ist so gut, dass es selbst von erfahrenen Tauchern, Schwimmern oder Strandgängern nicht bemerkt wird. Je nachdem wie tief der Stich war und wie viel Gift abgegeben wurde, ist ein starker, stechender Schmerz die Folge, der unter Umständen tagelang anhalten und äußerst quälend sein kann; wenn keine medizinische Behandlung erfolgt, kann die Verletzung auch tödlich enden.

Wie der Name verrät, sehen Steinfische aus wie Steine. Mit ihren Verwandten, den Skorpionfischen (siehe Seite 222–223), haben sie den großen Kopf, das nach oben geschobene Maul, den untersetzten, rundlichen Körper, die großen Flossen mit den spitzen Flossenstrahlen und die raue Haut mit den fleischigen Buckeln und warzigen Vorwölbungen gemeinsam. Sie liegen meist am Meeresgrund an Stellen, wo sie sicher sein können, dass sie von ihren Fressfeinden – großen Haien, Rochen und Kraken – ebenso übersehen werden wie von ihren potenziellen Beutetieren, kleinen Fischen, Krabben und Ähnlichem.

Die Körperoberfläche des Warzen-Steinfischs stellt sich meist als bunt gescheckte und gefleckte Mischung schlammiger Rot-, Braun- und Grautöne dar, vielleicht mit ein paar weißen oder cremefarbenen Spitzen. Damit sieht sie aus wie die Oberfläche der Felsen in der Umgebung, inklusive des Aufwuchses von Algen und Tangen. Der etwas kleinere Echte Steinfisch trägt leuchtendere Farben – Rot, Orange, Gelb, Pink –, die zu seinem Hintergrund und Lebensraum, dem Korallenriff, passen.

VERBREITUNG

- *Synanceia verrucosa*
- *Synanceia horrida*

- **TRIVIALNAMEN**
  Steinfisch; stonefish (Englisch); nofu no'u (polynesische Sprache); dornan (australische Sprache)

- **WISSENSCHAFTLICHER NAME**
  Synanceia horrida (Warzen-Steinfisch), *Synanceia verrucosa* (Echter Steinfisch)

- **GRÖSSE**
  Länge: 20–55 cm
  Gewicht: 1,0–2,5 kg, je nach Art

- **LEBENSRÄUME**
  je nach Art Ästuare, Buchten, Strände, Riffe, Bereiche mit steinigem Untergrund; selten tiefer als 30 m

- **ERNÄHRUNG**
  kleine Fische, Garnelen, Krabben

- **GEFÄHRDUNG LT. ROTER LISTE**
  nicht gefährdet

STICHGEFAHR AM STRAND

Steinfische leben in Flachwasserzonen und sind selten in mehr als 30 Meter Tiefe anzutreffen. Man kann sie in flachen Lagunen mit steinigem Grund oder Pflanzenbewuchs finden. Häufig schaufeln sie mit ihren großen Brustflossen Sand und Schlamm über ihren Körper. Darum wird Strandspaziergängern dort, wo Steinfische vorkommen, immer geraten, feste Schuhe zu tragen.

▶ Umgeben von Algen und Muscheln lugt hier der Kopf eines Steinfischs aus einer Nische in einem Korallenstock hervor. Das nach oben verschobene Maul und die Knopfaugen warten darauf zuzuschnappen, wenn über ihnen ein mögliches Beutetier vorbeischwimmt.

Großer Fetzenfisch

LEBENDER SEETANG

Eines der spektakulärsten Beispiele für Tarnung liefert der Große Fetzenfisch, der vor den Küsten Süd- und Südwestaustraliens zu Hause ist. Alles an ihm – seine Form, seine Körperanhänge, seine Färbung, sein Verhalten und seine Lebensweise – zielt darauf ab, ihn optisch mit seinem Lebensraum verschmelzen zu lassen. Wegen seiner Kopfform, der an das feuerspeiende Sagenungeheuer erinnert, nennt man ihn in seiner Heimat „leafy sea dragon". Sein Körper ist relativ steif und fest, mit rippenähnlichen knöchernen Verstärkungen und spitzen Stacheln. Ganz anders jedoch die Körperanhänge: Sie sind hauchdünn, fast durchsichtig und schimmern in Farbtönen von hellem Gelbgrün über Dunkelgrün und Oliv bis Mittel- und Dunkelbraun. Sie entspringen überall am Körper, sogar am Kopf. Wenn sie sich in der Strömung sanft hin und her bewegen, passen sie in Farbe und Form perfekt zu den im Wasser wogenden Seetangwedeln und anderen Wasserpflanzen.

VERBREITUNG

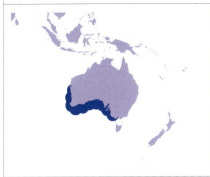

- **TRIVIALNAMEN**
  Großer Fetzenfisch; leafy seadragon (Englisch)
- **WISSENSCHAFTLICHER NAME**
  Phycodurus eques
- **GRÖSSE**
  Länge: 20–25 cm, selten mehr als 30 cm
  Gewicht: 30–60 g
- **LEBENSRÄUME**
  Seetangwiesen, Seegraswiesen, Schwammfelder, tangreiche felsige und sandige Riffe und Küsten, selten tiefer als 40 m
- **ERNÄHRUNG**
  winzige Meerestiere, insbesondere Fischlarven, Kleinkrebse, Garnelen, planktische Lebewesen
- **GEFÄHRDUNG LT. ROTER LISTE**
  nicht gefährdet, steht in seinem Verbreitungsgebiet dennoch unter Schutz

SAUGMUND

Der Große Fetzenfisch ist ein Mitglied der Seenadel-Familie, zu der auch das Seepferdchen gehört. Doch anders als dieses kann er seinen Schwanz nicht um Objekte wickeln, um sich festzuhalten. Er lässt sich einfach zwischen Gruppen von „echtem" Seetang treiben oder „rudert" ein bisschen mit seinen kleinen Brustflossen.

Die lange, pferdeähnliche Schnauze mit der vergrößerten Spitze sieht überhaupt nicht nach Fisch aus. Tatsächlich sind Ober- und Unterkiefer zahnlos und über ihre ganze Länge miteinander verwachsen; sie bilden eine Röhre mit einer nach oben abgeschrägten Öffnung für den Mund. Damit kann der Fetzenfisch weder beißen noch kauen, und doch ist er in gewisser Weise ein Fleischfresser. Er ernährt sich, indem er seinen Kopf nach vorne oder zur Seite schnellen lässt, wie ein Vogel, der nach etwas pickt oder hackt, oder er saugt Plankton, winzige Meereslebewesen, wie durch einen Strohhalm auf.

DRACHEN IN GEFAHR

Der „leafy sea dragon" ist eines der biologischen Wahrzeichen des australischen Bundesstaats South Australia. Wie viele andere außergewöhnliche Tiere auch, wurde der Große Fetzenfisch für Aquarien und für die Herstellung angeblich traditioneller Medizin gesammelt sowie für den Handel mit exotischen Tierpräparaten aufgearbeitet. In den australischen Bundesstaaten Western Australia, South Australia und Victoria steht er inzwischen unter Naturschutz.

◀ Der Große Fetzenfisch ist kein guter Schwimmer, aber wenn er, wie hier, über ein mit Tang bewachsenes Riff treibt, muss er sich nur ein bisschen sinken lassen, um Teil der Wasserpflanzenwelt zu werden. In gewissem Rahmen kann er auch Farbe und Musterung verändern und an seine Umgebung anpassen, das nimmt aber Tage bis Wochen in Anspruch.

Marmorierter Zackenbarsch

GEZACKT ODER GESÄGT?

Der Marmorierte Zackenbarsch wird bis einen Meter lang und ist dank seiner namensgebenden Färbung hervorragend getarnt. Als Grundfarbe überwiegt Cremeweiß oder Hellbraun, mit gelegentlichen mittelbraunen Schlieren und Flecken am Körper sowie vielen kleinen dunkelbraunen Tupfen überall, auch auf den Flossen. Mit diesem Erscheinungsbild fügt sich der Marmorierte Zackenbarsch bestens in Korallenriffe, Tangfelder und steinige Meeresböden des Indischen und Pazifischen Ozeans ein.

Bei den Marmorierten Zackenbarschen gleicht kein Individuum dem anderen. Das Braun kann in Richtung Grau oder Oliv changieren, die Tupfen können relativ groß und gebuchtet oder sehr viel kleiner und dafür umso zahlreicher sein. Die Schlieren können auch zu größeren Flächen zusammenlaufen, vor allem nach der Unterseite zu. Manchmal können die Flecken mehr oder weniger deutlich zu Mustern arrangiert sein, etwa zu diagonalen oder im Zickzack verlaufenden Linien.

Die Zackenbarsche gelten heute als eigene Familie (Epinephelidae), früher wurden sie der Familie der Sägebarsche (Serranidae) zugeordnet. In der Regel handelt es sich um gedrungene, massige Fische mit einem großen Maul, die sehr alt werden können, zum Teil 50 Jahre und mehr. Interessanterweise findet bei vielen Vertretern beider Familien im Laufe des Lebens eine „Geschlechtsumwandlung" statt: Zackenbarsche beginnen ihr Geschlechtsleben fast immer als Weibchen und verwandeln sich später in Männchen, bei Sägebarschen ist es umgekehrt.

Wenn der Marmorierte Zackenbarsch nicht gerade durchs Riff streift, um Beute aufzuspüren, versteckt er sich gerne in Höhlen und Felsspalten oder zwischen Korallenstöcken. Krabben sind seine Leibspeise, doch wenn er hungrig ist, verschlingt er alles, was in sein geräumiges Maul passt.

VERBREITUNG

- TRIVIALNAMEN
  Marmorierter Zackenbarsch; camouflage grouper (Englisch); kerapu (Malaysisch); okke (Indonesisch); kulapo, lapu-lapu (philippinische Sprachen)

- WISSENSCHAFTLICHER NAME
  Epinephelus polyphekadion

- GRÖSSE
  Länge: bis 1 m
  Gewicht: 20–30 kg

- LEBENSRÄUME
  warme Lagunen, Korallen- und Felsriffe, insbesondere um Inseln herum, mit Höhlen und großen Felsspalten, selten tiefer als 50 m

- ERNÄHRUNG
  Krabben und andere Krebstiere, Meeresschnecken, kleine Kraken und Sepien, Fische

- GEFÄHRDUNG LT. ROTER LISTE
  gefährdet

EINE RIESENFAMILIE

Zu den Zackenbarschen zählen einige der größten und schwersten Knochenfische. Der Dunkle Riesenzackenbarsch (*Epinephelus lanceolatus*) kann mehr als 2,50 Meter lang und über 300 Kilogramm schwer werden. In einigen Regionen gelten Zackenbarsche als wertvolle Speisefische. Ihre Angewohnheit, sich traditionell zu bestimmten Zeiten im Jahr in bestimmten Gebieten einzufinden, um sich zu paaren und abzulaichen, macht sie zur einfachen Beute. Viele Arten sind durch Überfischung bedroht.

▶ Als Fels getarnt, behält der Marmorierte Zackenbarsch die vorbeiziehende Schule kleiner Ährenfische im Blick und wartet auf den richtigen Moment, um kraftvoll und mit hohem Tempo nach oben zu stoßen.

◀ Jeder Zackenbarsch hat mehrere Schlupfwinkel in den Korallenstöcken seiner Umgebung, von denen aus er beobachten kann, was in der Nachbarschaft vorgeht.

Harlekin-Feilenfisch

SIEHST DU ODER RIECHST DU MICH?

Der Harlekin- oder Orangepunkt-Feilenfisch ist bislang das einzige Wirbeltier, bei dem man eine olfaktorische (chemische) Tarnung nachweisen konnte, die mit seiner Nahrung zu tun hat. Das heißt, dieser Fisch passt sich seinem essbaren Hintergrund nicht nur im Aussehen, sondern auch im Geruch an. In diesem Fall besteht der Hintergrund aus den kräftigen Farben eines Korallenriffs. Genauer gesagt, handelt es sich um Steinkorallen der Gattung *Acropora*, die zu den größten Riffbauern im Meer gehören.

VERBREITUNG

- **TRIVIALNAMEN**
  Harlekin-Feilenfisch; harlequin filefish (Englisch); sagoksok, pakol (philippinische Sprachen); barat-barat (Malaysisch); muraka rondu (Dhivehi, Amtsprache der Malediven)

- **WISSENSCHAFTLICHER NAME**
  Oxymonacanthus longirostris

- **GRÖSSE**
  Länge: 8–12 cm
  Gewicht: 30–60 g

- **LEBENSRÄUME**
  Korallenriffe und Lagunen, selten tiefer als 30 m

- **ERNÄHRUNG**
  Polypen von Steinkorallen

- **GEFÄHRDUNG LT. ROTER LISTE**
  nicht gefährdet

CHEMISCHE TARNUNG

Der farbenprächtige Harlekin-Feilenfisch besitzt orangerote Tupfen auf leuchtend blau-grünem Untergrund, orangefarbene Streifen im Gesicht und auf dem schnabelartig verlängerten Maul und einen dunklen Punkt auf seinem Schwanz. Mit diesem Aussehen fügt er sich in manche Korallenarrangements hervorragend ein, in andere weniger. Wenn der Feilenfisch die Polypen der Korallen abknabbert, von denen er sich ernährt, nimmt er mit ihnen bestimmte chemische Substanzen in seinen Körper auf – die er jedoch wieder freisetzt und in dem ihn umgebenden Wasser verteilt. Viele Fische nehmen ihre Umgebung besser über chemische Substanzen wahr, die von anderen Tieren stammen und vom Wasser transportiert werden, als über ihre Augen. Denn die Sicht ist oft durch Schlamm und Trübstoffe eingeschränkt.

Experimente zeigten, dass Beutegreifer wie der Kabeljau den Feilenfisch meist nicht beachten, selbst wenn er sich in ihrem Blickfeld befindet. Inmitten von Korallen, die denselben Geruch abgeben wie er selbst, wirkt der Korallengeruch des Feilenfischs wie eine Tarnkappe. Setzt man den Feilenfisch jedoch in eine andere Korallenart, unterscheidet sich sein Geruch von dem seiner Umgebung, und der Kabeljau hat ihn schnell erschnüffelt.

NOCH MEHR TARNGERUCH

Chemische oder olfaktorische Tarnung ist von wirbellosen Tieren (Invertebraten) schon länger bekannt, vor allem von Insekten. Z. B. *Biston robustum*, ein Schmetterling aus der Spanner-Familie: Seine Raupe sieht aus wie ein abgebrochener Zweig und schmeckt auch so, denn sie frisst die Blätter ihres Wirtsbaums, um räuberischen Ameisen zu entgehen. Dasselbe tut eine Schnecke der Gattung *Lottia*, sie nimmt Duftstoffe von ihrer Futterpflanze auf und gibt sie wieder ab, um sich vor hungrigen Krabben, Meeresschnecken, Sepien, Tintenfischen und Fischen zu verbergen.

◀ Die Harlekin-Feilenfische halten sich einigermaßen parallel zu den Fingern der Koralle, deren Polypen sie abfressen. Schon so erreichen sie eine recht gute optische Tarnung. Zusätzlich tarnen sie sich, indem sie denselben Geruch ins Wasser abgeben wie die Polypen.

Echte Karettschildkröte

TROTZ PANZER DRINGEND SCHUTZBEDÜRFTIG

Auf der ganzen Erde gibt es nur sieben Arten von Meeresschildkröten. Fast überall stehen diese Tiere unter strengem Schutz, und doch sind ihre Populationen stark gefährdet und ihre Bestandszahlen gehen weiter dramatisch zurück.

Die Echte Karettschildkröte kommt in allen mäßig warmen und warmen Meeren vor. Wenn die Tiere ausgewachsen sind, sind es große, kräftige Reptilien, die von ihren mächtigen Panzern und ihrer dicken, schuppigen Haut gut geschützt werden. Und doch haben sie selbst dann noch Fressfeinde, z. B. Haie, Zackenbarsche, Salzwasserkrokodile und große Kraken. Aber wenn sie frisch geschlüpft sind, mit Panzern so groß wie ein menschlicher Daumennagel, ist die Zahl ihrer Feinde Legion, von Krabben und Sepien bis hin zu Möwen, Ratten und Füchsen.

EIN TEIL DES RIFFS

Der Panzer einer Schildkröte besteht aus zwei Lagen. Die untere ist aus flachen, miteinander verschmolzenen Knochen des Skeletts zusammengesetzt, die darüber liegende, sichtbare Lage aus Keratinplatten oder Schilden. Färbung und Zeichnung der Schilde ist für jede Schildkrötenart charakteristisch. Die Echte Karettschildkröte sucht vor allem auf Riffen in Lagunen und Flachwasserzonen nach Nahrung, und ihr Aussehen ist ganz darauf abgestimmt. Der Panzer ist bernsteinfarben oder gelb mit unregelmäßig geflammten oder getüpfelten Streifen in Dunkelgrün, Braun oder Schwarz. Diese Farben sind bei Jungtieren markanter. Kopf und Gliedmaßen stehen in farblichem Kontrast dazu und könnten schon fast von einem anderen Tier stammen: Über einen dunklen Hintergrund legt sich hier ein giraffenähnliches Netzmuster aus hellen Linien. Dazu bilden die V-förmigen Schilde an den Seiten und am hinteren Ende des Panzers eine sägezahnähnliche Außenkante. Zusammengenommen führen diese Merkmale dazu, dass der Körperumriss dieses an sich massigen, großen Tieres verwischt, wenn es sich zwischen Felsen, Steinen, Seetang, Korallen und anderen Riffelementen aufhält.

VERBREITUNG

- TRIVIALNAMEN
Echte Karettschildkröte; hawksbill sea turtle (Englisch); Abu gudr, baga sugr (Arabisch); kasa (Swahili); taku (Fidschi); vonu (Sprache der Salomonen)

- WISSENSCHAFTLICHER NAME
Eretmochelys imbricata

- GRÖSSE
Länge (Panzer): bis 1,30 m
Gewicht: 60–120 kg

- LEBENSRÄUME
flache Riffe und felsige Bereiche in mäßig warmen und warmen Meeren, selten in mehr als 20 m Tiefe

- ERNÄHRUNG
Schwämme, Seeanemonen, Korallenpolypen, Quallen, aber auch Seetang, Fische, Muscheln, Würmer

- GEFÄHRDUNG LT. ROTER LISTE
„vom Aussterben bedroht"

WENN TARNUNG NICHTS NÜTZT

Meeresschildkröten gehören zu den am stärksten vom Aussterben bedrohten Tierarten. Sie werden (verbotenerweise) wegen ihres Fleisches, ihrer Knochen, Eier und Panzer gejagt, zudem landen sie oft als Beifang in den Schleppnetzen von Fischereischiffen. Aus ihrem Panzer werden häufig Gegenstände aus „Schildpatt" hergestellt und illegal an gedankenlose Menschen verkauft. Seit dem Inkrafttreten des Washingtoner Artenschutzabkommens (CITES) ist der Handel mit diesen Tieren, mit Körperteilen von ihnen oder aus ihnen hergestellten Produkten verboten.

▶ Um zum Luftholen an die Oberfläche aufzusteigen, muss die Echte Karettschildkröte das Riff und seine sandige, mit Steinen durchsetzte Umgebung hinter sich lassen, die ihr Deckung geboten hatten.

Beluga

WEISS, WEISSER, AM WEISSESTEN

Viele arktische Tiere sind weiß. Der Eisbär ist ein berühmtes, kraftvolles Beispiel dafür. Ein anderes, das vielleicht fünfmal mehr wiegt, ist ebenfalls ein Säugetier, allerdings eines, das die ganze Zeit im Meer lebt – der Weißwal oder kurz Beluga.

VERBREITUNG

- **TRIVIALNAMEN**
  Weißwal; beluga whale (Englisch); belucha (Russisch); hvitval (Norwegisch); siqsuaq, qilalugaq (Inuitsprachen); shiroiruka (Japanisch)

- **WISSENSCHAFTLICHER NAME**
  Delphinapterus leucas

- **GRÖSSE**
  Länge: 3,00–5,50 m
  Gewicht: 500–1700 kg (Männchen sind größer als Weibchen)

- **LEBENSRÄUME**
  Arktischer Ozean, kalte nördliche Meere, vor allem in der Nähe von Eis, im Sommer aber auch Ästuare und Flussmündungen

- **ERNÄHRUNG**
  unterschiedlich, unter anderem Fische, Muscheln, Krabben, Garnelen, Tintenfische, Seeigel

- **GEFÄHRDUNG LT. ROTER LISTE**
  nicht gefährdet

An der Wasseroberfläche hat der Beluga in der Regel schneebedecktes Land und Eis als Hintergrund. Unter Wasser sind die untergetauchten Abschnitte von Packeis und Eisbergen nie weit weg. So gesehen, scheint Weiß als Körperfarbe eine nachvollziehbare Option, vor allem um vor visueller Entdeckung vor den beiden Hauptfressfeinden geschützt zu sein, Schwertwalen (Orcas) und – wenn der Beluga alt und krank wird – Eisbären. Die Tarnung hilft ihm natürlich auch, vor den eigenen Beutetieren – vor allem Fischen und anderen kleinen Tieren – verborgen zu bleiben

DER NACKTE WAL

Die weiße Farbe des Belugas kommt ganz anders zustande als die des Eisbären. Während Letzterer einen Pelz trägt (siehe Seite 42–43), ist der Beluga absolut haarlos und damit praktisch nackt. Die Belugahaut enthält so gut wie keine dunklen Pigmente, sie ist von Natur aus bleich und reflektiert alle Farben, das ergibt Weiß. Und dennoch sind nicht alle Belugas völlig schneeweiß. Einige haben leicht pigmentierte Bereiche, wie schwache Schatten, entlang der Kanten von Brust- und Schwanzflossen. Andere weisen über den gesamten Körper einen Hauch von Grau auf, oder vielleicht ein blasses Gelbgrün, das auf winzig kleine Algen zurückzuführen ist, die auf ihrer Haut wachsen.

Wie bei vielen Säugetieren (den Menschen eingeschlossen) lösen sich bei Belugas während des Jahres kleine Hautfetzchen ab. Im Sommer kommt es bei dieser Walart zu einem deutlichen, jahreszeitlich bedingten Abschilfern der Haut, was dazu beiträgt, Seepocken zu entfernen, kleine Hautparasiten aus der Verwandtschaft der Krebstiere. Die Belugas unterstützen und verstärken diesen Vorgang, indem sie sich aktiv an Felsen oder Steinen auf dem Meeresgrund scheuern.

NICHT DER WEIS(S)HEIT LETZTER SCHLUSS

Ein Rätsel beschäftigt Biologen noch immer: Warum kommen Beluga-Kälber nicht weiß zur Welt? Bei der Geburt sind sie normalerweise blassbraun bis blassgrau oder bläulichbraun. Mit der Zeit werden sie erst grauer und dann immer weißer, bis sie mit etwa acht Jahren die Geschlechtsreife erreicht haben. Ein Kalb wird zwei Jahre lang gesäugt und bleibt auch danach noch für ein oder zwei Jahre ganz in der Nähe seiner Mutter, damit diese es bei Bedarf schützen kann. Mütter und ihre Jungen leben in Gruppen zusammen, was allen mehr Schutz bietet.

◂ Mit dem perlweißen Glanz seiner Haut ist der Beluga einfach nur ein weiteres weißes Objekt im Arktischen Ozean mit seinen umhertreibenden Eisschollen. Belugas haben einen (für Wale) relativ schmalen und flexiblen Hals, der es ihnen erlaubt, den Kopf auf und ab zu bewegen, zu drehen und zu wenden. Das können nur wenige Vertreter der Cetaceae.

Über den Autor

Steve Parker ist Zoologe und mehrfach ausgezeichneter Sachbuchautor. Er hat am Naturhistorischen Museum in London gearbeitet und war Senior Scientific Fellow der Zoologischen Gesellschaft von London.

Register

Ablenkerverhalten 187
Abschreckung 9, 46, 87, 105, 112, 117, 172, 183, 202
Affen
  Delacour-Schwarzlangur (*Trachypithecus delacouri*) 157, 160
  Zwergseidenäffchen (*Cebuella pygmaea*) 70
Amphibien
  Aga-Kröte (*Rhinella marina*) 184
  Falllaubkröte (*Rhinella margaritifera*) 51
  Goliathfrosch (*Conraua goliath*) 111
  Kreuzkröte (*Epidalea calamita*) 87
  Neuguinea-Riesenlaubfrosch (*Nyctimystes infrafrenatus*) 181
  Riesensalamander 24
  Schlammteufel (*Cryptobranchus alleganiensis*) 24
  Vietnamesischer Moosfrosch (*Theloderma corticale*) 145
  Wasserpfeifer (*Pseudacris crucifer*) 23
Aposematismus, s. Warnfärbung
Arterhaltungsprogramm 98, 198
asexuelle Fortpflanzung 140, 214
Autotomie („Sollbruchstelle") 174, 205

Balz 9, 23, 80, 87, 108, 154, 181, 190, 209
Beuteltiere
  Beutelteufel (*Sarcophilus harrisii*) 198
  Beutelwolf (*Thylacinus cynocephalus*) 198
  Felskängurus (*Petrogale*-Arten) 193
  Riesenbeutelmarder (*Dasyurus maculatus*) 196

Chromatophore, s.a. Pigmente, 9, 210
CITES, s. Washingtoner Artenschutzabkommen

Echsen
  Blattschwanzgeckos (*Saltuarius*-Arten) 174

Dornteufel (*Moloch horridus*) 183
Gespenst-Plattschwanzgecko (*Uroplatus phantasticus*) 7, 112
Komodowaran (*Varanus komodoensis*) 148
Mauereidechsen (*Podarci*-Arten) 88
Pantherchamäleon (*Furcifer pardalis*) 114
Schwarzer Kaiman (*Melanosuchus niger*) 53
Stummelschwanzchamäleons (*Brookesia*-Arten) 114
Texas-Krötenechse (*Phrynosoma cornutum*) 27

Färbung, disruptive 8, 56, 68, 87, 157, 158, 160
Farbveränderung 9, 17, 27, 31, 39, 90, 114, 183, 209, 210, 220, 227
Faultiere
  Braunkehl-Faultier (*Bradypus variegatus*) 64
  Dreifinger-Faultiere (*Bradypus*-Arten) 64
Fische
  Algen-Drachenkopf (*Rhinopias aphanes*) 223
  Buntbarsche (*Nimbochromis*-Arten) 108
  Echter Steinfisch (*Synanceia verrucosa*) 224
  Europäischer Wels (*Silurus glanis*) 84
  Fasanbutt (*Bothus mancus*) 220
  Forellenbarsch (*Micropterus salmoides*) 20
  Fransenteppichhai (*Eucrossorhinus dasypogon*) 217
  Großer Fetzenfisch (*Phycodurus eques*) 227
  Harlekin-Feilenfisch (*Oxymonacanthus longirostris*) 7, 231
  Hechtling (*Galaxias*-Arten) 178
  Kokopu (*Galaxias* spec.) 178

Marmorierter Zackenbarsch (*Epinephelus polyphekadion*) 228
Maulbrüter, s. Buntbarsche 108
Pfauenbutt (*Bothus lunatus*) 8, 220
Plattfische (*Pleuronectiformes*) 220
„Silber-Galaxie" (*Galaxias argenteus*) 178
Skorpionfische (Fam. Scorpaenidae) 223, 224
Warzen-Steinfisch (*Synanceia horrida*) 224
Fledermäuse
  „Bemalte" Wollfledermaus (*Kerivoula picta*) 158
  Nasenfledermaus (*Rhynchonycteris naso*) 68
Frösche, s. Amphibien

Gegenschattierung 8, 9, 124, 125
genetische Unterschiede 12, 18, 51, 53, 72, 88, 114, 126, 132, 140, 142, 174
Gift in der Haut 87, 184
Giftbiss 148
Giftstachel 18, 223, 224
Giftzähne 28, 56, 90, 117, 184

Haarwechsel 39, 165
Habitathomogenisierung 99
Habitatverlust 74, 98, 111, 196
Handel mit Tieren und deren Teilen 63, 74, 158, 165, 166, 227, 232
Heu-, Fang- und Gespenstschrecken
  Blattschrecke (Bsp. *Cycloptera speculata*) 49
  „Childrens Stabschrecke" (*Tropidoderus childrenii*) 172
  Geistermantis (*Phyllocrania paradoxa*) 107
  Großes Wandelndes Blatt (*Phyllium giganteum*) 140
  Orchideenmantis (*Hymenopus coronatus*) 139
Huftiere
  Amerikanischer Bison (*Bison bison*), s.a. Wisent, 101

Giraffe (*Giraffa camelopardis*) 126
Impala (*Aepyceros melampus*) 125
Nubischer Steinbock (*Capra nubiana*) 121
Schabrackentapir (*Tapirus indicus*) 157
Wisent, Europäischer Bison (*Bison bonasus*) 101
Hundeartige Säugetiere
  Argentinischer Kampfuchs (*Lycalopex griseus*) 72
  Eisbär (*Ursus maritimus*) 42
  Großes Wiesel (*Mustela erminea*) 39
  Hermelin, s. Großes Wiesel 39
  Wolf (*Canis lupus*) 96

invasive Art 20, 72, 150, 184
IUCN, s. Weltnaturschutzunion 8

Jungfernzeugung 140

Käfer
  Grüner Schildkäfer (*Cassida viridis*) 78
Kältestarre 23
Katzenartige Säugetiere
  Bänderroller (*Hemigalus derbyanus*) 162
  Fleckenmusang (*Paradoxurus hermaphroditus*) 162
  Jaguar (*Panthera onca*) 53, 74
  Karakal (*Caracal caracal*) 130
  Leopard (*Panthera pardus*) 132
  Luchse (*Lynx*-Arten) 99
  Pardelluchs (*Lynx pardinus*) 99
  Puma (*Puma concolor*) 40
  Schleichkatzen (Viverridae) 162
  Schneeleopard (*Panthea uncia*) 165
  Silberlöwe, s. Puma
  Tiger (*Panthera tigris*) 166
  Tüpfelhyäne (*Crocuta crocuta*) 128
  Wüstenluchs, s. Karakal
„Katzenkaffee", s. Kopi Luwak
Klimawandel 15, 42, 90, 165
Kommensale 64

Kopi Luwak 162
Korallen
  Steinkorallen (Tisch- und Geweihkorallen) 231
  Weichkorallen (Gorgonien und Seefächer) 206
Krebs- und Spinnentiere
  Asselspinnen (Pantopoda) 205
  „Dekorateurkrabben", s. Dreieckskrabben
  Dreieckskrabben (Fam. Majidae) 202
  „Flechtenjäger" (*Pandercetes gracilis*) 142
  Rindenskorpione (*Centruroides*-Arten) 18
  Veränderliche Krabbenspinne (*Misumena vatia*) 17
  „Wickelspinne" (*Dolophenes conifera, D. turrigera*) 177
Krypsis 5
Kuckucksspeichel 171

Larve 15, 78, 83, 171, 178
Lurch, s. Amphibien

Manteltiere
  Salpe (Bsp. *Pegea confoederata*) 214
  Salpe (Bsp. *Salpa maxima*) 214
  Seescheiden (Ascidiae) 214
Maskierung 8, 202
Mauser 31, 35
Melanin 42, 132
Melanozyten 27, 42, 132
Mimikry (Definition) 8
Morphe 12, 14, 18

natürliche Selektion 9
Nymphe 171

Parthogenese, s. Jungfernzeugung
Partnerwerbung, s. Balz
Pigmente, s.a. Chromatophoren, 9, 17, 27, 42, 210, 220

Radiärsymmetrie 213
Raupe 7, 12, 15, 83, 136
Rote Liste gefährdeter Arten 8
Rotgrün-Blindheit 166

Salamander, s. Amphibien
Schildkröten
  Echte Karettschildkröte (*Eretmochelys imbricata*) 232
  Fransenschildkröte (*Chelus fimbriata*) 55

Schlangen
  Baumnattern (*Thelotornis*-Arten) 117
  Dunkler Tigerpython (*Python bivittatus*) 150
  Eidechsennatter (*Malpolon monspessulanus*) 90
  Gewöhnliche Todesotter (*Acanthophis antarcticus*) 184
  Glanzspitznatter (*Oxybelis fulgidus*) 56
  Große Anakonda (*Eunectes murinus*) 53, 59
  Kupferkopf (*Agkistrodon contortrix*) 28
  Peitschennattern (*Ahaetulla*-Arten) 117
  Spitznattern (*Oxybelis*-Arten) 117
Schmetterlinge
  C-Falter (*Polygonia c-album*) 80
  „Gewöhnlicher Baron" (*Euthalia acontea*) 136
  Großer Schwalbenschwanz (*Papilio cresphontes*) 15
  Mondvogel (*Phalera bucephala*) 83
  „Tulpenbaum-Spanner" (*Epimecis hortaria*) 12
  „Vogelschiss-Raupe" 15
Somatolyse 7
Stachelhäuter
  Blauer Seestern (*Linckia laevigata*) 213
  Eis-Seestern (*Marthasterias glacialis*) 213
  Knotiger Seestern (*Echinaster callosus*) 213
  Sonnenblumen-Seestern (*Pycnopodia helianthoides*) 213
Tarnung
  chemische (Geruchsstoffe) 231
  disruptive Färbung 8, 56, 68, 87, 157, 158, 160
  Gegenschattierung 8, 9, 124, 125
  Maskierung („Dekoration") 8, 202
  Mimkry 8
  Sinnestäuschung 7
  Wachsverkleidung 171
Tarnung als
  Aas 108
  abgebrochener Ast 60, 83, 188
  Baumstamm 32, 53, 93, 95
  Blüte 17, 139
  Dorn 171
  dünner Ast 117
  falscher Kopf 174, 183

  grüne Ranke 56
  grünes Blatt oder Laub 49, 63, 78, 136, 140, 172, 181, 190
  Kot 15, 78
  Rinde 12, 18, 32, 46, 68, 70, 104, 119, 136, 142, 174, 177
  Röhricht 154
  Seeanemone 202, 205
  Seetang 223, 227
  Stein 224
  trockenes Blatt 80, 107, 112, 114, 158
Tarnung durch Transparenz 104, 214
Tarnung und Rotgrün-Blindheit 166
Tarnung und Verbreitungsgebiet 8
Tarnung wie Hintergrund
  Bodenvegetation 31, 111, 145
  Falllaub 23, 28, 51, 184,
  Fels 68, 96, 165, 174, 193
  Korallen 206, 213, 231
  Meeresgrund 213, 217, 220, 228
  Sand und Steine 27, 40, 72, 87, 88, 90, 96, 99, 121, 128, 130, 132, 148, 152, 183, 184, 187
  Schnee und Eis 31, 35 42, 165, 237
  Spiel von Licht und Schatten 74, 126, 132, 148, 162, 196
  Waldboden 59, 150
  Wasserpflanzen 20, 24, 55, 59, 84, 108, 111, 150, 178, 232

Überfischung 178, 228

Vögel
  Alpen-Schneehuhn (*Lagopus muta*) 31
  Amazonas-Papageien (*Amazona*-Arten) 63
  Bartkauz (*Strix nebulosa*) 32
  Bindenflughuhn (*Pterocles indicus*) 152
  Eulenschwalm (*Podargus strigoides*) 60, 188
  Große Rohrdommel (*Botaurus stellaris*) 154
  Grüner Katzenvogel (*Ailuroedus crassirostris*) 190
  Grüner Laubenvogel, s. Grüner Katzenvogel
  Mäusebussard (*Buteo buteo*) 94
  Nachtschwalben (Caprimulgidae) 60, 188
  Rotkopf-Regenpfeifer (*Charadrius ruficapillus*) 187
  Schnee-Eule (*Bubo scandiacus*) 35
  Urutau-Tagschläfer (*Nyctibius griseus*) 60, 188

  Wendehals (*Jynx torquilla*) 93
  Zwergohreule (*Otus*-Arten) 119

Wale
  Beluga (*Delphinapterus leucas*) 237
  Schwertwal (*Orcinus orca*) 9, 84
  Weißwal, s. Beluga
Warnfärbung 83, 206
Washingtoner Artenschutzabkommen (CITES) 74, 232
Weichtiere
  Breitarm-Sepia (*Sepia latimanus*) 209
  Eischnecken (Fam. Ovulidae) 206
  Kaurischnecken (Fam. Cypraeidae) 206
  Mimik-Oktopus (*Thaumoctopus mimicus*) 210
  Porzellanschnecken (Fam. Cypraeidae) 206
Weltnaturschutzunion 8
Wildfang 63

Zikaden
  Breitflügelzikade (Bsp. *Scolypopa australis*) 171
  Buckelzikaden (Fam. Membracidae) 171
  Großer Laternenträger (*Fulgora laternaria*) 46
  Schaumzikaden (Fam. Cercopoidea) 171
  Schmetterlingszikaden (Fam. Flatidae) 171
  Singzikade (Bsp. *Platypleura haglundi*) 104
  Spitzkopfzikaden (Fulgoromorpha) 171

Bildnachweis

1 Minden Pictures / Alamy Stock Photo; 2/3 Getty Images; 4 Minden Pictures / Alamy Stock Photo; 11 Don Johnston_BI / Alamy Stock Photo; 12 Katja Schulz; 13 Jeff Lepore / Alamy Stock Photo; 14BR Kirk Hewlett / Alamy Stock Photo; 14BL LS Photos / Alamy Stock Photo; 14T LS Photos / Alamy Stock Photo; 16 JERZY GUBERNATOR / SCIENCE PHOTO LIBRARY; 17 @alex Hyde / naturepl.com; 19 KIKE CALVO / Alamy Stock Photo; 21 Phil Degginger / Alamy Stock Photo; 22 Minden Pictures / Alamy Stcok photo; 25 Minden Pictures / Alamy Stcok photo; 26 Rolf Nussbaumer Photography / Alamy Stock Photo; 27 Creeping things; 29 JEFFREY LEPORE / SCIENCE PHOTO LIBRARY; 30 Gillian Lloyd / Alamy Stock Photo; 31 All Canada Photos / Alamy Stock Photo; 33 Rolf Nussbaumer Photography / Alamy Stock Photo; 34 Joe Mcdonald / Science Photo Library; 36/37 BIOSPHOTO / Alamy Stock Photo; 38T Nature Picture Library / Alamy Stock Photo; 38B Donald M. Jones / Minden / naturepl.com; 40 SuperStock / Alamy Stock Photo; 41 S.R. Maglione / Visuals unlimited / Science Photo Library; 42 Gillian Lloyd / Alamy Stock Photo; 43 Ariadne Van Zandbergen / Alamy Stock Photo; 45 imageBROKER / Alamy Stock Photo; 46 Nature Picture Library / Alamy Stock Photo; 47 Pete Oxford / Minden / naturepl.com; 48 Minden Pictures / Alamy Stock Photo; 50 Anton Sorokin / Alamy Stock Photo; 51 Francesco Tomasinelii / Science Photo Library; 52 Lucas Bustamante / naturepl.com; 53 Buiten-Beeld / Alamy Stock Photo; 54T Nature Picture Library / Alamy Stock Photo; 54B Michael S. Nolan / Alamy Stock Photo; 56 Sebastien Lecocq / Alamy Stock Photo; 57 M. LUSTBADER / SCIENCE PHOTO LIBRARY; 58 Arterra Picture Library / Alamy Stock Photo; 60 Chien Lee / Minden / naturepl.com; 61 Corbin17 / Alamy Stock Photo; 62 Art Wolfe / Scienece Photo Library; 63 Kumar Sriskandan / Alamy stock photo; 64 RobertHarding / Alamy stock photo; 65 Danita Delimont / alamy stock photo; 69 ImageBROKER / alamy stock photo; 70 Heiti Paves / alamy stock photo; 71 Lucas Bustamante / naturepl.com; 73T Galyna Andrushko / alamy stock photo; 73B Gabriel Rojo / naturepl.com; 75 Octavio Campos Salles / alamy stock photo; 77 imageBROKER / Alamy Stock Photo; 78 Henri Koskinen / alamy stock photo; 79T Ed Brown Wildlife / alamy stock photo; 79L thatmacroguy; 79R Panther Media GmbH / alamy stock photo; 80 Sleepyhobbit; 81 Alex Hyde / naturepl.com; 82 Andy Sands / naturepl.com; 83 blickwinkel / alamy stock photo; 84 Jon Davidson / Alamy stock photo; 85 BIOSPHOTO / Alamy Stock Photo; 86 Frank Hecker / Alamy stock photo; 87 Nature photographpers Ltd / alamy stock photo; 89 blickwinkel / alamy stock photo; 90 Malpolon; 91 Jacobo Quero; 92 imageBROKER / alamy stock photo; 93 ImageBROKER / alamy stock photo; 95 Eric Medard / naturepl.com; 97 agefotostock / alamy stock photo; 98 Luke Massey / naturepl.com; 100 Javier Trueba / Msf / science photo library; 102 Photomecan / Alamy Stock Photo; 105 Bernard DUPONT (CC-BY-SA-2.0); 105 Paulette Sinclair / Alamy Stock Photo; 106 Dave Hunt / alamy stock photo; 107 Louis Nicholls / alamy stock photo; 109T Podolnaya Elena; 109B Karel Zahradka; 110 Cyril Ruoso / Minder / naturepl.com; 111 Meunierd; 112 reptiles4all; 113 Minden Pictures / alamy stock photo; 115T Klein & Hubert / naturepl.com; 115L CGF Collection / alamy stock photo; 115 blickwinkel / alamy stock photo; 116 Francesco Tomasinelii / Science Photo Library; 117 Minden Pictures / alamy stock photo; 118 Luiz Claudio Marigo / naturepl.com; 120 wildnerdpix / alamy stock photo; 122/123 Fabio Pupin / naturepl.com; 124 RobertHarding / Alamy stock photo; 125 Phil Crosy / alamy stock photo; 127 wildacad; 129T Jean-fr@ncois Ducasse / alamy stock photo; 129B Karel Bartik; 130 Rich Lindie; 131 Ondrej Prosicky; 133 Paulette Sinclair / alamy stock photo; 136 Matee Nuserm; 137 Antony Ratcliffe / alamy stock photos; 137 aaprophoto; 138 Mohid Zaidi Razak / alamy stock photo; 141 Igor Mojzes / alamy stock photo; 142 Muhammad Naaim; 143 MisFit / alamy stock photo; 144 Michelle Gilders / alamy stock photo; 145 Minden Pictures / alamy stock photo; 146/147 RobertHarding / Alamy stock photo; 148 RobertHarding / Alamy stock photo; 150 Heiko Kiera; 151 Sam Yue / alamy stock photo; 153 agefotostock / alamy stock photo; 155 Oscar Dewhurst / naturepl.com; 156 Mark Malkinson / alamy stock photo; 158 MerlinTuttle.org / science photo library; 159 MerlinTuttle.org / Science Source; 160 Terry Whittaker / alamy stock photo; 161 Mathew Maran / naturepl.com; 163 Art Wolfe / Scienece Photo Library; 164 Shivaram Subramaniam; 167 Sourabh Bharti; 169 Nature Picture Library / Alamy Stock Photo; 170 Chris moody; 171 Genevieve Vailee / Alamy stock photo; 172 Gary Bell / OceanwideImages.com; 173 Tropidoderus childrenii (CC-BY-2.0); 175 Marc Anderson / alamy stock photo; 176 Melvin Yeo / Science photo library; 179 Rob Suisted / Nature's Pic Images; 180 Michael & Patricia Fogden / minden / naturepl.com; 181 Crystile RF / alamy stock photo; 182 Bert Willaert / naturepl.com; 183 Kristian Bell; 185T Ken Griffiths; 185B Ken Griffiths; 186 Dave Watts / alamy stock photo; 187 Minden Pictures / alamy stock photo; 188 Andrew Haysom / alamy stock photo; 189 imageBROKER / alamy stock photo; 191 Rick & Nora Bowers / Alamy Stock Photo; 192 Lubo Ivanko / alamy stock photo; 194/195 Susan Flashman; 197 Suzi Eszterhas / minden / naturepl.com; 198 Peter b. Kaplan / Science photo library; 199 Minden Pictures / alamy stock photo; 203 Steffen Binke / Alamy Stock Photo; 203 Reinhard Dirscherl / science photo library; 204T Stocktrek images, Inc / alamy stock photo; 204L Louise Murray / Science photo library; 204R blickwinkel / alamy stock photo; 207T Jurgen Freund / naturepl.com; 207B Minden Pictures / alamy stock photo; 208 Franco Banfi / naturepl.com; 210 Alex Mustard / naturepl.com; 211 Waterframe / alamy stock photo; 212T stocktrek images, Inc / alamy stock photo; 212L BIOSPHOTO / Alamy Stock Photo; 212R BIOSPHOTO / Alamy Stock Photo; 214 reinhard Dirscherl / science photo library; 215 Alexander Semondy / science photo library; 216 Avalon.red / alamy stock photo; 217/218 Images & Stories / alamy stock photos; 220 Sascha Janson / Alamy stock photo; 221 Seaphotoart / alamy stock photo; 222 Blue planet archive / alamy stock photo; 223 Ricahrd Whitecomb; 225 Georgette Douwha / Science photo library; 226 Nature Picture Library / Alamy Stock Photo; 228 Shane Gross 229 Jane Gould / alamy stoch photo; 230 Richardom / alamy stock photos; 233 Pulsar Imagens / alamy stock photo; 234/235 Richard Eaker / alamy stock photo; 236 Waterframe / alamy stock photo